Der Epheserbrief

Eine Auslegung

Die Bibelstellen sind, wenn nicht anders angegeben, der „Schlachter Übersetzung" - Version 2000 entnommen; ebenso die Überschriften der unterteilten Kapitelabschnitte sowie die Einleitung zum Epheserbrief. Die Lutherübersetzung von 1984 wurde mit „Lutherbibel 1984" gekennzeichnet; die unrevidierte Übersetzung Martin Luthers von 1545 mit „Lutherbibel 1545", die Zürcher Bibel von 2007 mit „Zürcher Bibel".

Patrick Rompf

Der Epheserbrief

*Bibliografische Information der Deutschen Nationalbibliothek:
Die Deutsche Nationalbibliothek verzeichnet diese Publikation in der
Deutschen Nationalbibliografie; detaillierte bibliografische Daten
sind im Internet über http://dnb.dnb.de abrufbar.*

© *2016 Patrick Rompf*

Herstellung und Verlag: BoD − Books on Demand, Norderstedt

ISBN: 978-3-7412-9929-2

INHALT

Vorwort zum Brief des Apostels Paulus an die Epheser — 10

Einleitung zum Epheserbrief — 19

Kapitel 1

Zuschrift und Gruß — *20*

Gottes herrliche Gnade und die Segnungen der Gläubigen in Christus — *26*

Gebet um die Erkenntnis der Herrlichkeit des Herrn Jesus Christus — *64*

Kapitel 2

Das neue Leben in Christus -   *89*
eine Gabe der Gnade Gottes

Juden und Heiden mit Gott versöhnt und   *118*
eins gemacht durch das Kreuz des Christus

Die Gemeinde als heiliger Tempel Gottes   *141*

Kapitel 3

Das Geheimnis des Christus ist geoffenbart –   *155*
ein Leib aus Juden und Heiden

Gebet um Erkenntnis der Liebe des Christus   *183*

Kapitel 4

Die Einheit des Geistes — *202*

Die Gaben des erhöhten Christus und die Auferbauung des Leibes des Christus — *220*

Die Abkehr vom sündigen Leben der Heiden – Ablegen des alten Menschen und Anziehen des neuen — *252*

Anweisungen für das neue Leben — *269*

Kapitel 5

Wandel in Liebe und Licht bedeutet, alles Böse zu meiden — *286*

Mann und Frau in Gottes Lebensordnung. Christus und die Gemeinde — *323*

Kapitel 6

Der Wille Gottes für Kinder und Eltern   345

Der Wille Gottes für Knechte und Herren   354

Der geistliche Kampf und die Waffenrüstung des Christen   370

Schluss des Briefes. Grüße   400

Nachwort   405

Herr, deine Güte reicht, so weit der Himmel ist, und deine Wahrheit, so weit die Wolken gehen. Deine Gerechtigkeit steht wie die Berge Gottes und dein Recht wie die große Tiefe. Herr, du hilfst Menschen und Tieren. Wie köstlich ist deine Güte, Gott, dass Menschenkinder unter dem Schatten deiner Flügel Zuflucht haben! Sie werden satt von den reichen Gütern deines Hauses, und du tränkst sie mit Wonne wie mit einem Strom. Denn bei dir ist die Quelle des Lebens, und in deinem Lichte sehen wir das Licht.

(Psalm 36 – ein Psalm Davids ‚Verse 6 – 10 / Lutherbibel 1984)

Vorwort
zum Brief des Apostels Paulus an die Epheser

Eine herrliche Botschaft geht von den soeben erwähnten Versen des 36. Psalms aus, dessen Verfasser der Psalmist, König und Prophet David war. Von den insgesamt 150 Psalmen, welche den Bibellesern tagtäglich Mut, Wonne und unerschöpfliche Glaubensstärke spenden, schrieb David nahezu die Hälfte nieder: 73 Psalmen sind auf ihn zurückzuführen.

So gehören die ermutigenden Psalmen zu den meistgelesenen Schriften der Bibel. Diese waren es, welche dem Urchristentum verhalfen, ihr Bekenntnis zum Erlöser der Welt, Jesus Christus zu bekunden. Bis zur heutigen Zeit haben sich die Psalmen als eine ertragreiche Quelle des Reichtums Gottes dargelegt – und erhalten folglich in einem christlichen Gottesdienst einen wesentlichen Bestandteil, denn aus den Worten der Psalmen bekommt man einen tiefbewegenden und nachzuahmenden Einblick in die gläubigen Herzen der Verfasser.

Aufgrund der Wichtigkeit der bereits erwähnten Verse 6 – 10 des 36. Psalms wollen wir zunächst einmal gemeinsam die Botschaft dieser Verse in Augenschein nehmen, denn diese haben einen sehr engen Bezug auf die im 1. Kapitel ab dem 3.Vers vermittelte Substanz des Epheserbriefes (siehe noch kommende Auslegung!).

David weist uns zunächst einmal auf die über allem stehende Identität des allmächtigen Gottes hin. Mit dem Heiligen Geist hat der ***Allherr*** (Gott! / Hermann Menge) der gläubigen Menschheit das Wissen um Seine Allmacht in deren Herzen gelegt (der Prediger Salomo, Kapitel 3, Vers 11). Somit öffnet der uns stets zu Gute kommende Heilige Geist Gottes das Verständnis und folglich den gewichtigen Inhalt der Heiligen Schrift. So kann man den Glauben an Gott wie folgt definieren: Es ist jene bedingt den Gläubigen durch den Heiligen Geist gespendete, von vollkommener Liebe ummantelte Antwort auf die Botschaften der Schrift, welche uns der allmächtige Gott voller wohlwollender Güte und Liebe mitteilt. Diese Erkenntnis ist die durch den **Geistbraus** (Heiliger Geist! / Martin Buber) in unseren Herzen entstehende, zu Gott bezogene Effektivität, welche die Gläubigen in die gnadenreichen Sphären Gottes leitet.

David weist uns mit lobpreisenden Worten auf die von Gott gespendete, unantastbare Lichtquelle der unbefleckten Wahrheit hin, welche das Heil Seiner unendlichen Güte prägt. Die Güte des Allmächtigen kann die Fülle Seiner uns zu Gute kommenden, gnadenreichen Barmherzigkeit *nicht* mit irdischen Worten beschreiben. Ja, in der Tat, es sind jene unausforschlichen Liebenswürdigkeiten des Höchsten, welche David voller humanitärer, sich von Gott stark unterscheidender, menschlicher Demut wie folgt in seinem 139. Psalm in den Versen 1 – 6 (Lutherbibel 1984) bekennt:

Herr, du erforschest mich und kennest mich. Ich sitze oder stehe auf, so weißt du es; du verstehst meine Gedanken von ferne. Ich gehe oder liege, so bist du um mich und siehst alle meine Wege. Denn siehe, es ist kein Wort auf meiner Zunge, dass du Herr, nicht schon wüsstest. Von allen Seiten umgibst du mich und hälst deine Hand über mir. Diese Erkenntnis ist mir zu wunderbar und zu hoch, ich kann sie nicht begreifen.

Diese von Gott ausgehende Gerechtigkeit, um erneut auf die Worte des 36.Psalms zurückzukehren, ist auf die stets fehlerfreie Beschaffenheit des Höchsten zurückzuführen. Die unnachahmliche Individualität Gottes gleicht den niemals wankenden Bergen Gottes, denn sie sind vom Herrn fest gegründet; ebenso wie das Recht das Meeres (*der großen Tiefe* / Vers 7b), denen Gott Einhalt gebietet, sodass die Meereswogen die von Ihm festgelegten Grenzen nicht überschreiten. In Psalm 104, Vers 9 (Lutherbibel 1984) können wir Folgendes in Erfahrung bringen:

Du (Gott!) *hast eine Grenze gesetzt, darüber kommen sie* (die Meereswogen!) *nicht und dürfen nicht wieder das Erdreich bedecken.*

Die Gnade des allmächtigen Gottes zeigt sich den Menschen, als auch der Tierwelt rundum ersichtlich. Somit nennt David es eine köstliche Güte, unter der schützenden Hand Gottes mit dem erforderlichen Glauben an Ihn stets Zuflucht suchen zu können; denn die Gnade des Höchsten ruft unerschöpfliche Ausmaße Seiner der Menschheit zugedachten Liebe empor. Diese gnadenreiche Barmherzigkeit weist sich von den von Gott gegebenen Gaben und Gütern Seiner den Menschen und Tieren zur Verfügung stehenden Nahrungsquellen aus, welche die Menschen, als auch die Tierwelt frohlocken lassen. Diese Ernährungsquellen sind ein unwiderrufliches Indiz Seiner Liebe, denn von Ihm gehen sie aus. Gott beinhaltet folglich nicht nur die Quelle der Ernährung, sondern Er *ist* der segensreiche, fürsorgliche Spender des ewigen Lichtes, welches Seine unnachahmliche Herrlichkeit rundum offenbart.

Diese Lichtquelle leitet uns auf die Unantastbarkeit Seiner uns zu Gute kommenden, niemals versiegenden Liebe. Sein Licht ist der Spender der zu Ihm bezogenen Erkenntnis der Gläubigen – und gleichzeitig das seit Ewigkeit von Gott zu unserer Errettung dienende Heil, welches in Seinem geliebten Sohn – Jesus Christus – einen auf Ewigkeit bleibenden Bestand hat, denn *in ihm* (Jesus Christus!) *war das Leben, und das Leben war das Licht der Menschen* (Johannes, Kapitel 1, Vers 4).

Lassen sie uns nunmehr gemeinsam nach diesen gnadenreichen Worten des Psalmisten David zum Hauptteil dieses Buches übergehen – zur Beschreibung und Auslegung des Epheserbriefes.

War der Brief des Apostels Paulus an die Epheser bis zum 17.Jahrhundert als „echter Paulusbrief" von den damaligen Kirchengelehrten wie zum Beispiel: *Clemens von Rom, Ignatius, Polykarb, Hermas, als auch von Clemens von Alexandria* anerkannt worden, so hat man nach dieser Zeit die paulinische Verfasserschaft in Frage gestellt, da der Epheserbrief im Gegensatz zu den anderen „echten Paulusbriefen", wie z.B. den Römerbrief, den 1. + 2. Korintherbrief oder den Brief an die Galater, als auch dem in manchen Teilen dem Epheserbrief sich ähnelnden Brief an die Kolosser „Differenzen aufwies", so schrieb man dem Epheserbrief einen anderen Stil (Schreibstil!) zu, sodass nach Meinung mancher Gelehrter die Annahme vertreten wurde, dass der Epheserbrief folglich „inhaltliche, differenzierte, nicht typisch geprägte, paulinische Formulierungen" aufweise. Es handelt sich hiermit um „persönliche Meinungen" studierter Theologen, die jedoch nach Meinung des Autors akzeptiert werden sollten. Manche der Theologen sind der Meinung, dass vielleicht ein Schüler des Apostels Paulus diesen Brief verfasst haben könnte – oder einer der engen Mitarbeiter des Paulus der Verfasser dieses Briefes sei.

Wie jedoch zeigt sich die Meinung des Autors erkenntlich?

Zunächst einmal möchte ich an dieser Stelle nochmals erwähnen, dass ich *kein* studierter Theologe bin. Zwar setze ich mich nahezu tagtäglich mehrere Stunden mit dem persönlichem Studium der Bibel auseinander, um jeden erneuten Tag noch tiefer in die von Wahrheit geprägten Worte der Heiligen Schrift eintauchen zu können. Dennoch ersetzt „mein persönliches Studium" *nicht* das Studium eines „echten" Theologen, denn dieser liegt mit seinem Level auf einem deutlich, sich von meiner Kenntnis unterscheidenden Niveau des Verständnisses der Heiligen Schrift.

Dennoch bin ich der Meinung, dass auch die Betrachtung eines „nicht studierten" Theologen beachtet werden sollte, denn auch dieser kann mit dem Gebet zu Gott und Jesus Christus und mit dem ihm von Gott und dem Herrn Jesus Christus geschenkten, nunmehr ihm zur Verfügung stehenden Heiligen Geist eine Meinung vertreten, die selbstverständlich *keine* irdischen Züge aufweisen sollte, sondern sich *stets* auf die Worte der unabdingbaren Wahrheit richten *muss*, sodass der ausschlaggebende Kern der Wahrheit, der *nur* in den Worten der Bibel auffindbar ist, letztlich zur tragenden und hervorzuhebenden Erkenntnis gelangt. Folglich bewirkt *allein* der Heilige Geist, dass sich die zum Heil leitende Schranke zum Verständnis der Botschaft Gottes dem Beschenkten wohlgesinnt öffnet.

Um das diese meine persönliche Meinung, Ihnen – liebe Leser – nicht vorenthalten bleibt, möchte ich meine Annahme mit einigen von Wahrheit geprägten Schriftstücken der Heiligen Schrift unkommentiert bekunden, welche ich in Bezug auf die von dem Apostel Paulus verfassten Worte des Epheserbriefes *und als dessen unzweifelhafte Echtheit wie folgt darlegen möchte:*

In Bezug auf die Allmacht Gottes und Seine den Gläubigen zuteilwerdende Gnade können wir aus der Heiligen Schrift in Erfahrung bringen, dass Gott dem Abraham als einem Hundertjährigen und seiner Frau Sarah, einer Neunzigjährigen einen Sohn verhieß, denn sie blieben bislang kinderlos (siehe 1.Mose, Kapitel 17 + 18!) *und der Allmächtige sprach zu Abraham:*

Gewiss will ich (Gott!) **um diese Zeit im künftigen Jahr wieder zu dir kommen, und siehe, deine Frau Sarah soll einen Sohn haben! Sarah aber horchte am Eingang des Zeltes, der hinter ihm war. Und Abraham und Sarah waren alt und recht betagt, sodass es Sarah nicht mehr nach der Weise der Frauen ging. Darum lachte sie in ihrem Herzen und sprach: Nachdem ich verblüht bin, soll mir noch Wonne zuteilwerden! Dazu ist mein Herr ein alter Mann! Da sprach der Herr zu Abraham: Warum lacht Sarah und spricht: „Sollte ich wirklich noch gebären, so alt ich bin?" <u>Sollte denn dem Herrn etwas zu wunderbar sein</u>?** (1.Mose, Kapitel 18, Verse 10 – 14 a).

Im Buch des Propheten Jeremia können wir Folgendes über den unausforschlichen Gnadenreichtum Gottes in Erfahrung bringen:

Ach, Herr, Herr, siehe, du hast den Himmel und die Erde gemacht mit deiner großen Kraft und mit deinem ausgestreckten Arm; <u>dir ist nichts unmöglich</u>! (Jeremia, Kapitel 32, Vers 17).

Da erging das Wort des Herrn an Jeremia folgendermaßen: **<u>Siehe, ich, der Herr, bin der Gott alles Fleisches; sollte mir</u>**

irgendetwas unmöglich sein? (Jeremia, Kapitel 32, Verse 26 + 27).

Am Beispiel des reichen Jünglings, den Jesus aufforderte, seinen Besitz zu verkaufen, um zur vollkommenen Seligkeit zu gelangen, verließ der Jüngling betrübt den Heiland, denn der junge Mann hatte viele Güter. Daraufhin sprach Jesus zu Seinen Jüngern:

Wahrlich, ich sage euch: Ein Reicher hat es schwer, in das Reich der Himmel hineinzukommen! Und wiederum sage ich euch: Es ist leichter, dass ein Kamel durch ein Nadelöhr geht, als dass ein Reicher in das Reich Gottes hineinkommt! Als seine Jünger das hörten, entsetzen sie sich sehr und sprachen: Wer kann dann überhaupt gerettet werden? Jesus aber sah sie an und sprach zu ihnen: <u>Bei den Menschen ist dies unmöglich; aber bei Gott sind alle Dinge möglich.</u> (Matthäus, Kapitel 19, Verse 23b – 26).

In Bezug auf die unerschöpfliche Kraft und ihre zur Tat schreitenden Auswirkungen anhand des Heiligen Geistes auf die von Gott erwählten Personen können wir anhand der Worte der Heiligen Schrift folgende Heilsmaßnahmen des Allmächtigen in Erfahrung bringen, als Mose an der aufzuwenden Kraft, die das israelitische Volk von ihm alleine forderte, zu scheitern drohte (siehe 4. Mose, Kapitel 11):

Da sprach der Herr zu Mose: Versammle mir 70 Männer aus den Ältesten Israels, von denen du weißt, dass sie die Ältesten des Volkes und seine Vorsteher sind, und führe sie vor die Stiftshütte, dass sie dort bei dir stehen. Und ich will herabkommen und dort mit dir reden; <u>und ich werde von dem Geist nehmen, der auf dir ist, und auf sie legen, dass sie mit</u>

dir an der Last des Volkes tragen und du sie nicht allein tragen musst (4.Mose, Kapitel 11, Verse 16 + 17).

Nachdem Saul von dem Propheten Samuel im Auftrag Gottes zum König gesalbt wurde, wurde der Sohn des Kis vom Heiligen Geist wie folgt entzückt, als Saul einer Schar Propheten begegnete:

Denn als sie an den Hügel kamen, siehe, da begegnete ihm (Saul!) *eine Schar Propheten, und der Geist Gottes kam über ihn, sodass er in ihrer Mitte weissagte. Als aber alle die, welche ihn zuvor gekannt hatten, sahen, dass er mit den Propheten weissagte, sprach das Volk untereinander: Was ist denn mit dem Sohn des Kis* (Saul!) *geschehen? Ist Saul auch unter den Propheten?* (1.Samuel, Kapitel 10, Verse 10 + 11).

Die Ausgießung des Heiligen Geistes an die Jünger Jesu gibt uns folgende Erkenntnis:

Und als der Tag der Pfingsten sich erfüllte, waren sie alle (die Jünger Jesu!) *einmütig beisammen. Und es entstand plötzlich vom Himmel her ein Brausen wie von einem daherfahrenden gewaltigen Wind und erfüllte das ganze Haus, in dem sie saßen. Und es erschienen ihnen Zungen wie von Feuer, die sich zerteilten und sich auf jeden von ihnen setzten. Und sie wurden alle vom Heiligen Geist erfüllt und fingen an, in anderen Sprachen zu reden, wie der Geist es ihnen auszusprechen gab* (die Apostelgeschichte des Lukas, Kapitel 2, Verse 1 – 4).

Wie wir anhand der verschiedenen Bibelzitate erkennen konnten, *ist Gott keine von Ihm ausgehende Aufgabe unmöglich.* Dies ist nach der Meinung des Autors der ausschlaggebende Punkt *der unzweifelhaften vom Heiligen Geist geleiteten Echtheit, den Apostel Paulus als den Verfasser des Epheserbriefes zu benennen,* zumal Paulus im 3.Kapitel des gleichnamigen Briefes folgende Behauptung niederschreibt:

Ihr habt ja gewiss von der Haushalterschaft (Amt!) ***der Gnade Gottes gehört, die mir für euch gegeben worden ist*** (Epheser, Kapitel 3, Vers 2 – Auslegung folgt!).

Um am Ende meines Vorwortes eine persönliche Resonanz aus dem Epheserbrief zu ziehen, möchte ich diesen überaus gewichtigen Brief wie folgt beschreiben:
Aufgrund der späten Datierung des Briefes (ca. 60 n.Chr.) kann man davon ausgehen, dass dieser von Komplexität verfasste, kosmisch anklingende Brief des Apostels Paulus als einer der kompliziert zu verstehenden Schriftstücke der paulinischen Briefe darstellt, da dieser Zeitpunkt das fortgeschrittene Wissen des Apostels Paulus prägend hervorhebt. Doch gerade diese Erkenntnis weckt im Herzen des aufmerksamen Bibellesers das Interesse an dem gewichtigen Inhalt seiner vorzüglich gewählten, vom Geist Gottes unterstützten Worte, die dem Leser auf eine geradezu unnachahmliche Weise das Heil Gottes in Jesus Christus offenbaren.

Der Epheserbrief ist daher ein vom Heiligen Geist Gottes umgebener, strahlend funkelnder Juwel der paulinischen Ausdrucksstärke, welcher die mustergültige Wohltat Gottes in unserem Erlöser Jesus Christus so imposant und prägend wie kein anderer von Paulus verfasster Brief hervorhebt. Diese unvergleichbare Einzigartigkeit ist der ausschlaggebende Grund dafür, dass der Brief an die Epheser der Lieblingsbrief des Reformators Johannes Calvin (1509 – 1564) war.

Einleitung zum Epheserbrief

Der Apostel Paulus hat den Epheserbrief vermutlich um 60 n.Chr. aus der Gefangenschaft in Rom geschrieben; er ist an die Gläubigen in Ephesus gerichtet, einer damals bedeutenden Welt – und Hafenstadt an der Küste Kleinasiens (vgl. Apostelgeschichte, Kapitel 19). Im ersten Teil (Kapitel 1 – 3) enthält er grundlegende Lehre über die Ratschlüsse Gottes mit der Gemeinde, die zuvor ein Geheimnis waren, nun aber von Paulus geoffenbart wurden. Paulus zeigt den Gläubigen den Reichtum an Gnade und Segnungen, die Gott der Vater in Christus für seine geliebten Kinder bereithält, die Stellung der Gläubigen in Christus und das Wesen der Gemeinde als Leib des Christus. Im zweiten Teil (Kapitel 4 – 6) zeigt der Apostel, wie die Gläubigen ihre himmlische Stellung und Berufung in Christus in einem Heiligen, geistlich fruchtbaren Lebenswandel verwirklichen können, sowohl als Gemeinde (Kapitel 4, Verse 1 – 16) als auch im persönlichen Leben (Kapitel 4, Verse 17 – Kapitel 5, Vers 21).

Die gottgewollte Beziehung zwischen Mann und Frau wird ausführlich und tiefgründig behandelt, aber auch die Beziehung zwischen Kindern und Eltern und zwischen Vorgesetzten und Untergebenen (Kapitel 5, Verse 22 – Kapitel 6, Vers 9). Der Brief schließt mit der Ermahnung, den geistlichen Kampf, in den jeder Gläubige gestellt ist, recht zu führen und dabei die Waffenrüstung Gottes und besonders das Gebet zu gebrauchen (Kapitel 6, Verse 10 – 20).

Kapitel 1

Verse 1 + 2
Zuschrift und Gruß

¹Paulus, Apostel Jesu Christi durch den Willen Gottes, an die Heiligen und Gläubigen in Christus Jesus, die in Ephesus sind. ²Gnade sei mit euch und Friede von Gott, unserem Vater, und dem Herrn Jesus Christus!

Auslegung

Vers 1: Wie in allen anderen Briefen, die der Apostel Paulus schrieb, so stellt er sich auch in dem Brief an die Epheser mit *seinem persönlichen Namen* vor. *Einerseits,* um *nicht* mit einer eventuell auftretenden Namensgleichheit verwechselt zu werden, *andererseits* akzentuiert er *ausschließlich* sein von Bedeutung geprägtes Amt als *persönlich Gesandter Gottes,* weil er *durch* den Herrn Jesus Christus im Auftrag Gottes in das apostolische Amt berufen wurde (siehe die Apostelgeschichte des Lukas, Kapitel 9!).

Mit dieser gewichtigen Mitteilung hebt er *nicht* das Ansehen seiner eigenen Person hervor, *sondern* er weist die Gläubigen auf die ihm zuteilgewordene Gnade Gottes in Jesus Christus hin, die sich seiner Person voller Barmherzigkeit angenommen hat, um den unausforschlichen Reichtum Christi an die Gemeinden zu missionieren, wohin ihn der Heilige Geist leitete (siehe die Apostelgeschichte des Lukas, Kapitel 16, Vers 7b – in Bezug aus die Leitung des Heiligen Geistes!).

Mit dieser seiner Aussage blickt Paulus zurück auf seine eigene, ruchlos zu betrachtende Vergangenheit, als er noch *vor* seiner apostolischen Berufung als ein Christenverfolger nicht nur die Gemeinde Jesu Christi, sondern auch Jesus Christus selbst verfolgte. Dies gibt er unverblümt in seinem 1.Korintherbrief, Kapitel 15, Vers 9 wie folgt bekannt:

Denn ich bin der geringste von den Aposteln, der ich nicht wert bin, ein Apostel zu heißen, weil ich die Gemeinde Gottes verfolgt habe.

An dieser Stelle wird es dem Leser allzu deutlich ersichtlich, dass einzig und allein die barmherzige Gnade Gottes die Person des Paulus aus der Finsternis der Verruchtheit in das Licht der Wahrheit zu dem Herrn Jesus Christus geleitet hat. Ja, in der Tat, Gott hat die Person des Paulus, so, wie einen jeden anderen berufenen Christen auch, bereits schon *vor dem Beginn des Zeitalters* in die unnachahmlichen Sphären Seiner Herrlichkeit geleitet, um Teilhaber im Reich der Himmel zu werden. Unser Herr Jesus Christus spricht:

Kommt her, ihr Gesegneten meines Vaters, ererbet das Reich, das euch bereitet ist <u>von Anbeginn der Welt!</u> (Matthäus, Kapitel 25, Vers 34b / Lutherbibel 1545).

Dieses *Geheimnis*, so Paulus – wurde ihm *durch Offenbarung* zuteil (Epheser, Kapitel 3, Vers 5 – Auslegung folgt!).

In Vers 1b benennt der Apostel die Empfänger seines Briefes: die Gemeinde *in Ephesus*, welche *er als die Heiligen und Gläubigen in Christus Jesus* betitelt. Gott, der Vater ist die Lichtquelle und die vollkommene Wahrheit des Segens, der *die Heiligen und Gläubigen in* Jesus Christus in das Licht der Wahrheit leitet. Es ist der Wille Gottes, dass sich Sein Plan mit der von Ihm ausstrahlende Herrlichkeit des Herrn Jesus in den Herzen *der Heiligen und Gläubigen in Ephesus* mit der ausgehenden Kraft des Heiligen Geistes ersichtlich und folglich tatkräftig verwirklicht, dessen Vollführer – der Apostel Paulus, Sein Gesandter – ist. Denn:

Gott hat den auserwählten Menschen *mit Ehre und Herrlichkeit gekrönt* (Psalm 8, Vers 6b / Lutherbibel 1984).

Bereits im Alten Testament, im 3. Buch Mose, Kapitel 20, Vers 26 sprach der Allmächtige zu Mose:

Sondern <u>ihr sollt mir heilig sein</u>, denn ich, der Herr, bin heilig, der ich euch von den Völkern abgesondert habe, <u>damit ihr mir angehört</u>!

Der von Gott aufgeforderte „Glaubensstatus" beweist zugleich, dass das von Ihm ausgehende Herrlichkeitsansehen auf die von Ihm erwählten Personen übertragen werden soll. Seine Heiligen sollen sich an *Seiner* ausgehenden Heiligkeit *orientieren*, um diesen Ruhm Seiner Herrlichkeit letztlich *anzunehmen*, sodass diese von Gott auserwählten Personen würdige Glaubensträger der Herrlichkeit Seiner selbst werden.

So weist auch die von Paulus gewählte „Heiligkeit – Bekundung" an die Gemeinden der Epheser darauf hin, dass diese Christen den glorreichen Ruhm Gottes in ihrem Herzen durch den Glauben an den Vater und den Sohn verwirklicht haben. Folglich sind die von dem Apostel in Ephesus benannten Christen die *Heiligen und Gläubigen* („Treuen"! = Schlachter – Bibel 2000) Gottes und Jesu Christi. Ja, in der Tat – sie haben das von Gott aufgeforderte, vom Höchsten ausgehende Herrlichkeitsansehen bei der Selbstverwirklichung Gottes in die Person Jesu Christi in ihren gläubigen Herzen dank des Glaubens an den Vater und den Sohn mit der von Gott und Christus ausgehenden Gnade von ganzem Herzen *verwirklicht,* sodass Paulus sie voller Wohlwollen als *Gottes Hausgenossen* (Epheser, Kapitel 2, Vers 19b – Auslegung folgt!) benennen kann.

Die *Gläubigen* haben aufgrund des ihnen zukommenden Heiligen Geistes die von Gott und Jesus Christus hervorzuhebende, geistliche Effektivität, welche allein von dem Vater und dem Sohn ausgehen, in ihren von Glauben erfüllten Herzen voller Dankbarkeit *angenommen und verwirklicht.* Daher kann man die Gläubigen als eine ertragreiche „Gemeinschaftsgruppierung" in dem Herrn Jesus Christus betiteln. Sie sind in der Tat durch ihren Glauben in die innere Verbundenheit Gottes und Jesu Christi eingegangen, *denn das Gesetz des Geistes des Lebens in Christus Jesus hat mich frei gemacht von dem Gesetz der Sünde und des Todes*, bemerkt der Apostel Paulus in seinem Brief an die Römer, Kapitel 8, Vers 2.

Zusammenfassend will Paulus allen Gemeindemitgliedern in Ephesus nochmals folgende, gewichtige Botschaft in ihre Herzen nahelegen, um ihnen den gnadenumwobenen, von Herrlichkeit geprägten Reichtum der Liebe Gottes in Jesus Christus zu bezeugen:

Denn aus Gnade seid ihr errettet durch den Glauben, und das nicht aus euch – Gottes Gabe ist es; nicht aus Werken, damit niemand sich rühme (Epheser, Kapitel 2, Verse 8 + 9 – Auslegung folgt!).

Vers 2: Ein wohlwollender, vom gläubigen Herzen des Apostels Paulus entstehender Gnadenwunsch folgt, der noch ein weiteres Mal die von Gott und dem Herrn Jesus Christus ausgehende *Gnade* und den in Ihnen ruhenden *Frieden* bezeugt, der sich auch anhand der Gemeinden in Ephesus ersichtlich zeigen soll.

Die *Gnade* erweist sich folglich als ein über alles prägendes Indiz der Zuwendung Gottes zu Seinen Kindern, die *nicht,* wie wir soeben bereits aus den Versen 8 + 9 des 2.Kapitel des Epheserbriefes in Erfahrung bringen konnten – *erzwungen* oder gar anhand menschlicher Werke *erarbeitet* oder gar *verdient* werden kann, *sondern* diese ist als ein von der Liebe aufzufassendes *Geschenk,* ja, als *Segen* des Höchsten zu betrachten, denn:

Auch uns, so Paulus, *die wir tot waren durch die Übertretungen, mit dem Christus lebendig gemacht – aus Gnade seid ihr errettet!* (Epheser, Kapitel 2, Vers 5 – Auslegung folgt!).

In Psalm 100, Vers 5 (Lutherbibel 1984) können wir Folgendes über Gottes Gnade in Erfahrung bringen:

Denn der Herr ist freundlich, und <u>seine Gnade währet ewig</u> und seine Wahrheit für und für.

Es obliegt *allein* an der Entscheidung Gottes, *wer* in Seinen Gnadenbereich von Ihm auserwählt wird; denn Gott spricht:

Und wem ich gnädig bin, dem bin ich gnädig, und über wen ich mich erbarme, über den erbarme ich mich (2.Mose, Kapitel 33, Vers 19b + Römer, Kapitel 9, Vers 15).

Der *Friede* beinhaltet Wohlergehen, Freude, Zufriedenheit und die Sympathie gegenüber seinem Nächsten. Folglich kürt der *Friede*, welcher ein „Aushängeschild" Gottes und Jesu Christi darstellt, das Fundament christlicher Lebenseinstellungen, dessen Eckstein der Herr Jesus Christus selbst ist.

Paulus begründet den *Frieden* in der Person Gottes, indem er Ihn bei Seiner Selbstverwirklichung in Jesus Christus als *unseren Frieden bezeichnet, der aus beiden* (aus den Juden als auch den Heiden!) *eins gemacht hat und die Scheidewand des Zaunes abgebrochen hat* (Epheser, Kapitel 2, Vers 14 – Auslegung folgt!).

Gottes Ankündigungen im Buch des Propheten Jesaja, Kapitel 57, Vers 19b haben sich in Christus verwirklicht:

Friede, Friede <u>den Fernen</u> (den Heiden!) <u>*und den Nahen,*</u> (die Juden!) *spricht der Herr; ja, ich will es heilen!*

So prägt der *Friede* die richtungsweisenden und daher *maßgeblichen* Eigenschaften der Trinität (Dreifaltigkeit Gottes = Vater, Sohn und Heiliger Geist!) des Heils, ja – der *Friede* ist in den gnadenumwobenen Eigenschaften des allmächtigen

Gottes beseelt. Folglich bildet Gott, der Herr, das fruchtdarbringende Fundament für Seine vom Ihm erwirkte Schöpfung. Demzufolge entspringt das Ewige Leben *in* Ihm und *durch* Ihn.

Wirf dein Anliegen auf den Herrn; der wird dich versorgen und wird den Gerechten in Ewigkeit <u>nicht</u> wanken lassen (Psalm 55, Vers 23 – ein Psalm Davids / Lutherbibel 1984).

Daher sind die Gläubigen bis in alle Ewigkeit die Begünstigten des Allmächtigen, denn *unter dem Schatten deiner Flügel habe ich Zuflucht* (Psalm 57, Vers 2c – ein Psalm Davids / Lutherbibel 1984).

Verse 3 – 14
Gottes herrliche Gnade und die Segnungen der Gläubigen in Christus

³Gepriesen sei der Gott und Vater unseres Herrn Jesus Christus, der uns gesegnet hat mit jedem geistlichen Segen in den himmlischen (Regionen) in Christus, ⁴wie er uns in ihm auserwählt hat vor Grundlegung der Welt, damit wir heilig und tadellos vor ihm seien in Liebe. ⁵Er hat uns vorherbestimmt zur Sohnschaft für sich selbst durch Jesus Christus, nach dem Wohlgefallen seines Willens, ⁶zum Lob der Herrlichkeit seiner Gnade, mit der er uns begnadigt hat in dem Geliebten. ⁷In ihm haben wir die Erlösung durch sein Blut, die Vergebung der Übertretungen nach dem Reichtum seiner Gnade,

⁸die er uns überströmend widerfahren ließ in aller Weisheit und Einsicht. ⁹Er hat uns das Geheimnis seines Willens bekannt gemacht, entsprechend dem (Ratschluss), den er nach seinem Wohlgefallen gefasst hat in ihm, ¹⁰zur Ausführung in der Fülle der Zeiten: alles unter einem Haupt zusammenzufassen in dem Christus, sowohl was im Himmel als auch was auf Erden ist ¹¹ – in ihm, in welchem wir auch ein Erbteil erlangt haben, die wir vorherbestimmt sind nach dem Vorsatz dessen, der alles wirkt nach dem Ratschluss seines Willens, ¹²damit wir zum Lob seiner Herrlichkeit dienten, die wir zuvor auf den Christus gehofft haben. ¹³In ihm seid auch ihr, nachdem ihr das Wort der Wahrheit, das Evangelium eurer Errettung, gehört habt – in ihm seid auch ihr, als ihr gläubig wurdet, versiegelt worden mit dem Heiligen Geist der Verheißung, ¹⁴der das Unterpfand unseres Erbes ist bis zur Erlösung des Eigentums, zum Lob seiner Herrlichkeit.

Zwischenbemerkung:

Wenn wir uns diese soeben niedergeschriebenen Verse 3 – 14 einmal näher in Betracht ziehen, so fällt dem aufmerksamen Beobachter eine „dreigeteilte Mitteilungskonzeption des Heiligen Geistes" auf, die der Apostel Paulus wie folgt darstellt:

Diese Mitteilung bekundet vom Lob, welches Gott dem Vater gilt – sie weist uns auf die uns zuteilwerdende, geförderte Gnade Gottes *in* Jesus Christus hin – und erschließt sich als eine barmherzige Gnade Gottes *in* Jesus Christus, mit der Errettung der Kinder (Gläubigen!) des Allmächtigen *in* die Obhut Gottes in das Reich der Himmel, damit sich Gott Seiner eigenen Herrlichkeit bedingt durch Seine unendliche Weisheit und Allmacht erneut rühmen und bei Seiner Selbstverwirklichung in Seinem Sohn Jesus Christus loben kann.

Diese „Geistauswirkung bzw. Geistentwicklung" im irdischen Dasein eines Christen kann man durchaus als den „Plan" Gottes betrachten (siehe Auslegung unter Kapitel 1, Vers 1!), der den Heiligen Geist dank des Glaubens an Ihn und an den Herrn Jesus Christus von Tag zu Tag mit der benötigten Kraft beschenkt und fördert, um dass das für die Gläubigen zugedachte Ziel Gottes – deren Errettung – *letztlich verwirklicht wird – und für die Glaubenden zum Lob Seiner Herrlichkeit rundum beiträgt.*

Auslegung

Vers 3: Der Apostel beginnt mit dem Lobpreis des allmächtigen Gottes, der in den Schriften des Alten Testaments, als auch in den Schriften des Neuen Testaments einen vom Glauben ausgehenden, bedingt durch den Heiligen Geist geförderten Beweis der Herrlichkeit Gottes darstellt und folglich bekundet. Je ein Beispiel aus dem Alten – bzw. dem Neuen Testament schenkt uns einen näheren Einblick in diese Lobpreisungen des Höchsten:

Gelobt sei der Herr, der Gott Israels, von Ewigkeit zu Ewigkeit! Amen! Amen! (Psalm 41, Vers 14 – ein Psalm Davids / Lutherbibel 1984).

Gepriesen sei der Herr, der Gott Israels! Denn er hat sein Volk besucht (bei Gottes Selbstverwirklichung in Jesus Christus!) *und ihm Erlösung bereitet* – verkündet Zacherias bei seinem Lobpreis Gottes. (Lukas, Kapitel 1, Vers 68).

Der Apostel Paulus jedoch definiert Gott nunmehr als den *Vater unseres Herrn Jesus Christus.* Diese von der Tat Gottes bestätigte, dem Heil der Gläubigen zukommende Gnadenwirkung ist jenes über allem stehende barmherzige Gnadenschenk des Höchsten, um das die uns zugute dienende, jedoch von uns verschuldete und vollbrachte Sündenvergebung *von* dem Herrn Jesus Christus am Kreuz von Golgatha, in Verbindung mit des Heilands vollkommen unschuldigen, für alle Glaubenden vergossenen, heiligen Blutes letztlich den Gläubigen *zur Seligkeit verhilft,* sodass *alle* Christen mit dem erforderlichen Glauben an den Herrn Jesus Christus *ewige Teilhaber im Reich der Himmel werden.*

Diese über allem stehende Handlung Gottes führt allein zur Seligkeit, und leitet unsere vom Glauben bestätigte, vom Heiligen Geist vollbrachte, fortan verwirklichte Dankbarkeit anhand dieser uns zum Heil dienenden Gnadentat zu dem Lobpreis Gottes, denn der Allmächtige *hat uns mit jedem geistlichen Segen in den himmlischen (Regionen) in Christus gesegnet.*

Denn aus seiner Fülle haben wir alle empfangen Gnade um Gnade, bestätigt Johannes in seinem Evangelium in Kapitel 1, Vers 16.

Diese Gnade, bzw. die „Schenkung der Seligkeit", welche den Gläubigen zugewiesen, oder präziser ausgedrückt – widerfahren ist – ist jener den Glaubenden zugedachte **Segen** Gottes, zu welchen uns der Heilige Geist leitet, sodass diese von Barmherzigkeit gekürte „Gnadenschenkung der Seligkeit" des Höchsten letztlich *erkannt* und mit einer Lobpreisung seiner Herrlichkeit rundum mit voller Dankbarkeit von den Beschenkten somit voller Gewissheit *bestätigt* werden kann.

Die von großer Bedeutung zu beschreibende Aussage des Apostels Paulus: ***in den himmlischen (Regionen) in Christus*** gestaltet sich überaus anspruchsvoll und sehr schwierig, um diese mit eigenen Worten auszulegen.

Der Autor ist jedoch der persönlichen Meinung, dass der Segen, der uns widerfahren ist, bereits in den Himmeln und folglich in dem seit Ewigkeit existierenden Christus zu Teil wurde. Folglich dürfte dieser Segen *nicht erst* auf das Handeln Gottes bei Seiner Selbstverwirklichung in den Menschen Jesus Christus als der Messias zu uns auf die Erde als sichtbarer Gesandte mit Seiner menschlichen Gestalt entstanden sein, sondern bereits schon *vor* Weltgründung müsste diese Entscheidung von Gott getroffen und beschlossen worden sein.

Es ist nach Meinung des Autors eine den Gläubigen bereits zuteilgewordene, gnadenreiche Handlung Gottes, die Er *vor* der Gründung der Welt *vollzogen und beschlossen hat*. Diese den Gläubigen zum Wohl dienende Entscheidung des Allmächtigen wurde von Ihm bereits *vor* der Gründung der Welt besiegelt, ehe Er sich selbst in Christus als Mensch verwirklichte. So dürfte – nach Meinung des Autors – bereits zu dem Zeitpunkt der Selbstverwirklichung Gottes in Jesus Christus diese Versöhnung *schon entschieden, von Gott besiegelt und rundum bestätigt worden sein.*

Der Begriff *in den himmlischen (Regionen)* ist ebenfalls nach Meinung des Autors *auf die für die Menschheit unsichtbare Welt der geistlichen Wirklichkeit zurückzuführen.* Es dürfte sich hier um einen kosmischen, für den Menschen nur sehr unpräzis zu beschreibenden Aufenthaltsort himmlischer, unter der Regie Gottes stattfindender Führungen handeln, die sich nach der sehr vagen Vorstellung des Autors wie folgt in einer „Hierarchiedarstellung" erkenntlich zeigen könnte:

Gott und der Herr Jesus Christus als die gemeinsam zu betrachtenden Oberhäupter *der himmlischen (Regionen),* die darauffolgende Hierarchieabstufung der Gläubigen, bzw. Heiligen, die in diesem himmlischen Bereich stets von der immerwährenden Herrlichkeit Gottes und Jesu Christi umgeben sind –

und die sich von Gott und dem Herrn Jesus Christus abgeschiedene Verruchtheit der von Gott und Christus *gänzlich entfernten* Hierarchieeinstufung, welche die Finsternis prägt, in der die auf Ewigkeit ungläubig Verstoßenen in trostloser Dekadenz verharren.

Vers 4: Der Apostel gibt den Gemeinden in Ephesus bekannt, dass dieser von Gott ausgehende Segen, der ihnen in *ihm* (Jesus Christus!) zu Teil geworden ist bereits *vor der Grundlegung der Welt* von Gott geoffenbart wurde. Ja, in der Tat – sie sind von Gott *auserwählt* worden.

Paulus erwähnt in seinem 2.Brief an Timotheus in Kapitel 1, Vers 9:

Er hat uns ja errettet und berufen mit einem heiligen Ruf, nicht aufgrund unserer Werke, <u>sondern aufgrund seines eigenen Vorsatzes und der Gnade, die uns in Christus Jesus vor ewigen Zeiten</u> gegeben wurde.

Weiterhin schreibt Paulus in seinem Brief an die Römer in Kapitel 8, Vers 29:

Denn die er (Gott!) <u>*zuvor*</u> *ersehen hat, die hat er auch <u>vorherbestimmt</u>, dem Ebenbild seines Sohnes gleichgestaltet zu werden, damit er* (Jesus Christus!) *der Erstgeborene sei unter vielen Brüdern* (Christi Glaubensgeschwistern!).

Dies ist ein klares, eindeutiges Indiz der Vollkommenheit Gottes (und bestätigt noch einmal mehr die vage Vermutung des Autors bei seiner Auslegung von Epheser, Kapitel 1, Vers 3!). Dieses Wissen erhält seinen Ursprung aus dem Glauben des Abrahams, unser aller Stammvater. In 1. Mose, Kapitel 15, Vers 6 (Zürcher Bibel) steht geschrieben:

Und er (Abraham!) *glaubte dem Herrn, und das rechnete er* (Gott!) *ihm* (Abraham!) *als Gerechtigkeit an.*

Auch die jüdische Glaubenstradition bestätigt uns Folgendes:

Höre Israel, der Herr ist unser Gott, der Herr allein! (5.Mose, Kapitel 6, Vers 4).

Jedoch will der Apostel Paulus uns nahelegen, dass bei der Selbstverwirklichung Gottes in Seinen Sohn die uns *seit Grundlegung der Welt bereits existierende Bezugsperson Jesus*

Christus, unser Erlöser und Erretter *schon Sein Dasein hatte.* So ist (wie es bereits aus dem Kapitel 1, Vers 3 in der Auslegung erwähnt wurde!) das Christentum bereits vor der Grundlegung der Welt von Gott „kreiert und erschaffen" worden, jedoch kam es erst mit der Gründung urchristlicher Gemeinden bedingt durch ihre Gründungsväter, die Apostel Jesu Christi zum „ersichtlichen", sprich – zu einem „zur Tat schreitenden Vorschein".

Dieses sich bereits seit Ewigkeit „vollzogene Gründungsgeschehen" ist ein mehr als nur ersichtliches Zeichen der unantastbaren Allmacht Gottes, die Ihre Aufklärung, bzw. Verwirklichung *exakt zu der Zeit des vom Allmächtigen festgelegten Zeitpunktes als vollführt und folglich realisiert angesehen werden kann.*

Der Sinn dieser zur Tat schreitenden Realisierung bestätigt zumal das vortreffliche und daher unnachahmlich zu erachtenden Handeln des Höchsten wie folgt:

Nur bedingt durch die Vergebung eines fehlerfreien, sündlosen Menschen in der Gestalt Gottes, Jesu Christi, der Sein unschuldiges Blut den Sündern opferte, können wir, die wir durch des Christus` Blut geheiligt worden und von den Sünden rein gewaschen worden sind, auch *unbefleckten* (sündenfreien!) *Einzug* halten in das Reich der Himmel. Denn:

Niemand, so Jesus Christus, **kommt zum Vater als <u>nur durch mich</u>** (Johannes, Kapitel 14, Vers 6b).

Der Apostel Johannes bekundet:

Wenn wir aber im Licht wandeln, wie er im Licht ist, so haben wir <u>Gemeinschaft miteinander</u>, und das Blut Jesu Christi, seines Sohnes, reinigt uns von <u>aller Sünde</u> (1.Johannes, Kapitel 1, Vers 7).

Der Apostel Paulus bekundet die Tat Gottes in Jesus Christus wie folgt:

Gott aber sei Dank, der uns den Sieg gibt <u>durch</u> unseren Herrn Jesus Christus! (1.Korinther, Kapitel 15, Vers 57).

Die *Liebe* Gottes führt die Gläubigen folglich mit der Kraft Seines ihnen zuteilwerdenden Heiligen Geistes in die *himmlischen (Regionen) in Christus* (Epheser, Kapitel 1, Vers 3b – siehe Auslegung!), *damit wir* (die Gläubigen!) *tadellos* (unbefleckt und daher <u>*frei*</u> von jeglicher Sünde!) *vor ihm* (vor seinem Angesicht / in seiner Gegenwart = Quelle: Schlachter – Bibel 2000!) *seien in Liebe.*

Dies ist der bereits stets seit Ewigkeit festgelegte, nunmehr zur Tat schreitende Entschluss des allmächtigen Gottes, dass die an Ihn Glaubenden in den Genuss Seiner immerwährenden Heiligkeit und folglich in das Reich Seiner Herrlichkeit *durch* den heilbringenden Kreuzestod Seines Sohnes Jesus Christus bleibenden Einzug halten, den Er aus Liebe für uns dahingegeben hat, um unsere Errettung zu ermöglichen; *denn so (sehr) hat Gott die Welt geliebt, <u>dass er seinen eingeborenen Sohn gab, damit jeder, der an ihn glaubt, nicht verlorengeht, sondern ewiges Leben hat</u>* (Johannes, Kapitel 3, Vers 16).

Unser Herr Jesus Christus spricht – und bestätigt zugleich mit dieser Seiner Aussage das seit Ewigkeit festgelegte Vorhaben Seines allmächtigen Vaters wie folgt:

Darum sollt ihr vollkommen sein, gleichwie euer Vater im Himmel vollkommen ist! (Matthäus, Kapitel 5, Vers 48).

Und der allmächtige Gott spricht zu Mose (und folglich zu allen Gläubigen!):

Ich will meine Wohnung in eure Mitte setzen, und meine Seele soll euch <u>nicht</u> verabscheuen (3.Mose, Kapitel 26, Vers 11).

Jesus Christus schenkt uns eine noch weitere, unumstößliche Gewissheit mit auf unseren Lebensweg, welche die Christen zum Jubeln veranlassen sollte, denn in diesen Worten ist das Heil Gottes mehr als nur ersichtlich auffindbar:

Wenn jemand mich liebt, so wird er mein Wort befolgen, und mein Vater wird ihn lieben, <u>und wir werden zu ihm kommen und Wohnung bei ihm machen</u> (Johannes, Kapitel 14, Vers 23b).

Vers 5: Paulus schenkt den Gemeinden eine nochmalige Bestätigung, dass *er* (Gott!) *die Gläubigen zur Sohnschaft für sich selbst durch Christus vorherbestimmt hat.* Der Apostel wiederholt nahezu identisch die bereits in Kapitel 1, Vers 4 (siehe Auslegung!) vollführte Aussage aufgrund ihrer immensen Wichtigkeit. Er will die Gläubigen *erneut* darauf hinweisen, dass das Heil Gottes, welches ihnen widerfahren ist, *nur* in der Person des Herrn Jesus Christus auffindbar ist – und weist zugleich mit diesem Bekenntnis die Epheser auf die barmherzig gnadenvoll umwobene Tat des allmächtigen Gottes hin.

Denn *nur* in der Person Jesu Christi ist das Heil des Ewigen Lebens auffindbar. Christus ist *der Mittler,* der die Glaubenden bedingt *durch* ihren Glauben an Ihn in die *Herrlichkeit Gottes leitet* (Vers 5a). Ja – in der Tat – Gott „adoptiert" die Gläubigen *in* Jesus Christus (Vers 5b).

Infolgedessen handelt Gott *in* der Person des Christus **nach dem Wohlgefallen seines Willens,** um jeden einzelnen Gläubigen in Sein strahlend reines Licht der Ewigen Herrlichkeit bedingt durch Seine Selbstverwirklichung *in* Jesus Christus (*das Wort der Wahrheit!* / Jakobus, Kapitel 1, Vers 18a) *aufnehmen zu können.*

Es sind diejenigen Kinder Gottes, welche:

Nicht aus dem Blut, noch aus dem Willen des Fleisches, noch aus dem Willen des Mannes, <u>*sondern aus Gott geboren sind*</u> (Johannes, Kapitel 1, Vers 13).

Und der Halbbruder unseres Herrn Jesus Christus bekennt in seinem Brief:

Nach seinem Willen (Gottes Willen!) *hat er uns gezeugt durch das Wort der Wahrheit,* <u>*damit wir gleichsam Erstlinge seiner Geschöpfe seien*</u> (Jakobus, Kapitel 1, Vers 18).

Vers 6: Gott handelt folglich – fährt der Apostel fort – *zum Lob der Herrlichkeit seiner Gnade* (Vers 6a), *damit er in den kommenden Weltzeiten den überschwänglichen Reichtum seiner Gnade in Güte an uns erweise in Christus Jesus* (Epheser, Kapitel 2, Vers 7 – Auslegung folgt!).

Paulus betont in Vers 6 noch einmal das Selbstbestimmungsrecht des himmlischen Vaters, der mit dieser Seiner Handlung Seine unwiderrufliche Allmacht prägend hervorhebt. Diese unantastbare Machtvollkommenheit Gottes will die Glaubenden in Seine Herrlichkeit *einweisen,* damit Seine an die Gläubigen durch den Geist der Wahrheit weitergegebene Formvollendung diese dazu auffordert, Seine unbeschränkte Allmacht *zu loben* – *mit der er uns begnadigt hat in dem Geliebten* (Vers 6b). Denn:

Der Vater liebt den Sohn und hat alles in seine Hand gegeben (Johannes, Kapitel 3, Vers 35).

Die Liebe zu *dem Geliebten* (Jesus Christus!), als auch zu den Menschen ist ein unumstößliches Indiz des allmächtigen Gottes. Sie zeigt sich in ihrer Handlungsweise als das in Gott ruhende *Richtmaß* erkenntlich, denn diese unvergleichliche von aller Herrlichkeit umgebene Liebesbotschaft Gottes *spiegelt sich in der Person des Herrn Jesus Christus wider;* denn Er *ist* das Ebenbild Seines himmlischen Vaters. Exakt diese vom Allmächtigen weitergegebene, Ihm zuteilwerdende Liebe schenkt uns auch der Sohn in unsere Herzen hinein.

Anhand dieser uneingeschränkten Liebesbotschaft kann der Gläubige deutlich erkennen, so Paulus, dass Gott auf die von Ihm geforderten, von der Menschheit einzuhaltenden Rechte letztlich in Christus „verzichtet" – *nur* ums uns – die Gläubigen – in das Reich der Herrlichkeit durch Christi Sündenvergebung am Kreuz von Golgatha *aufnehmen zu können.*

Über Gottes Sieg und die Herrschaft Seines Sohnes können wir in der Lutherbibel 1984 in Psalm 2, Vers 7 Folgendes in Erfahrung bringen, denn dort steht geschrieben:

Kundtun will ich den Ratschluss des Herrn. Er hat zu mir gesagt: „Du bist mein Sohn, heute habe ich dich gezeugt".

Es ist der Ratschluss Gottes, dass dem Sohn (Jesus Christus!) die von Gott ausgehende Liebe „übertragen" wird, mit der Er mit der von Ihm ausgehenden Kraft des Heiligen Geistes in die gläubigen Herzen *hineinwirkt,* auf dass diese dem Sohn übergebene Liebe in den Herzen der Glaubenden voller Dankbarkeit mit Wohlwollen aufgenommen wird – und die Gläubigen folglich vom Allmächtigen in Jesus Christus als die Kinder Seiner Obhut *gesegnet werden.*

Vers 7: Der Apostel Paulus beginnt nun mit der Lobpreisung des Herrn Jesus Christus, dessen Ausgangspunkt die Liebe Gottes prägt. Denn – so Paulus – **in ihm haben wir die Erlösung** (die Befreiung von Sünde und Gericht!) **durch sein Blut**.

So bekennt Paulus bei seiner „Abschlussrede an die Ältesten in Ephesus":

So habt nun acht auf euch selbst und auf die ganze Herde, (Gemeinde!) *in welcher der Heilige Geist euch zu Aufsehern gesetzt hat,* <u>**um die Gemeinde Gottes zu hüten, die er**</u> (Jesus Christus!) <u>**durch sein eigenes Blut erworben hat!**</u> (die Apostelgeschichte des Lukas, Kapitel 20, Vers 28).

Im Brief an die Hebräer fügt der Schreiber dieses Briefes folgende Worte hinzu – denn Jesus Christus ist:

...auch nicht mit dem Blut von Böcken und Kälbern, (den Opfern der Juden!) **_sondern mit seinem eigenen Blut ein für alle Mal in das Heiligtum eingegangen und hat eine ewige Erlösung_** (die, der von sündenumwobenen, gläubigen Menschheit!) **_erlangt_** (Hebräer, Kapitel 9, Vers 12).

Es ist jenes priesterlich zu erachtende, der gläubigen Menschheit zugute dienende Amt, welches Gott Seinem Sohn übertragen hat. Er ist das *endgültige Versöhnungsopfer,* welches anstelle von **Böcken und Kälbern**, (3.Mose, Kapitel 16 / Hebräer, Kapitel 9, Vers 12a) *zum endgültigen Heil aller Gläubigen beiträgt.* Denn des Herrn Jesus Christus` erlösendes Blut ist *kein vergängliches, wie das* **von Böcken und Kälbern**, *sondern ein immerwährendes, auf Ewigkeit bleibendes, einzig und allein errettendes Versöhnungsopfer.* Jesus Christus leitet uns *durch Sein vergossenes Blut* **ein für alle Mal** (Hebräer, Kapitel 9, Vers 12b) in das Reich der Ewigen Herrlichkeit, welches für die Kinder des himmlischen Vaters *Ewiges Leben* in der von Herrlichkeit umgebenen Obhut Gottes und Jesu Christi bedeutet.

In der Tat, des Herrn Jesus für *alle* Gläubigen vergossenes Blut bewirkt **die Vergebung der Übertretungen nach dem Reichtum seiner Gnade** (Epheser, Kapitel 1, Vers 7b).

Dass die alttestamentliche, von den Propheten Gottes verkündete, sich den Gläubigen zugedachte, erlösende Messias – Verheißung sich *erfüllte,* beweist uns die Apostelgeschichte des Lukas, Kapitel 10, Vers 43 wie folgt:

Von diesem (Jesus Christus!) **_legen alle Propheten Zeugnis ab, dass jeder, der an ihn glaubt, durch seinen Namen Vergebung der Sünden empfängt._**

Weiterhin können wir den Apostel Petrus – ebenfalls in der Apostelgeschichte des Lukas, Kapitel 4, Vers 12 – folgende unwiderrufliche Botschaft sprechen hören:

Und es ist in keinem anderen (Jesus Christus!) *das Heil;* (die Errettung!) *denn es ist <u>kein</u> anderer Name unter dem Himmel den Menschen gegeben, in dem wir gerettet werden sollen!*

Der Hinweis auf das Blut unseres Erlösers Jesus Christus schenkt uns noch eine weitere, gewichtige Mitteilung des Apostels Paulus:

Die von der gläubigen Menschheit verursachten Sünden werden durch des Erlösers Blut *vollkommen vertilgt.* Diese werden von Gott *endgültig vergeben und durch des Christus' Versöhnungstat restlos getilgt.*

Vers 8: Das Wesen Gottes ist *nicht nachtragend, sondern reich an barmherziger Gnade,* ***die er uns überströmend widerfahren ließ in aller Weisheit und Einsicht*** (Vers 8) *in seinem Sohn Jesus Christus.*

Es ist der Geist (der Heilige Geist!) der Einsicht, der die Herzen der Gläubigen belehrt, fördert – und folglich auf ihre begangenen Fehler *aufmerksam macht,* um das diese im Gebet ehrfürchtig vor Gott und dem Herrn Jesus Christus voller vom Herzen kommender Buße *bereut werden.*

Jesus selbst lehrt im Evangelium des Johannes:

„Und sie (die Menschheit!) *werden alle von Gott gelehrt sein". Jeder* (die gläubige Menschheit!) *nun, der vom Vater* (Gott!) *gehört und gelernt hat, kommt zu mir* (Johannes, Kapitel 6, Vers 45b).

Auch schreibt der Apostel Paulus stellvertretend für seine Amtskollegen (die anderen Apostel!) in seinem Brief an die Kolosser:

Deshalb hören wir auch seit dem Tag, da wir es vernommen haben, (der den Gläubigen gegebene Reichtum Gottes in dem Herrn Jesus Christus, der den Aposteln mit der Zusendung des Heiligen Geistes zu Teil wurde!) **nicht auf, für euch** (die Gemeinde der Kolosser / stellvertretend für alle Menschen!) **zu beten und zu bitten, dass ihr erfüllt werdet mit der Erkenntnis seines** (Gottes Willen in Christus!) **Willens in aller geistlicher Weisheit und Einsicht** (Kolosser, Kapitel 1, Vers 9).

Es ist der *immerdar präsente, von der barmherzigen Gnade Gottes* **uns** *überströmend* **widerfahrene** (Epheser, Kapitel 1, Vers 8) **Tröster** (Heiliger Geist! / Johannes 14, Vers 26a / Lutherbibel 1984), der uns *in aller Weisheit und Einsicht* (Epheser, Kapitel 1, Vers 8) in das Heil Jesu Christi leitet, um diese Gnadengabe des Höchsten mit einem tagtäglichen Lob im Gebet zu Ihm voller Dankbarkeit zu bekunden. So umschreibt Paulus sein Gnadenlob Gottes in der Person Jesu Christi.

Anhand dieser vorzüglich zu betrachtenden Gnadengabe des allmächtigen Gottes zeigt uns der **Allherr** (Gott! / Hermann Menge) Seine in Ihm wirkende Liebe, die sich einem *jeden* annimmt, *der den Herrn Jesus Christus von ganzem Herzen lieb gewonnen hat.* Ja, in der Tat – Gott teilt mit der gläubigen Menschheit Sein Eigentum (Jesus Christus!), um uns in die

Sphären Seiner lobpreisenden, immerwährenden Herrlichkeit zu leiten, damit wir auf Ewigkeit *tadellos* in Gottes und Jesu Nähe verweilen können: im Reich der Himmel.

Vers 9: Der Apostel Paulus weist uns in Vers 9 in das nochmals tiefgründiger von ihm beschriebene Gnadengeschenk Gottes *in* Jesus Christus ein. Diese von Wichtigkeit ummantelnde Botschaft ruft noch ein weiteres Mal die bereits in Betracht genommen Verse 3 – 8 dieses ersten Kapitel hervor (siehe Auslegung!).

Es ist abermals jenes bereits vor der Gründung der Welt von Gott geoffenbarte, nun mit Seiner Selbstverwirklichung in Jesus Christus geschehene *Geheimnis seines Willens, welches uns bekannt gemacht wurde, entsprechend dem (Ratschluss), den er nach seinem Wohlgefallen gefasst hat in ihm* (Jesus Christus!), so Paulus in Vers 9.

Dies sagt mit erneut dargelegter Wichtigkeit, die uns der Apostel an dieser Stelle wohlwollend preisgibt, dass Gott sich *gemeinsam* mit den Gläubigen **das Geheimnis seines Willens teilt**. Anhand dieser gnadenumwobenen Preisgabe des Allmächtigen *erfüllt* der von Sünde einst verurteilte, doch nun zum Glauben gekommene Mensch *die Kriterien Gottes aufgrund dessen Selbstverwirklichung in Christus,* der für uns Sein eigenes, *unbeflecktes Leben* hingab, um uns Ewiges Leben in Seiner Obhut zu schenken. Folglich sind wir nunmehr die von des Allmächtigen ausgehender Gnade bedingten „Profiteure" der Liebe Gottes.

Des Höchsten uns zugedachter, gnadenreicher Entschluss unserer Sündenvergebung durch Christus *löst* die einst in Verruchtheit Verfallenen aus den ehemaligen, bedingt durch Eigenverschuldung verursacht zu erachtenden, *inhaftierenden Fesseln der Sünde*, weil der allmächtige Gott sich *unserer Schwachheit erbarmte*, um uns mit dieser Seiner Erwählung *das Licht der Wahrheit des Herrn Jesus Christus* in unseren Herzen zu offenbaren, damit dieses **Wohlgefallen** die Gläubigen in die Ära Seiner unermesslichen Herrlichkeit – dem Himmelreich aufnimmt.

Vers 10: Der Apostel Paulus geht nun über zu der zum Ziel leitenden Detaillierung Gottes *in* dem Herrn Jesus Christus und beschreibt nunmehr das Vorhaben des Allmächtigen *zur Ausführung in der Fülle der Zeiten.* Der Apostel bezieht sich mit dieser Aussage bereits auf die noch folgenden Verse des 3. Kapitel, Verse 3 – 6 (Auslegung folgt!), die er dort wie folgt zitiert:

Dass er (Gott!) *mich* (der Apostel Paulus!) ***das Geheimnis durch Offenbarung*** (d.h. durch Enthüllung von zuvor Verborgenen in Gottes Heilsratschluss – Quelle: Schlachter – Bibel 2000!) *wissen ließ, wie ich zuvor kurz geschrieben habe. Daran könnt ihr, wenn ihr es lest, meine Einsicht in das Geheimnis des Christus erkennen, das in früheren Generationen den Menschenkindern nicht bekannt gemacht wurde, wie es jetzt seinen heiligen Aposteln und Propheten durch den Geist* (der Heilige Geist!) *geoffenbart worden ist, dass nämlich die Heiden Miterben und mit zum Leib* (Jesu Christi!) *Gehörige und Mitteilhaber seiner* (Gottes!) *Verheißung sind* *in Christus durch das Evangelium* (Epheser, Kapitel 3, Verse 3 – 6 / – Auslegung folgt!).

Die Verheißung Gottes im Buch des Propheten Jesaja ist nun vom Höchsten verwirklicht worden:

Friede, Friede, <u>den Fernen</u> (<u>Heiden!</u>) *<u>und den Nahen</u>,* (<u>Juden</u>!) *spricht der Herr; ja, ich will es heilen!* (Jesaja, Kapitel 57, Vers 19b).

Ja, in der Tat, so der Apostel Paulus in seinem Brief an die Galater in Kapitel 4, Verse 4 + 5:

Als aber die Zeit <u>erfüllt</u> war, sandte Gott seinen Sohn, geboren von einer Frau und unter das Gesetz getan, damit er die, welche unter dem Gesetz waren, loskaufte, damit wir die Sohnschaft empfingen.

In meiner Auslegung des Galaterbriefes schrieb ich dazu folgende Worte aus den Seiten 228 – 233 nieder, welche sich ebenfalls an die noch auszulegenden Worte des 9. Verses des 1. Kapitel des Epheserbriefes wohlwollend anschmiegen:

„Hier spricht Paulus über die *Erfüllung der Zeit.* Damit will er den Galatern (als auch den Gemeinden in Ephesus, sowie den Lesern des Epheserbriefes!) zu verstehen geben, dass auch bei der Entscheidung Gottes ein vom Höchsten festgelegter Zeitpunkt seit Beginn des Zeitalters *bestimmt wurde,* wann **Gott Seinen Sohn** Jesus Christus in die Welt **senden** würde (Galater, Kapitel 4, Vers 4a). Mit der Geburt und dem späteren Wirken des Heilands ist fortan die ehemalig anwesende Zeit der Unmündigkeit *restlos von Gott vertilgt worden – besiegelt* *mit dem Kreuzestod des Herrn Jesus Christus.* Der Apostel will die Gemeinden auf eine Wende des einst „inhaftierten Glaubens" hinweisen, der mit der Geburt Jesu Christi die von Gott stets angekündigte Freiheit (siehe erneut Jesaja, Kapitel 57, Vers 19b!) *bewirkt, wenn* der Glaube an den Gottessohn sich im Herzen des Bekennenden *verwirklicht.* Jesus Christus spricht:

Denn die Zeit ist erfüllt, und das Reich Gottes ist nahe – und fügt die zur Errettung führenden Worte der letztlich in Ihm verwirklichten, von Gott gewollten Freiheit hinzu: **Tut Buße und glaubt an das Evangelium!** (Markus, Kapitel 1, Vers 15).

Jesus Christus, so Paulus, ist *der Vollender* – ja – der bevollmächtigte Bote Gottes der alten Weltzeit und der Beginn des neuen Zeitalters, der einen jeden Gläubigen beruft, unter der Schirmherrschaft des Allmächtigen die durch Ihn vollführte Errettung *im Glauben an Ihn endgültig zu verwirklichen.*

Denn Christus, fügt der Apostel Paulus in Römer, Kapitel 10, Vers 4 hinzu – *ist das Ende des Gesetzes zur Gerechtigkeit für jeden, der glaubt.*

Der Heiland, so Paulus, ist das Ende des Gesetzes, doch erst dann ist auch *in Ihm die Erfüllung* des endzeitlichen Zeitalters *vollbracht, wenn Seine Wiederkunft naht.*

In der Offenbarung des Johannes heißt es:

Siehe, die heilige Stadt, das neue Jerusalem – (die Offenbarung des Johannes, Kapitel 21, Vers 2b) **Gottes <u>bei</u> den Menschen! Und er wird bei ihnen wohnen; und sie werden seine Völker** (die Heiden und die Juden!) **sein, <u>und Gott selbst</u>**

wird bei ihnen sein, ihr Gott (die Offenbarung des Johannes, Kapitel 21, Verse 2b + 3b).

Geboren und unter das Gesetz getan, fügt Paulus in Galater, Kapitel 4, Vers 4b hinzu.

Das tat Gott, indem er seinen Sohn sandte in der gleichen Gestalt wie das Fleisch der Sünde (Christus wurde Mensch und kam im Fleisch, aber Er hatte *nicht* die Sündennatur der Menschen – vergleichbar nachzulesen unter: Hebräer, Kapitel 2, Verse 14 – 18; Kapitel 4, Vers 15; Kapitel 7, Verse 26 – 28 – und unter 1.Petrus, Kapitel 2, Verse 22 – 25; Kapitel 3, Vers 13 – Quelle: Schlachter – Bibel 2000!) *und um der Sünde willen und die Sünde im Fleisch verurteilte* (Römer, Kapitel 8, Vers 3b).

Der Apostel will den Gemeinden verdeutlichen, dass Jesus Christus – wie ein jeder andere Mensch auch (außer Adam und Eva, denn die bildete der allmächtige Gott! – siehe unter 1.Mose, Kapitel 1, Vers 27; 1.Mose, Kapitel 2, Verse 7, 21 – 23!) *von einer Frau geboren wurde,* (Galater, Kapitel 4, Vers 4b) mit dem *gewichtigen Unterschied, dass Sein leiblicher Vater kein Mensch, sondern Gott war, der Ihn durch den Heiligen Geist zeugte.*

Die Ankündigung der Geburt Jesu Christi (Quelle: Schlachter – Bibel 2000!) geschah wie folgt:

Der Engel Gabriel wurde von Gott in eine Stadt Galiläas Namens Nazareth gesandt zu einer Jungfrau Maria. Und der Engel sprach zu ihr: Fürchte dich nicht, Maria! Denn du hast Gnade bei Gott gefunden. Und siehe, du wirst schwanger werden und einen Sohn gebären; und du sollst ihm den Na-

men Jesus geben. Denn dieser wird groß sein und Sohn des Höchsten genannt werden; und Gott wird ihm den Thron seines Vaters David geben; und er wird regieren über das Haus Jakobs (Israels!) *in Ewigkeit, und sein Reich wird kein Ende haben. Maria aber sprach zu dem Engel: Wie kann das sein, da ich von keinem Mann weiß? Und der Engel antwortete und sprach zu ihr: Der heilige Geist wird über dich kommen, und die Kraft des Höchsten wird dich überschatten. Darum wird auch das Heilige,* (Jesus Christus!) *das geboren wird, Gottes Sohn genannt werden* (vollständig nachzulesen unter Lukas, Kapitel 1, Verse 26 – 31!).

Paulus führt weiterhin die Worte in Galater, Kapitel 4, Vers 4b hinzu: **Unter das Gesetz getan.**

Damit will er den Galatern (als auch den Gemeinden in Ephesus, sowie den Lesern des Epheserbriefes!) zu verstehen geben, dass zwar *auch der Herr Jesus Christus unter dem Gesetz gewesen ist, es jedoch mit Seinem Tod am Kreuz gänzlich vertilgt hat – und folglich allein durch Ihn diese den Glaubenden zu Gute kommende Freiheit bewirkte.* Damit teilte sich der Heiland *mit uns nicht nur die Gestalt der menschlichen Hülle, sondern auch die noch herrschende, vorzeitliche Geschichte unter den Werken des Gesetzes, die Er jedoch mit Seinem Kreuzestod mit der Vergebung unserer Sünden vollkommen entmachtete – denn durch Sein erlösendes Blut wurden all unsere Sünden restlos vertilgt.*

Ja, in der Tat – Ihr Galater (ihr Epheser und alle Leser!) – führt Paulus fort:

Das Wort (Gottes!) **ist Fleisch geworden, voller Gnade und Wahrheit** (Johannes, Kapitel 1, Vers 14).

Die einst versklavende Unterdrückung der Menschheit bedingt durch das Gesetz, als auch aufgrund der in jeder Hinsicht vergänglich zu betrachtenden, **nicht existierenden Grundsätzen der Welt** (Galater, Kapitel 4, Vers 3!) *wurde durch Jesus Christus in einen friedliebenden, von Gott stets gewollten Umbruch revolutioniert.*

Diese Wandlung der Gläubigen bedeutet fortan:

Allen aber, die ihn (Jesus Christus!) *aufnahmen, denen gab er das Anrecht, Kinder Gottes zu werden, denen, die an seinen Namen glauben; die nicht aus dem Blut, noch aus dem Willen des Fleisches, noch aus dem Willen des Mannes, sondern aus Gott geboren sind* (Johannes, Kapitel 1, Verse 12 + 13) – nämlich, so Paulus:

Damit er (Jesus Christus!) <u>*die, welche unter dem Gesetz waren, loskaufte, damit wir die Sohnschaft empfingen*</u>, schreibt der Apostel weiter in Galater, Kapitel 4, Vers 5.

Freiheit bedeutet nunmehr *das Teilnehmen am Leben mit Gott unter der Obhut Jesu Christi,* der uns Gläubige bedingt durch des Höchsten Selbstverwirklichung *in* die Person Jesu Christi *loskaufte, um zukünftig anhand unseres Glaubens an den Heiland fortan an diesem uns von Gott geoffenbarten Leben teilzunehmen,* ja – um die uns nunmehr zugedachte, erkaufte *Freiheit in Jesus Christus vollends genießen zu können. Durch Christus* erfahren wir die *neue Stellung der barmherzigen Fürsorge Gottes,* welche von nun an *durch* unseren Glauben die Position eines mit „Gott Versöhnten" einnimmt.

Denn *der Heilige Geist* ist fortan der relevante und fortwährende Begleiter, der *stets* die Herzen der Gläubigen mit der unantastbaren Gewissheit unterstützt, dass *nur in der Person Jesu Christi das Heil auffindbar ist, welche diese uns zuge-*

dachte Herrlichkeit Gottes wohlwollend offenbart. Das Zeichen *der Wiedergeburt* weist den Gläubigen nunmehr darauf hin, dass der Glaube *eine unumstößliche Festung von Gott erhalten hat, die ab sofort selbst schwersten Stürmen, bzw. fremdeinwirkenden Beeinflussungen mit der gewichtigen Hilfe des Heiligen Geistes widersteht.* Die Erkenntnis zu Gott und Jesus Christus ist *durch* des Heilands Erscheinung von Gott *endgültig* in unseren Herzen *besiegelt* – wir sind *durch unseren Glauben an Christus Gottes Söhne geworden; das Errettungswerk Gottes trägt die Früchte des ewigen Heils.*

Der Apostel Petrus schreibt in seinem 1.Brief in Kapitel 1, Verse 18 + 19:

Denn ihr wisst ja, dass ihr nicht mit vergänglichen Dingen, mit Silber oder Gold, losgekauft worden seid aus euren nichtigen, von den Vätern überlieferten Wandel,(die Gesetzeswerke, bzw. die Grundsätze der Welt!) ***sondern mit dem kostbaren Blut des Christus als eines makellosen und unbefleckten*** (vollkommen sündenfreien!) ***Lammes.***

Der Apostel Johannes beschreibt: Die wahren Kinder Gottes (Quelle: Schlachter – Bibel 2000!) wie folgt:

Seht, welch eine Liebe hat uns der Vater (Gott!) ***erwiesen, dass wir Gottes Kinder heißen sollen! Darum erkennt uns die Welt nicht, weil sie ihn*** (Jesus Christus!) ***nicht erkannt hat*** (1.Johannes, Kapitel 3, Vers 1)."

Bevor wir weiter zur Auslegung des Epheserbriefes, Kapitel 1, Vers 10 schreiten, lassen sie mich an dieser Stelle ein Bekenntnis eines Mannes Namens *Ernst Christoph Hochmann von Hochenau (1670 – 1721)* zitieren, denn diese Wichtigkeit in den von ihm erwähnten Worten erweist sich für einen jeden Christen als eine unumstößliche Wahrheit.

(Diese Worte habe ich entnommen aus dem Buch: „Die Gnade bricht durch" von Jakob Schmitt – Aus der Geschichte der Erweckungsbewegung im Siegerland, in Wittgenstein und den angrenzenden Gebieten / Brunnen – Verlag Gießen, 2.durchgesehene und erweiterte Auflage 1953 / 1954, aus der Seite 129:)

„*Ein Fünklein von der Liebe Jesu Christi lebendig zu haben ist besser, als wenn man ganze Bibliotheken ins Gehirn gefasst hat.*"

Auch in Epheser, Kapitel 1, Vers 10 – um mit der Auslegung des Epheserbriefes fortzufahren – ist an dieser Stelle *der von Gottes Plan vollführte Zeitpunkt ausschlaggebend*. Die Selbstverwirklichung des Allmächtigen *in* die Person des Herrn Jesus Christus ist fortan im weiteren Verlauf des gnadenumwobenen, sehr ausdrucksstark geprägten, gewichtigen Briefverlauf des Apostels Paulus an die Epheser *von größter Bedeutung,* da diese uns Christen zu Gute dienende Tat Gottes durch den ganzen weiteren Briefverlauf wissen lässt, **das alles unter einem Haupt zusammenzufassen** ist **in dem Christus, sowohl was im Himmel als auch was auf Erden ist** (Epheser, Kapitel 1, Vers 10b).

In dem Brief an die Kolosser schrieb der Apostel Paulus folgende Worte, welche sich perfekt in die von ihm zitierte Wahrheit des 10. Verses des 1. Kapitels des Epheserbriefes anschmiegen:

Dieser (Jesus Christus!) *ist das Ebenbild des unsichtbaren Gottes, der Erstgeborene, der über aller Schöpfung ist. Denn in ihm ist alles erschaffen worden, was im Himmel und was auf Erden ist, das Sichtbare und das Unsichtbare, seien es Throne oder Herrschaften oder Fürstentümer oder Gewalten* (eine Bezeichnung für Engelmächte! / Quelle: Schlachter – Bibel 2000!)*: Alles ist durch ihn und für ihn geschaffen; und er ist vor allem, und alles hat seinen Bestand in ihm. Und er ist das Haupt des Leibes, der Gemeinde, er, der der Anfang ist, der Erstgeborene aus den Toten, damit er in allem der Erste sei. Denn es gefiel (Gott), in ihm alle Fülle wohnen zu lassen und durch ihn alles mit sich selbst zu versöhnen, indem er Frieden machte durch das Blut seines* (Christi!) *Kreuzes – durch ihn, sowohl was auf Erden als auch was im Himmel ist* (Kolosser, Kapitel 1, Verse 15 – 20).

Diese dem 10. Vers des 1. Kapitel nahe zu dem Sinn gemäß gleichlautenden Aussage des Epheserbriefes – verglichen mit den Versen 15 – 20 des 1. Kapitel des Kolosserbriefes von dem Apostels Paulus sollten wir an dieser Stelle einmal genauer wie folgt zum näheren Verständnis durchleuchten:

Die von Gott vollbrachte Schöpfungstat führt in das stets von Ihm angekündigte, zwar schon vor dem Beginn der Welt bereits Existierenden (Jesus Christus!) in das nunmehr sichtbare menschliche Wesen des Herrn Jesus Christus hinein. Das *Ebenbild* (Jesus Christus! / Kolosser, Kapitel 1, Vers 15 a) *des unsichtbaren Gottes* (des Höchsten!) ist folglich bei der Selbstverwirklichung Gottes in Seinen Sohn Seine „spiegelbildliche Verkörperung", doch nunmehr für die Menschen als *sichtbare Gestalt mit einer menschlichen Hülle* (menschlich –

göttlich *zugleich!*) wahrnehmbar. Jesus Christus spricht in Johannes, Kapitel 4, Vers 24 (Zürcher Bibel):

Gott ist Geist, (unsichtbar!) **und die zu ihm beten, müssen in Geist und Wahrheit beten.**

Gleich wie Gott, der Herr, so ist auch der Sohn mit dem Höchsten *eins, der Erstgeborene, der über aller Schöpfung ist* (Kolosser 1, Vers 15b). So wohnt *der vom himmlischen Vater ausgehende Geist in absolut identischer, heiliger Vorgehensweise auch in dem Sohn, der die Schöpfung der Welt und die von Gott erschaffene Kosmologie bei weitem überragt und folglich auch übertrumpft.*
Alle vollkommenen Gene Gottes sind daher gleichwertig in der Person Jesus Christus vom Höchsten geprägt worden. Diese Gene des Allmächtigen und des Christus *überragen* förmlich das von Ihnen Erschaffene – in der Tat – Sie sind diesen weltelementaren Erscheinung *stets übergeordnet.* So ist auch Christus *nicht nur* als Werk des von Gott Geschaffenen zu betrachten, *sondern als Gottes* **Ebenbild**, *weil der Allmächtige in Jesus Christus gleichwertig Seiner selbst handelt.*

Folglich ist **in ihm** (Jesus Christus!) **alles erschaffen worden, was im Himmel und auf Erden ist** (Kolosser, Kapitel 1, Vers 16a). *So ist in Gott, wie auch in Jesus Christus alles auf Ewigkeit gleichbedeutend, jedoch ist Gott der Anfang aller Dinge, weil Gott in Christus lebt.* So sind Gott und Jesus Christus abermals *eins,* die sich jedoch als Ihre von Ihnen geschaffene Natur als Ihre Herrscher *gegenüberstellen.* Sie herrschen über das von Ihnen kreierte **Sichtbare und Unsichtbare, seien es Throne oder Herrschaften oder Fürstentümer oder Gewalten.**
Alles ist durch ihn (Jesus Christus!) **und für ihn** (Jesus Christus!) **erschaffen** (Kolosser, Kapitel 1, Vers 16b). Somit

ist der Herr Jesus Christus *der Mittler* des allmächtigen Gottes, *durch den alles soeben Erwähnte erschaffen wurde.*

Folglich ist auch Gott in Christus *vor allem*, als auch *das alles* vor Christus seinen Bestand *in ihm* (Kolosser, Kapitel 1, Vers 17), sprich – durch die wunderbar kosmologisch zu betrachtende Schöpfungstat Gottes in Jesus Christus *eine gleichwertige Basis der Allmacht Gottes hat.* Gott und Jesus Christus *stehen über allen Dingen,* denn Sie sind *ihre eigenen Erzeuger.* Somit haben die weltelementaren Erschaffungen nur Bestand *in* und *von* der Allmächtigkeit Gottes *und* dem Herrn Jesus Christus *zugleich.*

Anhand dieser von Gott ausgehenden Allmacht ist auch in Ihm (dem Sohn Gottes!) *das Haupt des Leibes der Gemeinde* auffindbar, *er, der der Anfang ist, der Erstgeborene aus den Toten damit er in allem der Erste sei* (Kolosser, Kapitel 1, Vers 18).

Jesus Christus spricht in der Offenbarung des Johannes, Kapitel 1, Vers 8:

Ich bin das A und das O, (das Alpha und das Omega, – sprich – der Erste und der Letzte!) *der Anfang und das Ende, spricht der Herr, der ist und der war und der kommt, der Allmächtige.*

Anhand des Herrn Jesus Christus vollkommen wahrer „Selbstdefinierung" können wir ersehen, dass Er *alle vollkommenen Gene Gottes* in Seinem Leib „trägt" – und folglich dem Allmächtigen *in jeder Hinsicht gleich ist. Jesus Christus ist von der ganzen Herrlichkeit wesensgleich mit der, des allmächtigen*

Gottes, weil der Geist des Höchsten selbst in Ihm ruht. Daher sind auch die Menschen die Glieder *Seiner selbst.*

Jesus Christus spricht in Johannes, Kapitel 15, Vers 5 (Lutherbibel 1984):

Ich bin der Weinstock, ihr seid die Reben. Wer in mir bleibt und ich in ihm, der bringt viel Frucht, denn ohne mich könnt ihr nichts tun.

Folglich erweisen sich die von dem Herrn Jesus Christus gesprochenen Worte *als bindend, um* an der Gemeinschaft Seiner Herrlichkeit gewinnfördernde Anteilnahme zu haben. Somit ist auch Er *das Haupt des Leibes der Gemeinde* (Kolosser, Kapitel 1, Vers 18a). Er ist jener weltumfassende Leib, ja, der Träger und Fürsorger der Kinder Seiner Obhut, die von ganzem Herzen an die von Ihm gesprochenen Worte *glauben.*

Anhand dieses Glaubens kann der Gläubige nunmehr behaupten, *dass er selbst bedingt durch die Erkenntnisse der Heiligen Schrift vom Geist Gottes geführt wurde, um mit seinem Herzen den Geist Christi wahrzunehmen, zu erkennen, zu fördern und daher in seinem Herzen auf Ewigkeit bleibend im Glauben an Ihn zu verankern.*

Diese rundum von der Liebe Gottes umwobene Gnadentat des Allmächtigen prägt die Liebe zu der gläubigen Menschheit, sodass diese ewige Teilhaber im Reich der Himmel werden, denn:

Es gefiel (Gott), in ihm (Jesus Christus!) *alle Fülle wohnen zu lassen* (Kolosser, Kapitel 1, Vers 19), um *alle,* die an den Herrn Jesus Christus *glauben, das Anrecht zu geben, Kinder Gottes zu werden, denen, die an seinen Namen glauben* (Johannes, Kapitel 1, Vers 12b).

Das Geschehen Gottes in der Person Jesu Christi hat heilleitende, auf Ewigkeit errettende Züge Seiner Herrlichkeit angenommen, welche die Kinder Seiner Obhut voller Wohlwollen in das Reich der Himmel führt.

Gott ist daher der liebende, den Gläubigen zu Gute kommende *Vollbringer,* der Sein seit der Ewigkeit gewolltes Vorhaben *in* der Person Christi mit seiner Selbstverwirklichung in den Sohn nunmehr umgesetzt hat:

Denn also hat Gott die Welt geliebt, dass er seinen eingeborenen Sohn gab, <u>damit alle, die an ihn glauben, nicht verloren werden, sondern das ewige Leben haben</u> (Johannes, Kapitel 3, Vers 16 / Lutherbibel 1984).

Weil Gott es aufgrund Seiner uns zu Gute kommenden Liebe wollte − **durch ihn** (Jesus Christus!) **alles mit sich selbst zu versöhnen, indem er Frieden machte durch das Blut seines Kreuzes − durch ihn,** (Jesus Christus!) **sowohl was auf Erden als auch was im Himmel ist** (Kolosser, Kapitel 1, Vers 20).

Die Ordnungen weltelementarer Bestände, als auch das Leben der Menschheit wurden von Gott in „begradigte und begnadigte" − *sprich heilfördernde und somit von Ihm angenommene Bahnen gelenkt, sodass das Erdreich, der Kosmos, als auch die gläubige Menschheit an dem Frieden teilnehmen können, den Er uns voller wohlwollender, gnadenbringender Barmherzigkeit in unser Leben durch Jesus Christus hineinschenkt. Dieser Frieden ist in nur einer Person auf Ewigkeit auffindbar: In Jesus Christus!*

Diesbezügliche Aussagen bestätigt uns auch der Verfasser des Hebräerbriefes in Kapitel 2, Vers 8a, als auch der im gleichlautenden Psalm 8, Vers 7b – Psalmist David:

Alles hast du (Gott!) *seinen* (Christi!) *Füßen unterworfen.*

Ja, in der Tat – die Welt und ihr elementarer Inhalt haben in Jesus Christus *Ewiges Heil und Ewiges Leben gefunden!* Dem allmächtigen Gott sei Lob und Preis in alle Ewigkeit!

Insgesamt kann man nun den überaus ertragreichen, zum Heil der Ewigkeit führenden 10. Vers des 1. Kapitel des Epheserbriefes wie folgt zusammenfassen:

Die Gesamtfülle aller Zeitpunkte (die Vorhaben Gottes seit der Ewigkeit!) hat sich *in der Person Jesu Christi vollends verwirklicht, denn nur diese tragen zur Annahme in das Reich der göttlichen Herrlichkeit – im Reich der Himmel bei,* denn **niemand kommt zum Vater**, spricht der Herr Jesus Christus, **als <u>nur durch mich</u>** (Johannes, Kapitel 14, Vers 6b).

Verse 11 + 12: Beide Verse können an dieser Stelle zusammengefasst ausgelegt werden, da diese in einem nahen Zusammenhang zueinander stehen. So weist uns der Apostel Paulus erneut in Vers 11 darauf hin, dass die Gläubigen in Jesus Christus *ein Erbteil erlangt haben* (Vers 11).

Im Buch des Propheten Jesaja heißt es dazu:

Ich (Gott!) *verkündige von Anfang an das Ende, und von der Vorzeit her, was noch <u>nicht geschehen</u> ist. Ich sage: <u>Mein Ratschluss soll zustande kommen</u>, und alles, was mir gefällt, werde ich vollbringen* (Jesaja, Kapitel 46, Vers 10).

In der Tat – wir sind die Gesegneten und Begünstigten, ja, die angenommenen, „adoptierten" Kinder von dem seit Ewigkeit festgelegten Vorhaben des barmherzigen Gottes in dem Herrn Jesus Christus; *die wir vorherbestimmt sind nach dem Vorsatz dessen, der alles wirkt <u>nach dem Ratschluss seines Willens</u>* (Epheser, Kapitel 1, Vers 11). Auch an dieser Stelle hebt Paulus die unwiderrufliche Machtvollkommenheit des uns liebenden Gottes in den Vordergrund, dem wir alles uns zu Gute kommende in dem Herrn Jesus Christus zu verdanken haben; nämlich unsere Errettung durch des Herrn Jesus Christus` Tat am Kreuz zur Vergebung unserer Sünden (siehe abermals Auslegung unter Epheser, Kapitel 1, Verse 5 + 9!). Denn, so Paulus:

Wenn wir aber Kinder sind, so sind wir auch Erben, nämlich Erben Gottes und Miterben des Christus; wenn wir wirklich mit ihm leiden, damit wir auch mit ihm verherrlicht werden (Römer, Kapitel 8, Vers 17).

Auch der Apostel Petrus bekennt in seinem 1.Brief, in Kapitel 1 in den Verse 3 + 4:

Gelobt sei der Gott und Vater unseres Herrn Jesus Christus, der uns aufgrund seiner großen Barmherzigkeit wiedergeboren hat zu einer lebendigen Hoffnung durch die Auferstehung Jesu Christi aus den Toten, zu einem unvergängli-

chen und unbefleckten und unverwelklichen Erbe, das im Himmel aufbewahrt wird für uns (die Gläubigen!).

Und Johannes fasst in der Offenbarung folgendes Bekenntnis zum Ruhm Gottes zusammen:

Würdig bist du, o Herr, zu empfangen den Ruhm und die Ehre und die Macht; denn du hast alle Dinge geschaffen, und durch deinen Willen sind sie und wurden sie geschaffen! (die Offenbarung des Johannes, Kapitel 4, Vers 11).

Aufgrund des den Glaubenden zu Gute kommenden Ratschlusses des Höchsten in dem Herrn Jesus Christus können wir stets *zum Lob seiner Herrlichkeit dienen, die wir zuvor auf den Christus gehofft haben*, betont Paulus in Epheser, Kapitel 1, Vers 12.

Paulus schenkt den Gemeinden einen weitreichenden Einblick in den Glauben. Damit will er den Glaubenden in Ephesus zu verstehen geben, dass die Judenchristen bereits *zuvor* auf den von Gott angekündigten Messias, den Herrn Jesus Christus gehofft haben; sprich – die Judenchristen haben diese Erkenntnis bereits *vor* den Heiden von Gott geoffenbart bekommen.

Nun aber haben *alle Menschen* das Anrecht *durch* den Glauben an den Herrn Jesus Christus und durch die von Gott getätigte Ausgießung des Heiligen Geistes Kinder Seiner gnadenreichen Obhut zu werden, dessen Verkünder die Apostel und Propheten sind. Daher leben *alle Gläubigen* in einem „räumlich – kosmisch vorab zu betrachtenden Glauben", der die stets in ihnen ruhende Hoffnung *gewährleistet und kontinuierlich fördert*. Sprich – der in den Herzen der Gläubigen wirkende Heilige Geist *fördert den Glauben in stetiger Hoffnung auf das auf sie zukommende Endziel auf den Erlöser Jesus Christus hin, welches unwillkürlich bedeutet, dass ihr Glaube an den Messias sie in das Reich der Himmel leiten wird.* Dies alles bewirkt die von der barmherzigen Gnade Gottes umgebene, zur Tat schreitende Ausgießung des Heiligen Geistes.

Denn, so der Apostel Paulus:

Die Hoffnung aber lässt <u>nicht</u> zuschanden werden; denn die Liebe Gottes ist ausgegossen in unsere Herzen <u>durch</u> den Heiligen Geist, der uns gegeben worden ist (Römer, Kapitel 5, Vers 5).

Daher können wir uns mit folgendem Bekenntnis mit vollster Hoffnung *stets* auf die zu unserer Errettung dienenden Tat des allmächtigen Gottes berufen, denn:

Ihr aber seid ein auserwähltes Geschlecht, so der Apostel Petrus in seinem 1. Brief in Kapitel 2, Vers 9, **ein königliches Priestertum, ein heiliges Volk, ein Volk des Eigentums, damit ihr die Tugenden** (die Güte!) **dessen verkündet, der** (Gott!) **euch aus der Finsternis berufen hat zu einem wunderbaren Licht** (das Licht des Herrn Jesus Christus!).

Ja, in der Tat, *in* Gottes Herrlichkeit ist das seit der Ewigkeit zu unserer Errettung dienende Heil beheimatet; *in* dem Herrn Jesus Christus hat es der Allmächtige für die Gläubigen auf Ewigkeit vollendet!

Vers 13: Paulus bestätigt nun allen Gläubigen die ihnen bereits vorab verkündeten Worte wie folgt:

In ihm seid auch ihr, nachdem ihr das Wort der Wahrheit, das Evangelium (Jesu Christi!) *eurer Errettung gehört habt – in ihm seid auch ihr, als ihr gläubig wurdet, versiegelt* (rechtmäßige Eigentümer / Quelle: Schlachter – Bibel 2000) *worden mit dem Heiligen Geist der Verheißung* (Vers 13).

Denn:

Jetzt aber, in Christus Jesus, seid ihr, die ihr einst fern (abgeschieden von der Herrlichkeit Gottes in Jesus Christus!) *wart, nahe gebracht worden durch das Blut des Christus* (durch die vom Heiland vollbrachte Sündenvergebung am Kreuz von Golgatha für *diejenigen* Menschen, die an Ihn von ganzem Herzen glauben!), schreibt der Apostel Paulus weiter in Epheser, Kapitel 2, Vers 13 (Auslegung folgt!) – und fährt im gleichnamigen Kapitel 2 in Vers 22 (Auslegung folgt!) wie folgt fort:

In dem auch ihr miterbaut werdet zu einer Wohnung Gottes im Geist (durch den Geist! / Quelle: Schlachter – Bibel 2000).

Sie, die nunmehr an den Herrn Jesus Christus Gläubigen haben *nicht nur das Wort der Wahrheit, das Evangelium* ihrer *Errettung gehört,* so Paulus in Epheser, Kapitel 1, Vers 13a, sondern bedingt *durch* ihren Glauben an den Heiland haben sie von Gott den Heiligen Geist *empfangen,* der ihnen *nun bestätigt,* dass sie *mit dem Tröster* (**Heiliger Geist!**) *versiegelt worden sind.* Anhand dieser gnadenreichen Gottestat in Jesus Christus sind sie nunmehr die Kinder Seiner allgegenwärtigen Obhut, ja – sie führen von nun an ein Leben *in einer stetigen,* *von Harmonie geprägten Gemeinsamkeit mit Gott und dem Herrn Jesus Christus,* **damit der Segen** (des Stammvaters aller Gläubigen!) **Abrahams zu den Heiden komme in Christus Jesus, damit wir durch den Glauben den Geist empfingen, der verheißen worden war** – fügt der Apostel Paulus in seinem Brief an die Galater in Kapitel 3, Vers 14 hinzu.

Die Kraft des Heiligen Geistes zeigt sich in Seiner Auswirkung wie folgt erkenntlich:

Da ihr eure Seelen im Gehorsam gegen die Wahrheit gereinigt habt durch den Geist zu ungeheuchelter Bruderliebe, (Nächstenliebe!) **so liebt einander beharrlich** (unbeirrbar!) **und aus reinem Herzen; denn ihr seid wiedergeboren nicht aus vergänglichen, sondern aus unvergänglichem Samen, durch das lebendige Wort Gottes, das in Ewigkeit bleibt** (1.Petrus, Kapitel 1, Verse 22 + 23) – und Petrus fügt in der Apostelgeschichte des Lukas in Kapitel 2, Vers 39 folgende Worte hinzu:

Denn euch gilt die Verheißung und euren Kindern und allen, die ferne sind, so viele der Herr, unser Gott, herzurufen wird.

Vers 14: Dieser letzte Vers des Kapitelabschnittes der „Herrlichen Gnade Gottes und die Segnungen der Gläubigen in Christus" führt noch einmal auf die bereits ausgelegten Verse 11 + 12 des gleichnamigen Kapitels zurück (siehe Auslegung!). Der Apostel Paulus geht in Vers 14 in das durch den Heiligen Geist vollführte, zukünftige Heilgeschehen Gottes ein, welches er als *das Unterpfand* (eine Vorauszahlung!) **unseres Erbes** betitelt. Diese von Gott in den gläubigen Herzen geoffenbarte Umsetzung, welche die zur Tat schreitende Kraft des Heiligen Geistes letztlich bewirkt, zeigt sich bereits *im Jetzt*, sprich – zu dem Eintritt der Kraftentfaltung des Heiligen Geistes *erkenntlich* – und wird *bedingt durch* den Glauben an Gott und den Herrn Jesus Christus *beständig gefördert, um in der Zukunft von dieser Gotteskraft gewinnfördernd profitieren zu können,* nämlich: **zur Erlösung des Eigentums.**

Paulus will uns zu verstehen geben, dass Gott Seinen seit der Ewigkeit vorliegenden Plan mit der Verwirklichung Seines Vorhabens *umgesetzt* hat, denn:

Die Erschaffung Seines Eigentumsvolkes der Juden und der Heiden – anhand Seiner gnadenumwobenen, vom Heiligen Geist hervorgehenden, allzeit zur Verfügung stehenden „Kraftauswirkung", *zusammen mit* der Erlösung der Gläubigen durch des Herrn Jesus Christus` Tat am Kreuz von Golgatha, welche uns *die volle, nunmehr vollführte* **Erlösung des Eigentums** *rundum bestätigt.* Daher sind folgende drei Faktoren für den Heilsplan Gottes von einer allumfassenden und sehr gewichtigen Bedeutung:

Der überreiche, den Gläubigen zu Gute kommende Segen geht von dem allmächtigen Gott allein aus, der durch Seine Selbstverwirklichung *in* der Person Jesu Christi uns das Heil im Heiligen Geist mit unserem Glauben an Ihn offenbarte, um letztlich zu der erlösenden Seligkeit vordringen zu können – dem „Jawort" Gottes – welches folglich den Eintritt in Sein Himmelreich *bestätigt und rundum besiegelt.* Dieser Heilsplan des Höchsten führt die gläubige Menschheit **zum Lob seiner Herrlichkeit**; denn Gott allein ist der edle, uns liebende Spender, um von Ihm als ein *Hausgenosse Gottes* (Epheser, Kapitel 2, Vers 19b – Auslegung folgt!) ernannt zu werden.

In Psalm 50, Verse 14 + 15 (Lutherbibel 1984) bekennt David:

Opfere Gott Dank und erfülle dem Höchsten deine Gelübde, und rufe mich an in der Not, so will ich dich erretten und du sollst mich preisen.

Der Apostel Paulus kommentiert diese barmherzige Gnadentat Gottes wie folgt:

Der uns aber hierzu bereitet hat, ist Gott, der uns auch das Unterpfand des Geistes gegeben hat (2.Korinther, Kapitel 5, Vers 5).

In meiner Auslegung der Korintherbriefe schrieb ich zu 2.Korinther, Kapitel 5, Vers 5 Folgendes (entnommen aus den Seiten 493 + 494):

„Diese auf uns zukommende Herrlichkeit aber *hat uns Gott bereitet,* (2.Korinther, Kapitel 5, Vers 5) an uns – *die nicht aus dem Blut, noch aus dem Willen des Fleisches, noch aus dem Willen des Mannes, sondern aus Gott geboren sind* (Johannes, Kapitel 1, Vers 13).

Mit dieser uns vom Höchsten gegebenen Erkenntnis, welche das *Unterpfand des Geistes* (2.Korinther, Kapitel 5, Vers 5) prägend darstellt, wird uns unsere seufzende Sehnsucht nach dem Zielpunkt der himmlischen Herrlichkeit bewusst:

Sie wird Tag für Tag *genährt* von der barmherzigen Gnade Gottes, die in unseren Herzen das Licht der Herrlichkeit Christi *aufleuchten lässt.* Ihr Korinther, so der Apostel:

Wir sind bereits in unserem *jetzigen Leben die Gesegneten des allmächtigen Gottes,* der uns Seine Erkenntnis in unsere Herzen legte, damit wir *jeden erneuten Tag* Seine Herrlichkeit *wahrnehmen und erkennen* können. In der Tat, wir sind als Christen von Gott *seit Beginn des Zeitalters dazu bestimmt worden,* mit der erkenntnisreichen Aussendung des Heiligen Geistes in unsere Herzen dieses *Wunder der Verwandlung* (Wiedergeburt!) *zu erwarten* – einst bei der Wiederkunft Jesu Christi, um *dort* unsere verbleibende, auf Ewigkeit von Gott gegründete Herrlichkeit von Jesus Christus *vollen Dankes* in Empfang zu nehmen".

Verse 15 – 23
Gebet um die Erkenntnis der Herrlichkeit des Herrn Jesus Christus

¹⁵*Darum lasse auch ich, nachdem ich von eurem Glauben an den Herrn Jesus und von eurer Liebe zu allen Heiligen gehört habe,* ¹⁶*nicht ab, für euch zu danken und in meinen Gebeten an euch zu gedenken,* ¹⁷*dass der Gott unseres Herrn Jesus Christus, der Vater der Herrlichkeit, euch (den) Geist der Weisheit und Offenbarung gebe in der Erkenntnis seiner selbst,* ¹⁸*erleuchtete Augen eures Verständnisses, damit ihr*

wisst, was die Hoffnung seiner Berufung und was der Reichtum der Herrlichkeit seines Erbes in den Heiligen ist, [19]was auch die überwältigende Größe seiner Kraftwirkung an uns ist, die wir glauben, gemäß der Wirksamkeit der Macht seiner Stärke. [20]Die hat er wirksam werden lassen in dem Christus, als er ihn aus den Toten auferweckte und ihn zu seiner Rechten setzte in den himmlischen (Regionen), [21]hoch über jedes Fürstentum und jede Gewalt, Macht und Herrschaft und jeden Namen, der genannt wird, nicht allein in dieser Weltzeit, sondern auch in der zukünftigen; [22]und er hat alles seinen Füßen unterworfen und ihn als Haupt über alles der Gemeinde gegeben, [23]die sein Leib ist, die Fülle dessen, der alles in allen erfüllt,

Zwischenbemerkung:

In dem zweiten Kapitelabschnitt des 1. Kapitels des Epheserbriefes bringt der Apostel Paulus lobpreisende Worte der Danksagung im Namen Jesu Christi gegenüber der gläubigen Gemeinde in Ephesus zum Ausdruck. Diese Danksagung an die Epheser lässt den Leser erkennen, dass Paulus einen vormaligen Kontakt zu der Gemeinde gepflegt hatte, die uns auch in der Apostelgeschichte des Lukas in dem Kapitel 19, („Paulus in Ephesus") – als auch in Kapitel 20, Verse 17 - 38 („Die Abschiedsrede des Paulus an die Ältesten von Ephesus") detailliert beschrieben wird.

Dort heißt es aus der Apostelgeschichte des Lukas in Kapitel 19, Vers 18:

Und viele von denen, die gläubige geworden waren, kamen und bekannten und erzählten ihre Taten.

Bei der „Abschiedsrede des Apostel Paulus an die Ältesten von Ephesus" können wir in Erfahrung bringen, wie sehr diese Gemeinde um die baldige, von Paulus angekündigte Abwesenheit des Apostels **weinten**, als Paulus ihnen bekannt gab, *dass sie sein Angesicht nicht mehr sehen würden* (die Apostelgeschichte des Lukas, Kapitel 20, Verse 37 + 38).

Diese von Sehnsucht nach der Anwesenheit des Paulus geprägte Gemeinde lässt darauf schließen, dass auch Paulus diese gläubige Gemeinschaft der Epheser aufgrund ihrer Glaubensannahme an den Herrn Jesus Christus in seinem Herzen wohlgesinnt aufgenommen hatte – und verhilft dem Leser somit, den zweiten Briefabschnitt des 1.Kapitel des Epheserbriefes flüssiger und verständlicher wie folgt wahrzunehmen:

Auslegung:

Vers 15: Aufgrund der barmherzigen Segnungen, welche den Ephesern, sowie allen Gläubigen Lesern aufgrund ihres Glaubens an Gott und den Herrn Jesus Christus voller Gnade widerfahren sind, (siehe Auslegung zu Epheser, Kapitel 1, Verse 3 –

14!) kommt Paulus nunmehr auf *die signifikanten Danksagungen* zu sprechen, um dem allmächtigen Gott und dem Herrn Jesus Christus – *den alleinigen, gnadenreichen Gebern* dieses errettenden Heilsegens im Heiligen Geist – *Ihren gebührenden Dankeslob auszusprechen.*

An dieser Stelle möchte ich: „Die Heilung der zehn Aussätzigen" aus dem Evangelium des Lukas erwähnen, *um die Wichtigkeit des Dankes in den Vordergrund zu heben.* Denn *nicht nur* die den Gläubigen widerfahrene Heiltaten Gottes und Jesu Christi „in Besitz" zu nehmen, *sondern* auch die Danksagungen an Gott und an den Herrn Jesus Christus *für Ihre ihnen zuteilwerdende Gnadengaben im Gebet haben eine überaus gewichtige Bedeutung,* wie es uns die folgenden Verse 11 – 19 aus dem 17.Kapitel des Lukasevangeliums nahelegen:

Und es geschah, als er (Jesus Christus!) *nach Jerusalem reiste, dass er durch das Grenzgebiet zwischen Samaria und Galiläa zog. Und bei seiner Ankunft in einem Dorf begegneten ihm <u>zehn aussätzige Männer</u>, die von ferne stehen blieben. <u>Und sie erhoben ihre Stimme und sprachen: Jesus, Meister, erbarme dich über uns! Und als er</u>* (Jesus Christus!) <u>*sie sah, sprach er zu ihnen: Geht hin und zeigt euch den Priestern! Und es geschah, während sie hingingen, wurden sie rein. Einer aber von ihnen kehrte wieder um, als er sah, dass er geheilt worden war, und pries Gott mit lauter Stimme, warf sich auf sein Angesicht zu (Jesu) Füßen und dankte ihm; und das war ein Samariter. Da antwortete Jesus und sprach: Sind nicht zehn rein geworden? Wo sind aber die neun? Hat sich sonst keiner gefunden, der umgekehrt wäre, um Gott die Ehre zu geben, als nur dieser Fremdling? Und er sprach zu ihm: Steh auf und geh hin; dein Glaube hat dich gerettet!*</u>

Mit dem Aufruf Christi: *Geht hin und zeigt euch den Priestern!* (Lukas, Kapitel 17, Vers 14b) *versichert* ihnen der Heiland *ihre vollführte Heilung.* Jedoch pries *nur einer der zehn Aussätzigen Gott, den Allmächtigen – ein Samariter – und dankte dem Herrn Jesus für Seine ihm zuteilwerdende Heilung.* Die anderen neun Geheilten jedoch kehrten *nicht zum Heiland zurück, um Ihm den gebührenden Dank von ganzem Herzen zu bekunden...*

Lassen sie uns nunmehr gemeinsam zur Auslegung des 15. Verses des Epheserbriefes in Kapitel 1 zurückkommen:

Der Apostel Paulus greift auf die bereits von ihm bekundeten Worte von Epheser, Kapitel 1, Verse 3 – 14 (siehe Auslegung!) zurück. Aus diesen den Ephesern zuteilwerdenden Gnadengaben des Höchsten in Jesus Christus *zieht er eine Gott und dem Heiland gebührende Resonanz des lobenden Dankes;* denn Sie haben die Herzen der Gemeindemitglieder *mit dem Heiligen Geist gesegnet und erfüllt.*

Paulus *lässt nicht ab,* Gott *dank des Glaubens* der Epheser *an den Herrn Jesus und von eurer Liebe* (Nächstenliebe!) *zu allen Heiligen für euch zu danken,* so der Apostel in Epheser, Kapitel 1, Vers 15a. Der Apostel will den Ephesern zu verstehen geben, dass er ihrer *Bemühungen in der Liebe und ihr standhaftes Ausharren in der Hoffnung auf unseren Herrn Jesus Christus vor unserem Gott und Vater gedenkt* (1.Thessalonicher, Kapitel 1, Vers 3).

Der Apostel Paulus hat von den Gemeinden in Ephesus *gehört,* dass sie den durch den Heiligen Geist ihnen offenbarten, vom Herzen kommenden *Glauben an den Herrn Jesus Christus* bekunden – und von jener ihnen zuteilgewordenen, daraus *resultierenden Nächstenliebe, welche sie den* **Heiligen** – sprich – *den anderen Christen gegenüber bestätigen.* Infolge dieses wunderbaren, von Gott und Christus geschaffenen Heils betrachtet der Apostel *stets das Werk Gottes an den Beschenkten,* denn der Segen, der vom Heiligen Geist in das Herz der Auserwählten eindringt, *ist allein abhängig von der Gnade und Barmherzigkeit des Höchsten.* Diesem wunderbaren, uns liebenden Gott gebührt letztlich *lobpreisender Dank,* so Paulus. Denn Gott spricht zu Mose:

Und <u>wem</u> ich gnädig bin, dem bin ich gnädig, und über <u>wen</u> ich mich erbarme, über <u>den</u> erbarme ich mich (2.Mose, Kapitel 33, Vers 19b / Römer, Kapitel 9, Vers 15).

Folglich betrachtet Paulus den vom Heiligen Geist beseelten Glauben *als eine stets von Gott abhängige, jedoch allzeit begleitende Bestätigung des Höchsten gegenüber Seinen Auserwählten, welche die Beschenkten in die christliche Ära des Allmächtigen voller Wohlwollen hineinintegriert hat.*

Vers 16: Der Dank gebührt dem Allmächtigen, denn *Er* allein ist der ausführende Mittelpunkt dieses Heilgeschehens, ja, *der* Vollführer, dass es Sein persönlicher Gesandter – der Apostel Paulus – es Dank der ihm zuteilwerdender Gnade im Heiligen Geist vollbracht hat, das Evangelium Jesu Christi mit der Glaubensannahme der Epheser an des Höchsten Sohn in den Herzen der Ephesus – Gemeinde *zu vollenden.*

Die gnadenumwobene apostolische Befugnis des Apostels hat die Früchte des Heils hervorgebracht, *deren Geber der Allmächtige allein ist.* Die von Gott dem Paulus zugewiesene

„Heilsdarlegung" gegenüber der Gemeinde in Ephesus hat deren Glauben und die daraus resultierende Hoffnung auf den Herrn Jesus Christus *rundum bestätigt*.

Daher lässt der Apostel es **nicht ab, für sie zu danken und in seinen Gebeten an sie zu gedenken.**

Vers 17: Weiterhin bestätigt der Apostel in diesem Vers, dass *das Gebet eines Gerechten viel vermag, wenn es **ernstlich ist*** (Jakobus, Kapitel 5, Vers 16b). Mit diesem Bekenntnis will er den Ephesern zu verstehen geben, *dass der Dank und das Gebet mit der entsprechenden, obligatorischen Andacht der Bitte* **im Namen Jesu Christi** den Betenden dazu *befähigt,* dass sich die Worte eines solchen ernstlichen Gebets *letztlich verwirklichen.*

Sprich – der aufrichtige Glaube und die daraus sich entfaltende, vom Herzen kommende Hoffnung erweisen sich bereits *als ein in Erfüllung gegangenes Gebet.*

Unser Herr Jesus spricht:

Darum sage ich euch: Alles, was ihr auch immer im Gebet erbittet, glaubt, dass ihr es empfangt, so wird es euch zuteilwerden! (Markus, Kapitel 11, Vers 24).

Folglich bittet auch der Apostel Paulus für die Gemeinden der Epheser, *dass der Gott unseres Herrn Jesus Christus, der Vater der Herrlichkeit, euch (den) Geist der Weisheit und*

Offenbarung gebe in der Erkenntnis seiner selbst (Epheser, Kapitel 1, Vers 17).

Paulus erbittet in seinem Gebet, dass der himmlische **Vater der Herrlichkeit**, *durch welchen allein der Glaube an den Sohn Jesus Christus verwirklicht wird – denn von Ihm allein* geht dieser Glaube aus – *sich gegenüber den Herzen der Epheser stets erkenntlich zeigten möge.* So führt die von Herzen kommende Bitte dieses Gebets des Apostels weiterführend darauf hin, dass der Höchste den Gemeinden in Ephesus **den Geist der Weisheit und Offenbarung** schenken soll. Es ist jene Erkenntnis, welche den Gläubigen **das Geheimnis seines Willens bekannt macht** (Epheser, Kapitel 1, Vers 9a – siehe Auslegung!).

Sprich – Paulus bittet Gott inständig, den gläubigen Gemeinden über die in dem Höchsten (*seiner selbst*) sich befindenden und vollführenden Maßnahmen des „Kenntnisstandes Seines Wissens" *zu ermöglichen, bzw. diese ihnen zu offenbaren, sodass die Glaubenden durch den Geist der Weisheit Gottes die Vorhaben Seines Heilsplans* **mit der Erkenntnis seiner selbst** *erkennen mögen, damit die von Gottes Allmacht zu gewährende Erkenntnis Seines Willens in ihren Glauben „ertragreich übergehen"* möge.

Somit bezieht sich die **Weisheit und Offenbarung** des Allmächtigen *stets* auf das von Gott Ausgehende, der diese „Erkenntnisse Seiner unumstößlichen Allmachtfaktoren" *in barmherziger Gnade mit der unabdingbaren Hilfe des Heiligen Geistes wohlwollend in die Herzen der Gläubigen legt, sodass die Glaubenden sich immerzu an die von Gott vorgegebenen Richtlinien* **Seines Ratschlusses** (Epheser, Kapitel 1, Vers 9a – siehe Auslegung!) *halten, um diese anhand ihres Glaubens an*

Ihn mit bestmöglichen (menschlichen, doch auch fehlerhaften!) *Handlungen ausüben zu können.*

Aus diesen sehr diffizil zu betrachtenden und daher auch auszulegenden Gebetsworten des Apostels Paulus können wir jedoch erkennen, dass auch die Epheser, die bereits ihren Glauben an Gott und den Herrn Jesus Christus *bestätigt* haben – trotz allem von einer noch in ihren Herzen haftenden, gewissen – salopp ausgedrückten „Geisteserkenntnis mit einem vom Höchsten geförderten Nachholbedarf" (wie ein jeder andere Christ auch!) – in Bezug auf die unantastbare Vollkommenheit Gottes – bedürfen.

Darum erbittet der Apostel für sie, als auch für einen jeden anderen Christen den soeben von ihm erwähnten *Beistand des allmächtigen Gottes.*

Jedoch kennt der himmlische Vater *die menschlichen Schwachpunkte eines jeden Menschen allzu genau – und schenkt jedem Gläubigen, der Ihn von ganzem Herzen im Gebet darum bittet, Abhilfe, sodass der den Gläubigen stets zur Verfügung stehende Heilige Geist sich jeden erneuten Tag mehr und mehr an des Höchsten unwiderruflichen Willen orientieren kann –*

Damit ihr des Herrn würdig wandelt und ihm in allem wohlgefällig seid: in jedem guten Werk fruchtbar und in der Erkenntnis Gottes wachsend, schreibt der Apostel Paulus in seinem Brief an die Kolosser in Kapitel 1, Vers 10 – ja, sodass wir das **wahre Licht**, (Jesus Christus!) ***welches jeden Menschen erleuchtet*** (Johannes, Kapitel 1, Vers 9 a) von ganzem Herzen *erkennen und über alles lieben lernen.*

Vers 18: Weiterhin bittet Paulus den allmächtigen Gott um *erleuchtete Augen* der Gläubigen, die *das Verständnis* der Glaubenden prägen sollen. Diese *erleuchteten Augen* der Gläubigen *erkennen die Auswirkung der ihnen widerfahrenen Gnade des Höchsten* insofern, dass diese *vor Begeisterung* „erstrahlen", *denn der Heilige Geist ist der Auslöser* dieser „Entzückung", weil der Tröster das Herz der Glaubenden *voller barmherziger Liebe in die Ära Gottes berufen hat.*

Die Lutherbibel von 1984 zitiert den 119.Psalm, der 176 Verse enthält, wie folgt:
„Die Herrlichkeit der Worte Gottes – Das güldene ABC".

Die Verse 18 + 19 des 119.Psalms möchte ich an dieser Stelle erwähnen, weil diese sich perfekt zu dem 18.Vers des 1.Kapitels des Epheserbriefes ergänzen. Sie lauten wie folgt:

Öffne mir die Augen, dass ich sehe die Wunder an deinem Gesetz. Ich bin ein Gast auf Erden; verbirg deine (Gottes!) *Gebote nicht vor mir.*

Ja, in der Tat: *Das Gesetz des Herrn ist vollkommen und erquickt die Seele. Das Zeugnis des Herrn ist gewiss und macht die Unverständigen weise. Die Befehle des Herrn sind richtig und erfreuen das Herz. Die Gebote des Herrn sind lauter* (wahrhaft, standhaft und aufrichtig!) *und erleuchten die Augen* (Psalm 19, ein Psalm Davids, Verse 8 + 9 / Lutherbibel 1984).

In der Apostelgeschichte des Lukas verantwortet sich der Apostel Paulus vor dem König Agrippa. Einen kleinen Auszug aus seiner bedeutenden Rede erfahren wir aus dem 26.Kapitel der Apostelgeschichte des Lukas in Vers 18. Dort spricht der

Gesandte des Heilands die Worte aus, die der Herr Jesus Christus zu ihm sprach, als Paulus dem Herrn Jesus auf seiner (des Paulus!) Reise nach Damaskus (siehe die Apostelgeschichte des Lukas, Kapitel 9!) begegnete:

...um ihnen (den Menschen!) *die Augen zu öffnen, damit sie sich bekehren von der Finsternis* (von der Abgeschiedenheit Gottes!) *zum Licht* (das Licht der Wahrheit, welches *nur in dem Herrn Jesus Christus auffindbar ist!* / siehe Endzitierung in dieser Auslegung unter Epheser, Kapitel 1, Vers 17 – in Bezug auf Johannes, Kapitel 1, Vers 9!) *und von der Herrschaft des Satans zu Gott, damit sie Vergebung der Sünden empfangen und ein Erbteil unter denen, die durch den Glauben an mich geheiligt sind!*

Es ist jene *Hoffnung seiner* (Gottes!) *Berufung und was der Reichtum der Herrlichkeit seines Erbes in den Heiligen ist* (Epheser, Kapitel 1, Vers 18b).

Der Apostel will den *Heiligen* (Gläubigen!) erklären, dass die *Berufung* des Höchsten letztlich die *Hoffnung* im Herzen der Beschenkten *ertragreich wirken lässt*. Diese Hoffnung lässt die berufenen Christen **würdig wandeln** (Epheser, Kapitel 4, Vers 1b – Auslegung folgt!) und leitet die Glaubenden wohlbehütet *zu einem Leib und einem Geist* (Epheser, Kapitel 4, Vers 4a – Auslegung folgt!) *in* dem Herrn Jesus Christus. Sprich – anhand dieser sich über den Gläubigen erbarmenden Gottesgnade *wird ersichtlich, dass sich die Auserwählten des Allmächtigen bereits schon im „Hier und Jetzt"* (in ihrem irdischen Dasein!) *in der Anwesenheit Jesu Christi befinden.* Es ist jene heilwirkende Macht Gottes, welche sich anhand des Heiligen Geistes in den Herzen der Gläubigen *verwirklicht hat,* denn: ***Ihnen wollte Gott bekannt machen, was der Reichtum der Herrlichkeit dieses Geheimnisses unter den Heiden ist, nämlich: Christus** in euch, **die Hoffnung der Herrlichkeit***, so Paulus in seinem Brief an die Kolosser, Kapitel 1, Vers 27.

Und von dem Apostel Johannes können wir aus seinem 1.Brief in Kapitel 3, Verse 2 + 3 folgende Worte entnehmen, denn diese weisen uns erneut auf die *noch* in Zukunft vor uns liegende Hoffnung des Herrn Jesus Christus hin – am Tag Seiner Wiederkunft – die für einen Christen seine endgültige Erlösung bedeutet:

Geliebte, <u>wir sind jetzt Kinder Gottes, und <u>noch ist nicht offenbar geworden, was wir sein werden; wir wissen aber, dass wir ihm</u> (Jesus Christus!) ***<u>gleichgestaltet sein werden, wenn er offenbar werden wird; denn wir werden ihn sehen, wie er ist. Und jeder, der diese Hoffnung auf ihn hat, reinigt sich, gleich wie auch Er rein ist.</u></u>***

Schenken wir unsere Aufmerksamkeit nunmehr dem letzten Versabschnitt des 18.Verses des 1. Kapitels des Epheserbriefes. Dort betont der Apostel Paulus, ***was der Erbteil seines*** (Gottes!) ***Erbes in den Heiligen ist.***

Abermals ist es wiederum der an uns vollbrachte ***Reichtum der Herrlichkeit***, welcher sich in unserem Herzen *durch* die von Gott uns *zuteilwerdende Kraftauswirkung des Heiligen Geistes erkenntlich zeigt.*

Der Autor ist an dieser sehr schwer zu deutenden Stelle der Annahme, dass der Apostel hiermit den *noch* vor uns liegenden Wohnort der ***himmlischen (Regionen)*** / (Epheser, Kapitel 1, Vers 3b – siehe Auslegung!) – meint, dort, wo die für uns noch betrachtet von unserem noch irdischen Dasein unsichtbare Welt der geistlichen Wirklicht auf Ewigkeit herrschen wird: Dort im Reich der Himmel, wo die Heiligen, samt den Engeln die Herrlichkeit Gottes und die des Herrn Jesus Christus immerdar sehen werden. Denn an diesem Ort *werden seine Völker sein, und Gott selbst wird bei ihnen sein, ihr Gott* schreibt Johannes in der Offenbarung in Kapitel 21, Vers 3c.

Dies ist das „Endresultat" unserer christlichen Existenz, welche durch unseren Glauben an Gott und den Herrn Jesus Christus die Früchte des Heils wie folgt hervorbringen. Dies bestätigt uns der Apostel Paulus in seinem Brief an die Kolosser:

Indem ihr (die Gläubigen!) *dem Vater Dank sagt, der uns tüchtig gemacht hat,* (Gott, der uns Seine vom Heiligen Geist beseelten Kriterien aus den bereits ausgelegten Epheserbrief – Zitaten dank unseres Glaubens an Ihn verwirklicht hat!) *teilzuhaben am Erbe der Heiligen im Licht* (das Licht des Herrn Jesus Christus, welche die *himmlischen (Regionen)* im Beisammensein mit dem himmlischen Vater erleuchtet! / Kolosser, Kapitel 1, Vers 12).

In der Offenbarung des Johannes heißt es Kapitel 21, Vers 23 weiterhin:

Und die Stadt (das neue, vom Himmel herabkommende Jerusalem!) **bedarf nicht der Sonne, noch des Mondes, dass sie in ihr scheinen; denn die Herrlichkeit Gottes erleuchtet sie, und ihre Leuchte ist das Lamm** (Jesus Christus!).

Vers 19: Paulus geht nochmals tiefgründiger in seine Erklärungen ein. Die an den Gläubigen vollbrachte **Kraftwirkung** des Höchsten, welche unsere Herzen mit der Herrlichkeit Seiner Gnade ernährt, ist jene uns vom Heiligen Geist zuteilwerdende Kraft, welche *die überwältigende Größe* des allmächtigen Gottes zwar beschreibt, jedoch von Menschen nur sehr vage und unpräzise gedeutet werden kann.

Diese *überwältigende Größe* hat unausforschliche, für uns Menschen *nicht vorstellbare Dimensionen,* sodass eine weiter eingehende Detaillierung in diesem Falle die Herrlichkeit Gottes *nicht in ihrer ganzen Vollerkenntnis zu beschreiben im Stande ist.*

Paulus beschreibt die Herrlichkeit des Höchsten im 3. Kapitel des Epheserbriefes in Vers 20 (Auslegung folgt!) wie folgt:

Dem aber, der weit über die Maßen zu tun vermag, als wir bitten oder verstehen, gemäß der Kraft, die in uns wirkt.

Diese *überwältigende Größe seiner Kraftwirkung* wird von (bzw. geht aus!) *der Wirksamkeit der Macht seiner Stärke* (Epheser, Kapitel 1, Vers 19b) hervor(gehoben).

Der Apostel Paulus will uns mit der von ihm angedeuteten Größe des allmächtigen Gottes erkenntlich zeigen, dass die Machtausübungen des Höchsten: *überwältigende Größe, Kraftwirkung, Wirksamkeit, Macht und Stärke*, welche Seinen Auserwählten zu Teil werden, Sein Geschenk unseres Glaubens an Ihn sind. Es sind jene zu Seiner Erkenntnis leitenden, vollbrachten Machtbereiche des allmächtigen Gottes, welche sich den Glaubenden erkenntlich zeigen, die jedoch in ihrer unbeschränkten Fülle (Ausmaß!) für uns Menschen unbeschreiblich zu deuten sind, ja – es ist exakt *diese Liebe*, welche allein vom Höchsten ausgeht, die uns jeden erneuten Tag liebevoll ummantelt.

Vers 20: Jene in Vers 19 detailliert beschriebenen Kraftauswirkungen Gottes *übertragen* sich folglich auch auf Seinen Sohn, Jesus Christus. Denn der Heiland spricht:

<u>*Ich und der Vater sind eins*</u> (Johannes, Kapitel 10, Vers 30).

Die von Gott, dem alleinigen Geber göttlicher Kraftauswirkungen ausgehende Allmacht hat sich bei Seiner zur Tat schreitenden Erweckung in Seinem Sohn Jesus Christus aus den Toten (in dem Heiland!) *verwirklicht und folglich realisiert, als er* (Gott!) *ihn* (Jesus Christus!) *zu seiner Rechten setzte in den himmlischen (Regionen).*

Anhand dieser gnadenreichen Tat Gottes hat der Allmächtige den Herrn Jesus auferweckt, um Ihn *zu erhöhen,* sprich – Jesus Christus zu Seiner *Rechten zu setzen in den himmlischen (Regionen),* um Christus *gleichwertig Seiner* (Gottes!) *selbst darzustellen!*

Der Psalm 110, Vers 1, ein Psalm Davids / Lutherbibel 1984) bezeugt:

Der Herr (Gott!) *sprach zu meinem* (Davids!) *Herrn:* (Jesus Christus!) *„Setze dich zu meiner Rechten, bis ich deine Feinde zum Schemel deiner Füße mache."*

Anhand der von dem Apostel Paulus gewählten Worte jedoch kann man erahnen, dass Paulus den Christen *ebenfalls eine noch wichtige Mitteilung mit auf ihren Glaubensweg geben will,* die sich anhand *der Tat Gottes in Jesus Christus* wie folgt erkenntlich zeigt – und bei der Wiederkunft Christi für einen jeden Gläubigen zur immerwährenden Realität wird:

Wir (die Gläubigen!) *sind also mit ihm* (Jesus Christus!) *begraben worden durch die Taufe in den Tod, <u>damit, gleichwie Christus durch die Herrlichkeit des Vaters aus den Toten auferweckt worden ist, so auch wir in einem neuen Leben wandeln</u>* (Römer, Kapitel 6, Vers 4).

Bei dem „Gebet Jesu Christi für Seine Jünger" können wir den Heiland Folgendes sprechen hören:
<u>(Daher bitte ich Sie, liebe Leser, diesen Text äußerst sorgfältig in genauer Betrachtung incl. meinen in Klammern gefassten Erklärungen durchzulesen!)</u>.

Ich bitte aber <u>nicht für diese allein</u>, (nicht *nur* <u>für die Jünger Jesu allein</u>!)

sondern auch für die, (<u>sondern für alle anderen Christen</u>!)

welche durch ihr Wort* an mich glauben werden, auf dass sie alle eins seien, (die Kinder Gottes / alle Gläubigen!)

gleichwie du, Vater, in mir und ich in dir, auf dass auch sie (die Kinder Gottes / alle Gläubigen!)

in uns eins seien (in Gemeinschaft mit Gott und dem Herrn Jesus Christus in Ewigkeit leben!)

damit die Welt glaube, dass du mich gesandt hast. Und ich habe die Herrlichkeit, die du mir gegeben hast, ihnen (den Kindern Gottes / allen Gläubigen!)

gegeben, auf dass sie eins seien, gleichwie wir eins sind, (siehe hierzu erneut Auslegung zu Epheser 1, Verse 16 – 20!)

ich in ihnen und du in mir, damit sie (die Kinder Gottes / alle Gläubigen!)

zu vollendeter Einheit gelangen, (in das Reich der Herrlichkeit Gottes aufgenommen werden! / siehe hierzu abermals die von Paulus zitierten Worte aus Römer, Kapitel 6, Vers 4!)

und damit die Welt erkenne, dass du mich gesandt hast und sie liebst, (das noch viele Menschen in den Genuss der Herrlichkeit Gottes in Jesus Christus gelangen, um Gläubige, sprich – segensreichen Kinder Gottes zu werden!)

gleichwie du mich liebst. Vater, ich will, dass, wo ich bin, (Jesus Christus spricht bereits von der zukünftigen Ankunft im Himmelreich zur Rechten des himmlischen Vaters!)

auch die bei mir seinen, (die Kinder Gottes / alle Gläubigen!)

die du mir gegeben hast, (welche durch die Selbstverwirklichung Gottes in Jesus Christus gläubige Christen unter der Obhut Gottes und des Herrn Jesu Christi wurden! / siehe abermals Auslegung zu Epheser, Kapitel 1, Verse 16 – 20!)

damit sie meine Herrlichkeit sehen, die du mir gegeben hast; (siehe erneut Auslegung zu Epheser, Kapitel 1, Verse 16 – 20!)

denn du hast mich geliebt vor Grundlegung der Welt (die angekündigte Offenbarung Gottes in Jesu Christi vor Grundlegung der Welt!)

(Johannes, Kapitel 17, Verse 20 – 24).

Jesus Christus betont: ...welche durch ihr Wort* an mich glauben werden, in Johannes, Kapitel 17, Vers 20c.

In dem Brief des Apostels Paulus an die Römer in Kapitel 10, Vers 9 können wir folgende, sehr gewichtige Worte zum Verständnis der von Jesus gesprochenen Aussage von Paulus in Erfahrung bringen:

*Denn <u>wenn du mit deinem Mund Jesus als den Herrn bekennst und in deinem Herzen glaubst,</u> dass Gott ihn aus den Toten auferweckt hat, so <u>wirst du gerettet.</u>

Vers 21: Alle von dem allmächtigen Gott dem Herrn Jesus Christus offenbarten Machtausübungen des Höchsten: <u>**überwältigende Größe, Kraftwirkung, Wirksamkeit, Macht und Stärke**</u> (Epheser, Kapitel 1, Vers 19 – siehe Auslegung!) *sind fortan* die „identischen, Gott gleichen Wesensmerkmale" der Person Jesu Christi.

In den erneut bereits in Kapitel 1, Vers 20 erwähnten ***himmlischen Regionen*** (siehe Auslegung!) zeigt sich nunmehr die

„Gott identische Erhabenheit" des Messias Jesus Christus, denn dieser ist:

Hoch über jedes <u>Fürstentum</u> und jede <u>Gewalt, Macht, Herrschaft und jeden Namen</u>, der genannt wird, nicht allein in dieser Weltzeit, sondern auch in der zukünftigen (Epheser, Kapitel 1, Vers 21).

Anhand dieser soeben unterstrichenen „fünf irdischen Machtfaktoren" kann man *stets* die sich über alles erhebende Machtüberlegenheit des Herrn Jesus Christus gegenüber den „weltlich – vergänglichen Machtfaktoren" erkennen, die Ihn jedoch von diesen „irdisch – schwachen" mehr als nur maßgeblich unterscheiden, *da Jesus Christus der unfehlbare, Gott gleiche, sündenfreie und errettende Herr der Welt ist.*

Diese fünf menschlichen Faktoren werden einschließlich ihres „irdisch geprägten, fehlerhaften Ansehens" in trostlose Dekadenz zerfallen, stellt man sie der unantastbaren Herrlichkeit Gottes und des Herrn Jesus Christus gegenüber.

So lässt uns nunmehr der Apostel Paulus weiterhin wissen, dass Jesus Christus **nicht allein in dieser Weltzeit, sondern auch in der zukünftigen** diese vollkommene Machtausübung vom allmächtigen Gott seit Grundlegung der Welt an in „Seinem Inneren getragen hat und weiterhin in alle Ewigkeit trägt". So ist nun der Herr Jesus Christus in Seiner Machtausübung „der Gott identische Herrscher für alle Weltzeiten", sprich – *in der jetzigen, als auch in der zukünftigen Weltzeit ist Sein Herrschaftsbereich der absolut identische.*

Auch im Philipperbrief bekennt der Apostel Paulus:

Darum hat ihn (Jesus Christus!) *Gott auch über alle Maßen erhöht und ihm einem Namen verliehen, der über allen Namen ist, damit in dem Namen Jesu sich alle Knie derer beugen, die im Himmel und auf Erden und unter der Erde sind, und alle Zungen bekennen, dass Jesus Christus der Herr ist, zur Ehre Gottes, das Vaters* (Philipper, Kapitel 2, Verse 9 – 11).

Der Apostel Petrus bekennt ebenfalls in seinem 1.Brief:

Dieser (Jesus Christus!) *ist seit seiner Himmelfahrt zur Rechten Gottes; und Engel und Gewalten und Mächte sind ihm unterworfen* (1.Petrus, Kapitel 3, Vers 22).

Vers 22: Der Apostel Paulus beginnt nun mit einer weiteren Schilderung der Herrlichkeit des Herrn Jesus Christus, indem er betont, dass *er* (Gott!) Seinem Sohn *alles seinen* (Christi!) *Füßen unterworfen und ihn als Haupt über alles der Gemeinde gegeben hat.*

Der allmächtige Gott hat Sein seit der Ewigkeit geplantes Ziel mit dem Herrn Jesus Christus bei Seiner Selbstverwirklichung in Christus *tatkräftig verwirklicht:*

Die nunmehr „sichtbar" vollendete Bezwingung der irdischen Mächte unter die Füße des Heilands Jesus Christus – der jedoch stets diese fremdeinwirkenden Mächte bereits in Seinem irdischen Dasein (*nicht allein in dieser Weltzeit, sondern auch in der zukünftigen* / Epheser, Kapitel 1, Vers 21b – siehe Auslegung!) aufgrund des Christus` unantastbarer Herrlichkeit als Ihm untertänig deklariert hat. So kann nunmehr der Heiland behaupten:

Mir ist gegeben alle Macht im Himmel und auf Erden (Matthäus, Kapitel 28, Vers 18b).

Folglich betrachtet Paulus die Bezwingung der fremdeinwirkenden Mächte Christi *als eine schon bereits vom Herrn Jesus vollendete Tatsache*. Schon im hebräischen Testament (im Alten Testament!) in Psalm 8, Vers 7 (Lutherbibel 1984) können wir von dem Psalmisten David in Erfahrung bringen:

Du (Gott!) *hast ihn* (Jesus Christus!) *zum Herrn gemacht über deiner Hände Werk, <u>alles</u> hast du* (Gott!) *unter seine* (Christi!) *Füße getan.*

Im Kolosserbrief, Kapitel 1, Vers 18 bestätigt der Apostel Paulus die Machterhabenheit des Heilands Jesu Christi wie folgt:

Und er (Jesus Christus!) *ist das Haupt des Leibes, der Gemeinde, er, der der Anfang ist, der Erstgeborene aus den Toten, damit er <u>in allem</u> der Erste sei.*

Somit ist Jesus Christus der „weltumfassende, Gott gleiche Leiter", von dem alle Ordnungen *letztlich ausgehen* – sowohl aus kosmologischer, bzw. weltelementarer Betrachtungsweise, als auch aus der Perspektive der Menschheit – als der uns zusammenführende, zu Gute dienende allmachtvollkommene Allgegenwärtige, weil Ihn Gott zu diesem Amt bei Seiner Selbstverwirklichung in Seine Person dazu berufen und auserwählt hat. Diese Anschauung weist uns ein weiteres Mal darauf hin, dass *in der Person Jesu Christi allein das vollkommene Heil auffindbar ist, denn Er* **ist das Haupt des Leibes und der Gemeinde** – der Kirche.

Folglich ist Jesus Christus der Herr über die seit der Ewigkeit bestehenden, weltelementaren Bestandteile, als auch der Herr über die Kirche selbst, sprich – über Seine **Gemeinde.** Sein Bestehen vor der Grundlegung der Welt an (***der der Anfang ist***) *bezieht sich auch auf die auf Ihn zurückzuführende Allmacht, die Gott Ihm bei Seiner Selbstverwirklichung in Seine Person gegeben hat.*

Somit unterliegt *jeder Mensch* der unwiderruflichen Weisheit Christi, der mit dieser Ihm von Gott offenbarten, vom Höchsten ausgehenden Allmacht die Menschheit zu Ihm leiten und heilen will, damit Er sie (mit dem dazugehörenden Glauben an Jesus Christus!) *in sich als vollkommen darstellen kann,* wenn der Gläubige am Tag des Herrn Jesu Wiederkunft voller Wohlwollen in das Himmelreich des himmlischen Vaters aufgenommen wird.

Folglich ist auch der Herr Jesus Christus ***der Erstgeborene aus den Toten, damit er in allem der Erste sei.*** Er, der vom himmlischen Vater als Erster von allen Entschlafenen auferweckt wurde und auferstand, um der Menschheit die noch vor ihr liegende Auferweckung von den Toten rundum gewährleisten zu können.

Diesbezüglich ist der Herr Jesus Christus ***der Anfang, der Erstgeborene aus den Toten*** – und folglich ist der Heiland *in* ***allem der Erste.*** In ihm ruht die Herrlichkeit des allmächtigen Gottes, ***der ist und der war und der kommt, der Allmächtige*** (die Offenbarung des Johannes, Kapitel 1, Vers 8d).

Vers 23: Der Apostel geht nun in den entscheidenden Gedankengang ein, welcher sich auf *die Gemeinde* – sprich *die Kirche* bezieht, denn diese ist *sein Leib* (der Leib Jesu Christi!).

In einer Gleichnis – Rede des Herrn Jesus können wir Folgendes zum besseren Verständnis in unseren Gedanken und weiterführenden Glauben auffassen: Denn der Heiland spricht:

Ich (Jesus Christus!) *bin der Weinstock,*
(der Leib der Kirche – bzw. der ernährende geistliche Vater Seiner von Gott auserwählten Kinder / aller Glaubenden!)

ihr seid die Reben. (die Menschen, die an Ihn glauben, die wird Er mit geistlicher Nahrung durch die Eingebung des Heiligen Geistes versorgen und zu Ihm ziehen, weil diese in Ihm reifen und an geistlicher Nahrung, die Er ihnen durch Seine Worte zuvorkommend durch ihren Glauben an Ihn in deren Herzen mit der Kraft des Heiligen Geistes legt, um Anwärter im Reich der Himmel werden!).

Wer in mir bleibt und ich in ihm, der bringt viel Frucht; (die Menschen *benötigen* einen „geistlichen Ernährer", der ihnen die Früchte des Heils, die *nur* in der Person Jesu Christi auffindbar sind, gewinnfördernd, sprich – stets zum Heiland Jesus Christus bezogen – in vollkommener Wahrhaftigkeit zukommen lässt).

denn getrennt von mir könnt ihr nichts tun (*ohne* die herrliche, uns zum Heil verhelfende Tat des Herrn Jesus Christus am Kreuz auf Golgatha, die unseren Glauben an Ihn tagtäglich fördert – und uns mit dem benötigten Heiligen Geist versorgt, der uns exakten Aufschluss Seiner an uns gerichteten, wahrhaftigen Worte erteilt, ist der Suchende *vollkommen machtlos,* in errettende Herrlichkeit – sprich in das Reich Gottes *eingehen zu können.* Die Menschen *brauchen Jesus Christus, ja – in der Tat – sie hängen von der barmherzigen Gnade Gottes in Jesus Christus allein ab, um die Herrlichkeit des Allmächtigen und die des Heilands Jesus Christus auf Ewigkeit erblicken zu können).*

(Johannes, Kapitel 15, Vers 5).

Denn der Heiland bekennt einem jeden Menschen in Johannes Kapitel 14, Vers 6 (Lutherbibel 1984):

Ich bin der Weg und die Wahrheit und das Leben; niemand kommt zum Vater denn durch mich.

Die Kirche ist folglich **sein** (Christi!) **Leib und die Fülle dessen, der alles in allem erfüllt** (Epheser, Kapitel 1, Vers 23).

Der Apostel Paulus spricht hier sehr eindeutig über *das Haupt der Kirche, dessen gnadenreiches und rundum erfüllendes Organ der Herr Jesus Christus ist. Allein in dem Heiland* ist die über alles wirksame Fülle der „allumfassenden Geistbefruchtung" der Gläubigen *auffindbar, welche die allseitig zu betrachtende, gewichtige Instanz des Amtes Gottes in Jesu Christi letztlich prägt und Ihn folglich zum* **Haupt der Gemeinde** (Epheser, Kapitel 1, Vers 22b – siehe Auslegung!) *kürt.*

Der Sohn des Höchsten ist, so Paulus, *vollends in der Kirche präsent* – sprich: *der Heiland erfüllt die Kirche mit der Herr-*

lichkeit Seiner selbst. Jesus Christus ist in ihr *stets auffindbar;* ja − der uneingeschränkte Herrscher der weltelementaren Bestandteile − (des Kosmos!) Jesus Christus − ist in der Kirche *rundum allgegenwärtig.*

So betrachtet der Apostel die Kirche an sich als ein „in dem Herrn Jesus Christus existierendes, weltelementares Bestandteil Seiner selbst".

Daher erachtet Paulus *die Kirche Jesu Christi gleichgestaltet in den weltelementaren Bestandteilen der kosmischen Größe.*

Folglich ist der Herr Jesus Christus in den Augen des Paulus *ein in der Gegenwart, als auch in der Zukunft* „herrschender Allgegenwärtiger", welcher die Gemeinschaft der Gläubigen *in den Gemeinden* (Kirchen!) *über alles prägt* − und deklariert den Heiland insofern zu einem umfassenden Herrscher <u>aller</u> Weltzeiten.

Die Kirche ist, so der Apostel Paulus, *ein gewichtiges, auf Ewigkeit mit dem Kosmos verbundenes Prädikat des allmächtigen Gottes <u>in</u> dem Herrn Jesus Christus.*

Der nun folgende 1. Kapitelabschnitt des 2. Kapitels weist die Leser darauf hin, inwiefern sich dieses von Gott dem Herrn Jesus Christus zuteilgewordene Amt auf die Gläubigen erkenntlich zeigt…

Kapitel 2

Verse 1 – 10
*Das neue Leben in Christus –
eine Gabe der Gnade Gottes*

¹ – auch euch, die ihr tot wart durch Übertretungen und Sünden, ²in denen ihr einst gelebt habt nach dem Lauf dieser Welt, gemäß dem Fürsten, der in der Luft herrscht, dem Geist, der jetzt in den Söhnen des Ungehorsams wirkt; ³unter ihnen führten auch wir alle einst unser Leben in den Begierden unseres Fleisches, indem wir den Willen des Fleisches und der Gedanken taten; und wir waren von Natur Kinder des Zorns, wie auch die anderen. ⁴Gott aber, der reich ist an Erbarmen, hat um seiner großen Liebe willen, mit der er uns geliebt hat, ⁵auch uns, die wir tot waren durch die Übertretungen, mit dem Christus lebendig gemacht – aus Gnade seid ihr errettet! – ⁶und hat uns mitauferweckt und mitversetzt in die himmlischen (Regionen) in Christus Jesus, ⁷ damit er in den kommenden Weltzeitenden den überschwänglichen Reichtum seiner Gnade in Güte an uns erweise in Christus Jesus. ⁸Denn aus Gnade seid ihr errettet durch den Glauben, und das nicht aus euch – Gottes Gabe ist es; ⁹nicht aus Werken, damit niemand sich rühme. ¹⁰Denn wir sind seine Schöpfung, erschaffen in Christus Jesus zu guten Werken, die Gott zuvor bereitet hat, damit wir in ihnen wandeln sollen.

Zwischenbemerkung:

Der Apostel Paulus hat dem Leser in seinem 1.Kapitel des Epheserbriefes detailliert, dass Gott den Herrn Jesus Christus **als Haupt über alles der Gemeinde gegeben hat**, (Epheser, Kapitel 1, Vers 22b – siehe Auslegung!). Christus ist der Herr über diese gläubige **Gemeinde**, sprich – über die *Kirche*.

Nun aber, in Kapitel 2 geht der Apostel zu der von Wichtigkeit beseelten Erklärung über, *inwiefern sich die Mitgliedschaft der Kirchengemeinde Christi* (den Christen!) *in dem Herrn Jesus Christus erkenntlich zeigt.*

Der erste Kapitelabschnitt des 2.Kapitels weist die Leser folglich darauf hin, dass die Gläubigen aufgrund –

des Herrn Jesus Christus` uns zur Sündenvergebung vollbrachten Tat am Kreuz von Golgatha,

des Herrn Jesu Christi Auferweckung und die Himmelfahrt welche von Gott, dem Vater seit der Ewigkeit geplant waren –

um den Messias zur Rechten Seiner Selbst (des himmlischen Vaters!) *zu setzen.*

Dies ist eine barmherzige Gnadenbotschaft Gottes für einen jeden an den Heiland von Herzen Glaubenden, so weist uns der Apostel Paulus in dieses vom Höchsten in Jesus Christus gesegnete Kapitel 2 des Epheserbriefes ein.

Denn diese Christen sind die „begünstigten Profiteure", ja – die Kinder des Höchsten in dem Herrn Jesus Christus, weil sie an der durch Gott vollbrachten Tat – in Verbindung mit dem in ihren Herzen ruhenden Glauben an den Heiland *Anteil genommen haben, um auf Ewigkeit Anwärter im Reich der Himmel zu werden…*

Vers 1: Der erste Vers des 2.Kapitels ist ein fortführender Satzteil des 23.Verses des 1.Kapitels (siehe Auslegung!) und sollte wie folgt aufgefasst werden:

Denn sein (Christi!) ***Leib ist die Fülle dessen, der alles in allem erfüllt*** – (Epheser, Kapitel 1, Vers 23 – siehe Auslegung!) ***auch euch die ihr tot wart durch Übertretungen und Sünden*** (Epheser, Kapitel 2, Vers 1).

Paulus spricht an dieser Stelle über den *geistlichen Ausgangspunkt* eines jeden Menschen, der den Glauben an den Herrn Jesus Christus *nicht* in seinem Herzen trägt. Unverblümt gibt der Apostel somit *den Ephesern und einem jeden anderen Menschen* bekannt, dass die von ihm Angesprochenen einst *tot waren durch Übertretungen und Sünden.*

Mit dieser Aussage des Paulus weist er die Angeschriebenen darauf hin, dass sie *vor Gott aufgrund ihrer **Übertretungen und Sünden tot waren***. In der Tat – sie waren *nicht in dem Herrn Jesus Christus* – sondern außerhalb vom Heiland. Da sie *keinerlei* Gemeinschaft mit Gott und dem Herrn Jesus Christus anhand ihres Glaubens an Sie „pflegten", betitelt sie der Apostel *als durch **Übertretungen und Sünden Tote.*** Einst waren sie von Gott „Abgekapselte", ja – Fremde – denn sie führten ein Leben, *welches sich **entfremdend dem Leben Gottes*** (Epheser, Kapitel 4, Vers 18a – Auslegung folgt!) gegenüberstellte.

Paulus spricht an dieser Stelle eindeutig *über das Verhältnis eines Menschen zum Allmächtigen. Ohne* das von Gnade umgebene, barmherzige Handeln Gottes an Seinen Auserwählten, der diesen den Heiligen Geist in deren Herzen offenbart und somit die Herzen zum Glauben animiert – ist der Mensch *tot durch Übertretungen und Sünde.*

Diejenigen Menschen, welche diese Gnadentat Gottes *nicht* in ihren Herzen tragen, *sind nunmehr in den Augen des Höchsten gescheiterte Existenzen,* sprich – ohne diesen „barmherzigen Gnadenschritt" Gottes verfällt der Mensch in trostlose, von Gott und dem Herrn Jesus Christus *verlassene Dekadenz.* Diese Menschen leben *ohne* jegliche Anteilnahme an Gottes errettender Gnade, sprich – *sie tragen nicht diese zum Leben leitende, lebendig machende Heilsgabe des Höchsten in ihrem Herzen – und somit sind diese Menschen in den Augen Gottes **tot.***

Es ist jene verrucht zu betrachtende Angelegenheit eines jeden Einzelnen, der einst von Gott und Jesus Christus *getrennt in verdunkelter und daher abgekapselter Verschlossenheit zu Ihnen lebte* – einem humanitären, vergänglichen Dasein *ohne jeglichen Wert und ohne Hoffnung, geschweige denn einer auf Ewigkeit errettenden Annahme Gottes in dem Herrn Jesus Christus am Ewigen Leben.*

Kurzum: *Ihr Leben war vollkommen sinnlos – ihre Augen waren blind gegenüber der Herrlichkeit Gottes in dem Herrn Jesus Christus.*

Paulus verfasst in seinem Brief an die Römer in Kapitel 6, Vers 23 Folgendes:

Denn der Lohn der Sünde ist der Tod; aber die Gnadengabe Gottes ist das ewige Leben in Christus Jesus, unserem Herrn.

Vers 2: Der Apostel weist die Angesprochenen darauf hin, dass ihr von *Übertretungen und Sünden* (Epheser, Kapitel 2, Vers 1) umfasstes Leben *nach dem Lauf dieser Welt* (Epheser, Kapitel 2, Vers 2a) vollzogen wurde.

Ihr abtrünnig zu betrachtendes Dasein, so Paulus, hat sich *dem Lauf dieser Welt* – sprich – die gegen Gott „gerichteten Gepflogenheiten des Zeitalters" *angenommen und angepasst.*

Euer Leben – fährt der Apostel fort – hat sich einer *persönlichen Macht,* welche sich jedoch von Gott *maßgeblich unterscheidet* – unterworfen – nämlich:

Gemäß dem Fürsten, der in der Luft herrscht, dem Geist, der jetzt in den Söhnen des Ungehorsams wirkt (Epheser, Kapitel 2, Vers 2b).

Diese abtrünnige „Weltbeherrschung" ist bestimmt, so Paulus, von dem verrucht zu betrachtenden *Zeitalter dieser vergänglichen, von Sünden geplagten Welt.* Der Apostel Paulus kann diese Behauptung vertreten, da er, wie auch der Apostel Johannes in seinem 1.Brief dank des Glaubens an den Herrn Jesus Christus unverblümt behaupten kann:

Wir wissen, dass wir aus Gott sind und dass die ganze Welt sich im Bösen befindet (1.Johannes, Kapitel 5, Vers 19).

Es ist jene, wenn auch „isoliert" zu betrachtende Realität, so der Apostel, in der wir uns *alle* befinden. Die Gläubigen, als auch die Ungläubigen. Doch diese *darf keinesfalls* als eine von dem Apostel als sozusagen „in Betracht genommene Welt" angesehen werden, in denen *zwei Weltherrscher* weilen.

Paulus stellt hier *zwei sich stark polarisierende Mächte gegenüber,* welche sich wie folgt kennzeichnen:

Einerseits – den stets in Verruchtheit zu erachtenden ***Lauf der Welt***, welcher sich in einem verfinsternden, von Gott und Christus ausgestoßenen, weltzeitlichen, von Sünden belasteten Zeitalter befindet, beherrscht von isolierter Verruchtheit, ***dem Geist, der jetzt in den Söhnen des Ungehorsams wirkt***.
Es ist jener Geist, ***der in der Luft herrscht***, sprich – in einer Atmosphäre, welche sich *unter* der des Himmels bewegt, weil dort *Seine niemals zu überschreitende Grenze wohlbewusst von Gott gesetzt wurde*. Es ist eine ebenfalls sich in Eigenregie hervorhebende, (*gemäß dem Fürsten*) *und daher überaus schwache, wenngleich anhand ihrer Abtrünnigkeit dämonisch überaus stark zu betrachtende, jedoch stets eine sich absetzende Macht von der Herrlichkeit Gottes in Jesus Christus.*

Dieser ***Fürst*** ist eine dämonische „sich selbst in den Vordergrund erhöhende Machterhabenheit", die vom Bösen hinterlegt wurde – *vollkommen abgekapselt und isoliert von der Herrlichkeit Gottes in dem Herrn Jesus Christus.* Es ist abermals jener ***Geist, der jetzt in den Söhnen des Ungehorsams wirkt***.
Sprich – Paulus wendet sich an dieser Stelle an die *von Gott isolierte Menschheit,* welche sich ***jetzt*** dem *verfinsterten **Fürs-***

ten, der in der Luft herrscht, angeschlossen hat. Ihre jämmerlich zu betrachtende Ausgangsbasis jedoch verweilt in einem auf Ewigkeit umgebenen, trostlosen Wort: *Tod.*

Dies und kein anderes ist das Kennzeichen eines von Gott getrennten Menschen, dessen Anziehungspunkt den kurzzeitig verruchten Willensentschlüssen des **Fürsten** untertan ist:

Ewige Verruchtheit in auf Ewigkeit bleibender Finsternis, dessen Ausgangsbasis der bleibende, immerwährende Tod ist.

Andererseits – die Kinder Gottes und Jesu Christi in deren Beider Obhut. Paulus will diese eben von mir erwähnte Realität, in der sich *der Ungläubige und der Gläubige gleichzeitig befinden,* wie folgt umschreiben:
Es handelt sich hiermit um ein Realitätsgeschehen:

Die gläubigen, als auch die Ungläubigen *leben zusammen in einer gleichen, irdisch vergänglichen Welt, die sich jedoch wie folgt maßgeblich unterscheidet:*

Die Ungläubigen sind von Gott Verstoßene, weil sie sich schlichtweg weigern, sich mit einem zwingend dazugehörenden Glauben an Gott und den Herrn Jesus Christus zu wenden, um vom Höchsten den Heiligen Geist der Wahrheit in ihre Herzen zu erhalten. Diese Menschen *sind Abgekapselte, von Gott entfernte Individuen,* welche sich dem **Fürsten** der Verruchtheit *angeschlossen* haben, *um mit ihm gemeinsam den Weg in das ewige Verderben zu begehen, der unwillkürlich den vergänglichen, bleibenden Tod bedeutet.* Sie sind die Söhne des Verderbens, ja – des abtrünnigen Ungehorsams und *widerstehen in Eigenregie <u>ganz bewusst</u>* der Herrlichkeit Gottes.

Paulus schreibt zu den Gottlosen:

Denn das Wort vom Kreuz ist eine Torheit denen, (den Gottlosen!) ***die verlorengehen*** (1.Korinther, Kapitel 2, Vers 1a).
Die Gläubigen leben zwar in dem gleichen, von Verruchtheit umgebenen Weltzeitalter wie auch die Ungläubigen, denn dieses Kennzeichen prägt seit Jahrtausenden den Lauf dieser Welt – *mit einem jedoch sich sehr stark unterscheidenden und daher alles entscheidenden Merkmal* –

Paulus schreibt zu den Gläubigen:

Uns (den Gläubigen) ***aber, die wir gerettet werden ist es*** (das Wort vom Kreuz!) ***eine Gotteskraft*** (1.Korinther, Kapitel 2, Vers 1b).

Die an den Herrn Jesus Christus Glaubenden *verwerfen den Herrscher der Luft,* (**Fürst**) weil sie *die Wahrheit Gottes in Christus erkannt haben.* Über diese Wahrheit spricht Jesus Christus:

Und ihr werdet die Wahrheit erkennen, und die Wahrheit wird euch frei machen (Johannes, Kapitel 8, Vers 32).

Nur mit dem Inbegriff der Wahrheit, welche der Heiland ausspricht, werden die Nachfolger Christi im Heiligen Geist gekennzeichnet. Diese Erleuchtung, ja – diese Wahrheit wird vom Geist der Herrlichkeit Gottes (der Heilige Geist!) *unentwegt im Herzen der Glaubenden hervorgerufen. Sie glauben nicht nur, denn ihr Gewissen offenbart es ihnen im Heiligen Geist, dass sie die angenommenen Kinder des Höchsten in dem Herrn Jesus Christus sind. Der Geist trägt mit Seiner stetigen Anwesenheit im Herzen der Beschenkten dazu bei, dieses Er-*

kennen jeden erneuten Tag zu erleben, sodass Glauben nunmehr unmissverständlich ein eindeutiges <u>Wissen</u> bedeutet!

Daher muss *eine vollkommene Befreiung im Herzen stattfinden*, um letztlich zu dieser Erleuchtung gelangen zu können. *Wahrheit* realisiert rundum die Existenz Gottes in Jesus Christus und *ist dieser maßgebliche Förderer, der mit dem Heiligen Geist Seine von Gott gewollten Forderungen rundum unterstützend prägt und von Tag zu Tag aktiviert*. Es ist jene gewichtige Offenbarung des Wesens Gottes *in* Jesus Christus. Der Tröster prägt dieses unumstößliche, von Gott geförderte Verhältnis *zwischen dem Glaubenden und den Höchsten in eine sich ineinander verschmelzende, in sich einkehrende Harmonie, welche nur Gott in Jesus Christus den Beschenkten gänzlich offenbaren kann.*

Diese von der Herrlichkeit Gottes umgebene Macht des Heiligen Geistes „zerbricht" die von Sünden umgebenen Charaktere des menschlichen Herzens, von den sie ausgehen, um diese mit der unabdingbaren Hilfe des Heiligen Geistes *zu erkennen*, um sie somit wiederum *mit Hilfe des Gebets der Buße zu vertilgen* – ein eindeutiges Kennzeichen welches dem von Gott Verstoßenen *fern bleibt*, da dieser dieses Gnadengeschenk des Allmächtigen *nicht* in seinem verdunkelten Herzen trägt. Denn **dieses Herz ist steinern** (Hesekiel, Kapitel 36, Vers 26b) – und lässt daher die Weisheit Gottes *nicht in sich eindringen*.

Jedoch ist bei den gläubigen Menschen diese sich „entgleisend zu betrachtende Bahn der Verruchtheit" durch den Geist der Wahrheit *befreit* worden, denn der Heilige Geist macht den Glaubenden auf die von ihm begangenen Fehler *stets aufmerksam*, sodass diese *bereut und im Gebet der Buße von Gott im Herrn Jesus Christus vergeben werden*. Diesen zum Ewigen

Leben führenden Weg kann uns *nur der Messias Jesus Christus gewährleisten, der mit Seinem uns zum Wohl dienenden Tod, unserer Sündenvergebung, den einst verschlossenen Weg nunmehr öffnete, sodass wir Eingang haben zum Reich Seiner Herrlichkeit, dem Himmelreich, der Ewigen Bleibe eines an Gott und Jesus Christus Glaubenden.*

Äußerliche, als auch *innerliche Befreiung* geschieht <u>*nur*</u> durch den Heiland Jesus Christus, *weil Gott uns in Ihm zuerst geliebt hat.*

Der Apostel Johannes bestätigt dies wie folgt:

Wir lieben ihn, weil <u>*er*</u> uns zuerst geliebt hat (1.Johannes, Kapitel 4, Vers 19).

Darum bekennt Jesus Christus:

<u>**Sie**</u> (die Jünger in diesem Zusammenhang von Kapitel 17 des Johannesevangeliums – aber Jesus Christus meint somit auch *alle Gläubigen* – siehe weiten Verlauf des 17.Kapitels!) **sind <u>nicht von der Welt, gleichwie auch ich nicht von der Welt bin</u>** (Johannes, Kapitel 17, Vers 16) –

Und der Apostel Johannes bekennt daraufhin Folgendes:

<u>**Darum erkennt uns die Welt nicht,**</u> (die Gottlosen erkennen die Christen nicht!) <u>**weil sie**</u> (die Gottlosen!) <u>**ihn**</u> (Jesus Christus!) <u>**nicht erkannt hat**</u> (1.Johannes, Kapitel 3, Vers 1b).

Und jeder, der diese Hoffnung auf ihn (Jesus Christus!) **hat, <u>reinigt sich,</u>** (von seinen Sünden mit Gebeten der Buße!) **gleichwie auch er rein ist** (1.Johannes, Kapitel 3, Vers 3).

Daran erkennt ihr den Geist Gottes: Jeder Geist, der bekennt, dass Jesus Christus im Fleisch gekommen ist, der ist aus Gott (1.Johannes, Kapitel 4, Vers 2).

Vers 3: Paulus blickt noch einmal auf die uns einst inhaftierenden *Übertretungen und Sünden* (Epheser, Kapitel 2, Vers 1b – siehe Auslegung!) zurück – und beschreibt diese wie folgt:

Unter den Söhnen des Ungehorsams (Epheser, Kapitel 2, Vers 2b) *führten auch wir alle einst unser Leben in den Begierden des Fleisches* (Epheser, Kapitel 2, Vers 3a).
Der Apostel beschönigt *keinesfalls* den abtrünnigen, von einem jeden von uns geführten Lebensstil, der uns alle *einst* in das Verderben leitete. *Keiner* von uns kann sich aus diesem ins Abseits leitenden Fauxpas *freisprechen*. Paulus betont an dieser Stelle *eindeutig* die in unserem Leben stattfindende, realitätsgetreue Sachlage und deren Wichtigkeit.

Auch wir, so der Apostel, waren „übersät" von **den Begierden unseres Fleisches.** Wir waren allesamt die Knechte unserer selbst, sprich – ***wir taten den Willen des Fleisches*** (der Sünde!) ***und der Gedanken*** – in völligem Ungehorsam *gegen* den Willen Gottes in Christus. Folglich haben wir unseren *eigenen Willen bedingt durch die in uns ruhenden Mächte der Verruchtheit beschämt, gekränkt und uns selbst in ruchloser Eigenregie durch Unwissenheit von der Herrlichkeit Gottes in Jesus Christus gänzlich entfernt.*

So sind auch wir, *wie auch die anderen von Natur Kinder des Zorns.* Mit unserem einstigen Ungehorsam haben wir uns in inhaftierter Selbstbestimmung vor Gott schuldig gesprochen –

<u>Denn auch wir waren einst unverständig, ungehorsam, gingen in die Irre, dienten mannigfachen Lüsten und Vergnügungen,</u> (Sünden aller Art!) *<u>lebten in Bosheit und Neid, verhasst und einander hassend,</u>* so der Apostel Paulus in seinem Brief an Titus, Kapitel 3, Vers 3.

Paulus geht ganz bewusst in die „*wir*" – Anrede über, weil er *sich selbst einst aus diesen von Gott und Christus entfernten Miseren nicht freisprechen konnte.* Denn als ehemaliger Christenverfolger hatte er, wie ein jeder andere von uns (als wir noch keine Christen waren – jedoch in anderen Sündenkategorien wie Paulus!) maßlos gesündigt (siehe die Apostelgeschichte des Lukas, Kapitel 8 – bis hin zu seiner Bekehrung durch den Herrn Jesus Christus in Kapitel 9!).

Ja – in der Tat – wir waren *die Kinder des Fluchs* (2.Petrus, Kapitel 2, Vers 14e) –

<u>denn alles, was in der Welt ist, die Fleischeslust, die Augenlust und der Hochmut des Lebens, ist nicht von dem Vater,</u> (Gott!) *<u>sondern von der Welt</u>* (1.Johannes, Kapitel 2, Vers 16).

Der Apostel will *uns unverblümt zu verstehen geben,* dass *ein jeder von uns ein verschuldeter Mensch gegenüber Gott und dem Herrn Jesus Christus war.* Dieses nicht zu leugnende Bekenntnis ist ein eindeutiges Indiz eines von Gott entfremdenden, von Ihm getrennten, stets verlorenen Lebens.

Es ist jenes verrucht zu betrachtende Dasein, so Paulus, welches *immerzu* gegen die von Herrlichkeit umwobene Wahrheit Gottes in Jesus Christus gerichtet ist – *und deklariert folglich den Sünder unmissverständlich unter die abtrünnig zu erachtende Kategorie eines Schuldigen.*

Nur Gott kann diesen Menschen aufgrund Seiner barmherzigen Gnade in die von Ihm gewollten Richtlinien der Wahrheit stellen, sodass dieser anhand der nur für die Gläubigen vollbrachten Selbstverwirklichung des Höchsten in Seinen Sohn nunmehr ein angenommenes Kind Seiner auf Ewigkeit verbleibenden Obhut wird.

Der Apostel will *uns ausdrücklich zu verstehen geben,* dass der Mensch *ohne* die Gnade des Höchsten *niemals* zu dem Ziel gelangen kann, *eine auf Ewigkeit bleibende Heimat im Himmelreich zu erlangen.* Alles hängt von der Gnade Gottes *in* Jesus Christus und unseren Glauben an Sie ab, *ob wir tatsächliche Teilnehmer an der himmlischen Festfeier werden.*

*Es sind diejenigen Auserwählten, die der himmlische Vater bereits **vor der Grundlegung der Welt*** (Matthäus, Kapitel 25, Vers 34b / Epheser, Kapitel 1, Vers 4a) *begnadet hat,* so Paulus.

Denn unser Herr Jesus Christus spricht:

<u>Kommt her, ihr Gesegneten meines Vaters, und erbt das Reich, das euch bereitet ist seit Grundlegung der Welt!</u> (Matthäus, Kapitel 25, Vers 34b).

Vers 4: Paulus geht nun über zu der Erklärung der von Gnade umgebenen Tat Gottes, welche betont, dass der Allmächtige sich der aufsässigen Menschheit erkenntlich gezeigt hat. *Gott ist*, so schreibt der Apostel – *reich an Erbarmen.* Paulus weist die Leser auf die im Wesen Gottes konstant ruhende *Liebe* hin, mit welcher sich der Höchste an den Menschen erbarmt. Der Apostel Johannes schreibt daher über die Liebe Gottes:

<u>***Gott ist Liebe, und wer in seiner Liebe bleibt, der bleibt in Gott und Gott in ihm***</u> (1.Johannes, Kapitel 4, Vers 16b).

Dieses von Liebe geprägte Wesen Gottes hat, so Paulus, *Erbarmen* mit uns gehabt, *um seiner großen Liebe willen, mit der er uns geliebt hat* (Epheser, Kapitel 2, Vers 4).

Denn *Gott*, so Paulus in seinem Brief an die Römer, Kapitel 5, Vers 8, *beweist seine Liebe zu uns dadurch, dass Christus für uns gestorben ist, als wir noch Sünder waren.*

Ja, in der Tat – der Allmächtige hat uns *ein neues Herz gegeben* (Hesekiel, Kapitel 36, Vers 26a), welches nunmehr die von Ihm ausgehende Liebe erkennt, wahrnimmt und mit großer Dankbarkeit im Glauben an Ihn bekundet. Damit hat der Höchste *Seinen Geist* (Heiligen Geist!) *in unser Inneres* (in unsere Herzen!) *gelegt* und dies hat zur Folge, dass wir in *Seinen Satzungen* (Bestimmungen!) *wandeln und* diese *befolgen* (Hesekiel, Kapitel 36, Vers 27).

Die aber auf Ewigkeit durchbrechende, *für immer währende Liebe hat uns der Allmächtige in Seinem Sohn Jesus Christus offenbart,* denn Gott verherrlicht sich in dem Heiland. In Ihm kreiert uns der Höchste zu einer *lebendigen, zu Ihm bezogenen Schöpfung,* um dass wir unseres Erlösers *Nachfolger werden* *und in des Herrn Jesus Christus` Fußstapfen wandeln.* Dies ist die an uns vollbrachte, je von Ihm verwirklichte, gnadenreichste Liebestat des allmächtigen Gottes. Ja, Gott handelt durch Seine von Ihm ausgehende Liebe zu dem Menschen *in und durch Jesus Christus, damit uns der zu unserer Erlösung führende Heiland zum gewichtigen Mittelpunkt in unserem Leben wird* – wie es uns der nachfolgende Vers 5 beschreibt.

David bekundet das Heil Gottes wie folgt:

Barmherzig und gnädig ist der Herr, geduldig und von großer Güte (Psalm 103, ein Psalm Davids, Vers 8 / Lutherbibel 1984).

Vers 5: Paulus fügt in diesem Vers bereits seine von ihm verfassten Aussagen von Epheser, Kapitel 1, Vers 1, Verse 20 – 23, als auch die von Epheser, Kapitel 2, Vers 1 hinzu (siehe Auslegung zu den benannten Versen!).

Auch uns, hat der Allmächtige, *die wir tot waren durch Übertretungen, mit dem Christus lebendig gemacht,* schreibt der Apostel Paulus in Epheser, Kapitel 2, Vers 5a.

Paulus bekundet an dieser Stelle noch einmal, dass Gott *nicht nur Christus lebendig gemacht hat, sondern auch uns,* Seine Auserwählten, *indem er euch alle Übertretungen vergab,* fügt Paulus in seinem Brief an die Kolosser in Kapitel 2, Vers 13d hinzu. Folglich will uns der Apostel die an uns verwirklichte, barmherzige Gnadengüte Gottes wie folgt erkenntlich zeigen:

In des Höchsten Selbstverwirklichung in die Person des Herrn Jesus Christus hat *uns Gott das zu Ihm bezogene Leben offenbart – und uns demzufolge aus den Fesseln des Todes befreit, um uns in dem Heiland aufgrund unseres Glaubens an Ihn – Ewiges Leben zu schenken.*

Der Apostel Petrus bekundet dieses an die Gläubigen vollbrachte, allumfassende Gottesgeschenk in der Apostelgeschichte des Lukas, Kapitel 15, Vers 11a wie folgt:

Vielmehr glauben wir, dass wir <u>durch die Gnade des Herrn Jesus Christus gerettet werden.</u>

Diese vom Höchsten ausgehende Gnade sollte als ein „Verherrlichungsprozess" des allmächtigen Gottes an Seine seit Ewigkeit von Ihm auserwählten Kinder erachtet werden, dessen *unentbehrlicher Bezugspunkt der Herr Jesus Christus ist; denn in dem Heiland entsteht das Ewige Leben.*

Ebenso bewirkt Gottes barmherzige Gnadentat *die allerrettende Lobpreisung Seiner stets von Ihm ausgehenden Liebe, die nunmehr in Jesus Christus auf Ewigkeit erkenntlich, sichtbar und errettend wirkt.*

Durch Gnade seid ihr errettet! – fügt Paulus in Epheser, Kapitel 2, Vers 5b hinzu.

Anhand dieses Bekenntnisses wird es dem Leser erneut ersichtlich, dass die **Gnade** des Höchsten *nur* aufgrund der Liebe Gottes zu der Menschheit von Ihm an sie besiegelt wurde. Mit der **Gnade** zeigt der Allmächtige Seinen in Ihm ruhenden, *stets wohlwollenden, barmherzig liebenden Charakter.* Denn *nur Er* kann die Seligkeit den Menschen *offenbaren und bereitwillig schenken.* Die nun bleibende Schlussfolgerung beinhaltet abermals *die uns zur ewigen Errettung dienende Handlung Gottes in dem Herrn Jesus Christus, unserem auf Ewigkeit durch Gottes Gnade zugekommenen Heil.*

Vers 6: Die durch Gott sich erkenntlich zeigende, in den Auserwählten zuteilwerdende Gnade bewirkt letztlich, dass Er uns ***mitauferweckt und mitversetzt in die himmlischen (Regionen) in Christus Jesus*** (siehe Epheser, Kapitel 2, Vers 20 – Auslegung folgt! – als auch unter Epheser, Kapitel 1, Verse 3 + 4! – siehe Auslegung!).

So hat uns Gott nunmehr *in* Jesus Christus ***mitauferweckt durch den Glauben an die Kraftwirkung Gottes, der ihn*** (Jesus Christus!) ***aus den Toten auferweckt hat***, schreibt Paulus in seinem Brief an die Kolosser, Kapitel 2, Vers 12b.

Wir, die Glaubenden, sind folglich dank der Gnade des Höchsten und somit ausschließlich *in* dem Herrn Jesus Christus Mitteilhaber ***in den himmlischen (Regionen)***. Ja – wir werden auf die für uns *noch nicht sichtbare Welt der geistlichen Wirklichkeit* (***in den himmlischen (Regionen)!***) *dank der Gnade Gottes in Christus* ***mitauferweckt*** *und folglich* ***mitversetzt***. Doch wer letztlich zur Rechten Gottes außer dem Herr Jesus Christus *einst sitzen wird,* **wird denen zuteil, denen es** (von Gott!) **bereitet ist**, bemerkt der Heiland im Markusevangelium in Kapitel 10, Vers 40c.

Der Apostel spricht an dieser Stelle von dem noch vor uns liegenden, zukünftigen Heilgeschehen, welches jedoch *erst bei des Herrn Jesus` Wiederkunft von Gott verwirklicht wird* –

die Mitauferweckung und Mitversetzung der Gläubigen in die von ihm angekündigten *himmlischen (Regionen)*.

Vers 7: Dieser Vers ist abermals sehr schwer zu definieren. Bezieht man ihn aber zu den bereits von Paulus verwendeten Versen, dessen Beweisführungen am Nächsten liegen, so kann man die zu kommentierende Analyse von Vers 7 (nach der Meinung des Autors!) wie folgt auslegen:

Bereits *vor Grundlegung der Welt* (Matthäus, Kapitel 25, Vers 34b) *hat Gott die Gläubigen dazu auserwählt,* **damit er** (Gott!) *in den kommenden Weltzeiten* (bezogen nach Meinung des Autors auf Epheser, Kapitel 2, Vers 2 – siehe Auslegung!) *den überschwänglichen Reichtum seiner Gnade an uns erweise in Christus Jesus* (Epheser, Kapitel 2, Vers 7).

Anhand dieser Schlussfolgerung liegt die Vermutung nahe, dass Gott die an Ihn Glaubenden und die sich an ihnen erkenntlich zeigende Gnade aufgrund der abtrünnigen „Weltbeherrschung", in der sowohl die Gläubigen, als auch die Ungläubigen unvermeidlich zusammen leben, (siehe Auslegung zu Epheser, Kapitel 2, Vers 2!) dazu bestimmt hat, um der von Sünden geplagten Welt *anhand Seines den Gläubigen zugedachten Seelenheils Freiheit zu verschaffen,* indem Er den abtrünnig und verrucht zu betrachtenden Charakteren *gemäß dem* ***Fürsten,*** (Geist!) ***der in der Luft herrscht*** (Epheser, Kapitel 2, Vers 2 – siehe erneut Auslegung!) *Einhalt und folglich keine weitere „Machtentfaltung" gebietet,* die abermals nur den kläglichen Tod bewirkt.

Den Kindern Seiner Obhut verschafft Gott jedoch die Ermächtigung und die darauf folgende Befugnis, indem der Allmächtige *den Verruchten Seine Herrlichkeit in Form von Seinem Gnadenreichtum, in welchen nur die Glaubenden gewinnfördernde Teilhaber auf Ewigkeit sind, gegenüberstellt und somit den Gottlosen ihre zum Tod leitende Abtrünnigkeit prägend hervorhebt.*

Kurzum: Die „maßgebliche Macht", sprich – „die sich selbst in den Vordergrund ernannte Machterhabenheit" des **Fürsten, der in der Luft herrscht** (siehe abermals Auslegung zu Epheser, Kapitel 2, Vers 2!) *zerbricht* aufgrund der von Sünden geprägten Handhabungen der Gottlosen *in trostlose und vollkommen verfinsternde Dekadenz, welche unwillkürlich den ewigen Tod bedeutet –*

die angenommenen Kinder Gottes (die Gläubigen!) jedoch erhalten **den überschwänglichen** (nicht mit Worten aufgrund seines Herrlichkeitsaufkommens zu erfassenden!) **Reichtum seiner** (Gottes!) **Gnade in Christus Jesus** (Epheser, Kapitel 2, Vers 7b).

Nunmehr kann der Gläubige den von Gott vollzogenen Segensreichtum und die vom Allmächtigen ausgehende, vollkommene Wahrheit in Jesus Christus rundum erkennen – und folglich von ganzem Herzen wie folgt behaupten:

Er (Gott!) ***handelt <u>nicht</u> mit uns nach unsern Sünden und vergilt*** (Gott rechnet uns keine Schuld zu!) ***uns <u>nicht</u> nach unsrer Missetat. Denn so hoch der Himmel über der Erde ist, lässt er seine Gnade walten <u>über denen, die ihn fürchten</u>***

(Psalm 103, ein Psalm Davids, Verse 10 + 11 / Lutherbibel 1984).

Ja, in der Tat – Gott hat uns Seinen **Reichtum in Jesus Christus überschwänglich** (Epheser, Kapitel 2, Vers 7) zukommen lassen! Daher kann man diesen von Gott uns offenbarten **Reichtum in Christus** schon im Hier und Jetzt in einem jeden christlichen Herzen erfassen, fühlen und voller Freude ausleben. Das Gebet der Danksagung an den Höchsten ist ein eindeutiges, zu Gott bezogenes Indiz, dass der Beschenkte den Gnadensegen des Höchsten in seinem Herzen *anerkennend verankert hat, einem **Reichtum**, der in Ewigkeit nicht von den Kindern Seiner Obhut weichen wird!*

Vers 8: Auch in diesem Vers kommt der Apostel Paulus noch ein weiteres Mal auf die Wichtigkeit der uns von Gott geschenkten **Gnade** aus Epheser, Kapitel 2, Vers 5b (siehe Auslegung!) zurück.

Es ist jene durch Christus in uns wirkende Gnade Gottes, welche uns zu Seinen Kindern im Glauben an Ihn formt. Wir hingegen, die Gläubigen, so Paulus, *haben keinerlei Befugnis, diese Gnadengabe des Höchsten in uns zu erzwingen – es ist ein reines Liebesgeständnis Gottes zu Seinen Auserwählten.* Folglich obliegt es *allein* an der Entscheidung Gottes, *ob, wann und wie* ein Mensch zu Seiner Ihm zugedachten Gnade gelangt. Der Mensch hat *keinerlei Befugnis* diese Tat Gottes „zeitbedingt" zu beeinflussen.

Die Gnade errettet den Gläubigen *allein durch den Glauben*, der aus dem Herzen des Menschen zu Gott im Gebet dringt, um dem Höchsten die dem Menschen inhaftierenden Schulden und Sünden zu beklagen. Gott erbarmt sich diesem Bekennenden, indem Er ihm Seine Gnade in Form des Heiligen Geistes zukommen lässt, sodass der Beschenkte fortan als ein Kind der Obhut Gottes in Jesus Christus betrachtet werden kann.

Gott hat sich dieser Person mit dem Heil Seines Segens in Form der Gnade erkenntlich gezeigt, *sodass sie* (die vor Gott sich Bekennenden!) *ohne Verdienst gerechtfertigt werden durch seine* (Gottes!) *Gnade aufgrund der Erlösung, die in Christus Jesus ist*, betont Paulus in seinem Brief an die Römer in Kapitel 3, Vers 24.

Und der Evangelist Johannes bekennt den Reichtum der Gnade Gottes in dem Herrn Jesus Christus an einen jeden Glaubenden wie folgt:

Denn so sehr hat Gott die Welt geliebt, dass er seinen eingeborenen Sohn gab, damit jeder, der an ihn glaubt, nicht verlorengeht, sondern ewiges Leben hat (Johannes, Kapitel 3, Vers 16).

Vers 9: *Nicht aus Werken*, fährt der Apostel fort, *damit sich niemand rühme* (Epheser, Kapitel 2, Vers 9) –

weil aus Werken des Gesetzes kein Fleisch (kein Mensch!) *vor ihm* (Gott!) *gerechtfertigt werden kann*, fügt Paulus in seinem Brief an die Römer in Kapitel 3, Vers 20a hinzu.

Der Mensch, so Paulus, ist *abhängig* von der barmherzigen Gnade Gottes, die in ihm wirkt und hat *keinerlei Beeinflussung, diese Gnade zu erzwingen.* Wenn der Mensch jedoch von der Gnade Gottes beschenkt wurde, *so soll dieser nicht behaupten, es sei sein eigener Verdienst gewesen;* denn dies war die alles in allem ausschlaggebende Kraft und das Erbarmen Gottes im Herzen dieses Menschen, der die erkenntliche Wirkung der Gnade letztlich im Heiligen Geist hervorgerufen hat.

Der Allmächtige war der *alleinige Förderer* dieses Heilgeschehens in dem Herrn Jesus Christus, sodass sich dieser nunmehr vom Höchsten Beschenkte aber fortan als ein Kind der Obhut Gottes betrachten kann, *allein weil Gott ihm dieses Heil in sein Leben hineinschenkte.*

Vers 10: Der Apostel geht nunmehr zu der Begründung über, *warum* ein von Gott begnadeter Mensch *sich nicht auf seinen eigenen Verdienst beziehen darf,* wenn das Heil des Allmächtigen *in* Jesus Christus ihm zu Teil wurde:
Diese Begründung des Paulus bezieht sich auf den 1.Abschnitt des 2. Kapitels des Epheserbriefes und legt nun folgende Zusammenfassung dar:

Denn wir sind seine (Gottes!) ***Schöpfung, erschaffen in Christus Jesus zu guten Werken, <u>die Gott zuvor bereitet hat</u>, damit wir in ihnen wandeln sollen.***

Zu dieser Erklärung müssen wir zum Anfang der Schöpfungsgeschichte Gottes übergehen. Dort können wir erfahren:

Und Gott schuf den Menschen in seinem Bild, im Bild Gottes schuf er ihn; als Mann und Frau schuf er sie (1.Mose, Kapitel 1, Vers 27).

So ist nun der Mensch, *unabhängig* ob Mann oder Frau, das Werk oder das Gebilde Gottes. Die geschlechtliche Anlage ist zwar bei dem Mann, als auch bei der Frau *nach der von Gott gewollten Art der Differenzierung geschaffen worden, jedoch gleichen sie beide dem Bild Gottes.* Somit steht der von Gott erschaffene Mensch *als Mann und als Frau als eine* „beiderseitige, vom Allmächtigen erschaffene Einheit" *seinem Schöpfer gegenüber.*

Dies erklärt, so Paulus, dass wir die Schöpfung Gottes sind. Der Allmächtige hat dem Menschen **den Odem des Lebens in seine Nase geblasen** (1.Mose, Kapitel 2, Vers 7c).

Folglich ist ein *jeder* Mensch, *unabhängig* ob Mann oder Frau ein vom Höchsten gebildetes Wesen, ja – ein *nicht* zu bezweifelndes Werk Gottes. *So hat auch Gott, der Alles in Allem erschaffen hat, dem Menschen den Hauch des Lebens gegeben, um ihm das Leben zu schenken.*
Er, der den Menschen das Leben offenbarte, wie sollte Ihm *nicht die Allmacht über den Menschen gegeben sein?*

Betrachten wir daher gemeinsam den 8. Psalm, der in der Lutherbibel 1984 folgende Überschrift trägt: „Offenbarung der Herrlichkeit Gottes am Menschen".
Dort können wir von David in Erfahrung bringen, inwiefern sich die Gnade Gottes am Menschen erkenntlich zeigt:

Wenn ich sehe die Himmel, deiner Finger Werk, den Mond und die Sterne, die du bereitet hast: <u>*was ist der Mensch, dass*</u>

du seiner gedenkst, und des Menschen Kind, dass du dich seiner annimmst? Du hast ihn wenig niedriger gemacht als Gott, mit Ehre und Herrlichkeit hast du ihn gekrönt. Du hast ihn zum Herrn gemacht über deiner Hände Werk, alles hast du unter seine Füße getan (Psalm 8, ein Psalm Davids, Verse 4 – 7 / Lutherbibel 1984).

Und in Psalm 21 können wir fortlaufend in Erfahrung bringen:

Du (Gott!) *erfüllst ihm* (dem Menschen!) *seines Herzens Wunsch und verweigerst nicht, was sein Mund bittet. Denn du überschüttest ihn mit gutem Segen. Er bittet dich um Leben; du gibst es ihm, langes Leben für immer und ewig.* (bedingt durch des Menschen Glauben an Gott = Ewiges Leben!) *Er hat große Herrlichkeit durch deine Hilfe. Du setzest ihm zum Segen ewiglich, du erfreust ihn mit Freude vor deinem Antlitz* (Psalm 21, ein Psalm Davids, Verse 3, 4a, 5, 6a + 7 / Lutherbibel 1984).

Doch ein jeder Mensch hat vom Höchsten *für sein irdisches Leben(!) eine begrenzte Zeit(!) auferlegt* bekommen. Dies bestätigt unser Herr Jesus Christus wie folgt:

Wer aber von euch kann durch sein Sorgen zu seiner Lebenslänge (die irdische Lebenslänge!) *eine einzige Elle* hinzusetzen?* (Matthäus, Kapitel 6, Vers 27).
(* eine Elle entspricht einer Länge von 45cm (kleine Elle!) bis zu 52,5cm (große Elle!) / Quelle: Schlachter – Bibel 2000).

Wie wir anhand der soeben verfassten Bibelverse, *die stets das Wort der Wahrheit Gottes zitieren,* erkennen konnten, *ist der Mensch völlig abhängig von der ihm zuteilwerdenden Gnade Gottes – und kann sich insofern,* um erneut nach noch weiteren zwei zitierten Erkenntnissen auf die Auslegung von Epheser, Kapitel 2, Vers 10 zurückzukommen – *nicht auf seinen eigenen Verdienst beziehen, wo doch Gott ihm diese Gnade zukommen ließ, als Er ihn aufnahm, um ein Kind Seiner Selbst zu werden!*

Der Apostel Paulus verfasst *über die hochnäsige Arroganz der Menschen folgende Warnung:*

<u>***Ja, o Mensch, wer bist denn du, dass du mit Gott richten willst?***</u> (Römer, Kapitel 9, Vers 20a).

Und Gott selbst spricht über Seine unmissverständliche Erhabenheit Folgendes:

<u>***Denn ich bin der Herr, dein Gott, der Heilige Israels, dein Erretter! Ich, ich bin der Herr, und außer mir gibt es keinen Retter. Ja, von jeher bin ich derselbe, und niemand kann aus meiner Hand erretten. Ich wirke – wer will es abwenden?***</u> (Jesaja, Kapitel 43, Verse 3a, 11 + 13).

Ja, in der Tat, *wir* (die Menschen!) *sind seine* (Gottes!) *Schöpfung, erschaffen in Christus Jesus zu guten Werken* (Epheser, Kapitel 2, Vers 10a).

Wir, so Paulus, die einst „geistlich Toten" haben *in* Jesus Christus das Heil des allmächtigen Gottes erfahren, damit wir abermals durch Gott in Seinem Sohn *zu guten Werken* ausgerüstet wurden. Sprich:

Der Geist Gottes hat uns dazu befähigt, Sein Werk in Christus zu verstehen, um nach diesen letztlich unser einst verlorenes Leben zu verlassen, um folglich nach dem uns vom Höchsten offenbarten Leben in Christus *zu wandeln*. Denn:

Paulus bestätigt diese seine Worte von Epheser, Kapitel 2, Vers 10 in seinem Brief an die Römer in Kapitel 8, Vers 9:

*Ihr aber lasst euch **nicht vom Fleisch*** (von der menschlichen Sünde!) ***bestimmen, sondern vom Geist, wenn wirklich der Geist Gottes in euch wohnt. Wer aber den Geist Christi nicht hat, der gehört nicht zu ihm*** (Zürcher Bibel).

Ja, in der Tat – wer *nicht* ein vom Heiligen Geist Beschenkter Gottes wurde, der *kann* aus humanitärer Eigeninitiative *weder* das Wort Gottes, *noch* die Worte Christi (sprich – den Inhalt der ganzen Heiligen Schrift!) in seinem verschlossenen, steinernen Herzen *verstehen und begreifen*.
*Für diesen Menschen **ist das Wort vom Kreuz eine Torheit*** (1.Korinther, Kapitel 1, Vers 18a) – *denen jedoch, welchen der Heilige Geist zuteilwurde, **ist es eine Gotteskraft***, so Paulus nochmals in 1.Korinther, Kapitel 1, Vers 18b.

Darum fährt Paulus fort:

Ist jemand in Christus, so ist er eine neue Schöpfung; das Alte (die einstige, von Gott und Christus sich versagende Herrschaft *gemäß dem Fürsten, der in der Luft herrscht* – Epheser, Kapitel 2, Vers 2b – siehe Auslegung!) ***ist vergangen;***

siehe, es ist alles neu geworden! (2.Korinther, Kapitel 5, Vers 17).

Und weiterhin bekennt der Apostel Paulus in seinem Brief an Titus:

Der (Jesus Christus!) ***sich selbst für uns hingegeben*** (am Kreuz auf Golgatha für unsere Sünden gestorben ist!) ***hat,***

um uns von aller Gesetzlosigkeit (von unserem Dasein als Gottloser!)

zu erlösen und für sich selbst ein Volk zum besonderen Eigentum zu reinigen, (mit der Kraft des Beschenkten zuteilwerdenden Heiligen Geistes werden wir *seine Kinder* und daher gehören wir als die Auserwählten Seiner Obhut auf Ewigkeit in Seine Nähe im Reich der Himmel!)

das eifrig ist, (fortan bedingt durch diese Gnadengabe Gottes in Jesus Christus gewillt ist!)

gute Werke (in den Fußstapfen des Heilands Jesus Christus zu wandeln!) ***zu tun.***

Titus, Kapitel 2, Vers 14

Folglich hat uns Gott *in* Jesus Christus *geistig lebendig* gemacht, sprich – *mit der Gabe des Heiligen Geistes beschenkt* – *und uns folglich zu Sich hingezogen, um uns somit zu Seinen auserwählten Kindern zu formen.*

Wir können uns nunmehr einzig und allein bedingt durch die an uns zuteilwerdende, barmherzige Gnade Gottes als ein *nur von Ihm erschaffenes Werk betrachten,* der uns einst bei des Herrn Jesus Christus Wiederkunft in die **himmlischen (Regionen)** aufnimmt. Es ist *niemals* die menschliche Kraft, welche dieses barmherzige Geschehen in dem von Gott Beschenkten verwirklicht hat, *sondern die von Gott in Christus ausgehenden Gnade,* welche uns aus reinster Barmherzigkeit Gottes zu Teil wurde.

Dieses von Gott im Herrn Jesus Christus an uns vollbrachte Wunder – denn als solche uns heilende Spende kann und sollte man es kontinuierlich betrachten – formt die Beschenkten *zu guten Werken* (Epheser, Kapitel 2, Vers 10b). Denn:

*Erkennet, dass der Herr Gott ist! **Er hat uns gemacht und nicht wir selbst zu seinem Volk** (zu seinen Ihm Angehörigen!) **und zu Schafen seiner Weide*** (Psalm 100, Vers 3 / Lutherbibel 1984).

Dies ist die an uns verwirklichte Kraft des Höchsten, welche *fortan* folgende bewilligte Anerkennung zu unseren, vom Allmächtigen bekehrten Herzen im Heiligen Geist spricht:

Der Psalmist, König und Prophet David schreibt:

Ich (Gott!) *will **dich unterweisen** und dir **den Weg zeigen, den du gehen sollst; ich will dich mit meinen Augen leiten*** (Psalm 32, ein Psalm Davids, Vers 8 / Lutherbibel 1984).

Der Autor würde die ihm zuteilgewordene Kraft des Heiligen Geistes mit den Worten *des Allmächtigen* wie folgt umschreiben (der Autor spricht an dieser Stelle selbst!):

„Handle und wandle fortan in der Neuschöpfung, welche ich dir *in* Christus Jesus *in* deinem Herzen hinterlegt habe! Ich habe sie für *dich* „zuvor bereitet", damit *du* sie ausleben und auf Ewigkeit ausüben und vollends genießen kannst! Diesen brauchst *du* in deinem Leben nur zu folgen, um auf Ewigkeit in meiner Herrlichkeit zu wandeln. So wirst *du* stets im Gehorsam des Allmächtigen ein Dasein nach Seinem *dir* zugedachten Willen erfüllen!"

Gehen wir nunmehr über zu dem 2.Teil des 2.Kapitels des Epheserbriefes. Gemeinsam werden wir nun in Erfahrung bringen, wie Gott Seine seit der Zeit des Propheten Jesaja angekündigten Worte im Herrn Jesus Christus *verwirklicht,* die da lauten:

Friede, Friede **den Fernen** (den Heiden!) **und den Nahen,** (den Juden!) *spricht der Herr; ja, ich will es heilen!* (Jesaja, Kapitel 57, Vers 19b.

Der Apostel Paulus weist uns nunmehr in die „beiderseitig" erfüllende Gnade Gottes *der Juden und Heiden* in Jesus Christus ein, welche uns *gemeinsam* in die Herrlichkeit Gottes führt...

Verse 11 – 18
*Juden und Heiden mit Gott versöhnt
und eins gemacht durch das Kreuz
des Christus*

¹¹Darum gedenkt daran, dass ihr, die ihr einst Heiden im Fleisch wart und Unbeschnittene genannt wurdet von der sogenannten Beschneidung, die am Fleisch mit der Hand geschieht ¹² – dass ihr in jener Zeit ohne Christus wart, ausgeschlossen von der Bürgerschaft Israels und fremd den Bündnissen der Verheißung; ihr hattet keine Hoffnung und wart ohne Gott in der Welt. ¹³Jetzt aber, in Christus Jesus, seid ihr, die ihr einst fern wart, nahe gebracht worden durch das Blut des Christus. ¹⁴Denn Er ist unser Friede, der aus beiden eins gemacht und die Scheidewand des Zaunes abgebrochen hat, ¹⁵indem er in seinem Fleisch die Feindschaft, das Gesetz der Gebote in Satzungen, hinwegtat, um die zwei in sich selbst zu einem neuen Menschen zu schaffen und Frieden zu stiften, ¹⁶und um die beiden in einem Leib mit Gott zu versöhnen durch das Kreuz, nachdem er durch dasselbe die Feindschaft getötet hatte. ¹⁷Und er kam und verkündigte Frieden euch, den Fernen, und den Nahen; ¹⁸denn durch ihn haben wir beide den Zutritt zu dem Vater in einem Geist.

Zwischenbemerkung:

Der Apostel Paulus stellt dem Leser die einst inhaftierte Situation vor Augen, in der sich die Heiden ohne den nunmehr von Gott offenbarten Christus befanden; der jedoch mit Seinem Erscheinen und dem uns zu Gute dienenden Kreuzestod zur Vergebung unserer Sünden die ehemalig Verlorenen (die Heiden!) zu *einer* Einheit (*zusammen* mit den an Christus glaubenden Juden!) im Herrn Jesus Christus wohlwollend zusammenfügt.

Der gewichtige Unterschied zwischen dem „ehemaligen, getrennt von Gott sein" – und dem nunmehr durch den Willen Gottes offenbarten Gnadengeschenk der „Einheit in Christus" soll dem Leser dazu verhelfen, die ihm vom Allmächtigen zuteilwerdende Gnade *mit allergrößter Dankbarkeit zu bekunden.* Denn *nur in und durch* den Willen Gottes *in* dem Herrn Jesus Christus haben beide, *sowohl die an Christus glaubenden Juden, als auch die an Christus glaubenden Heiden* eine „gemeinsame durch Gottes Gnade erwirkte Zutrittserlaubnis" in das Reich der Himmel.

Es ist jenes für alle Glaubenden vollbrachte, überaus barmherzige Gnadengeschenk des allmächtigen Gottes, der folgenden, alles errettenden Namen trägt, um dass die an den Heiland glaubenden Juden und Heiden letztlich in das Reich der Herrlichkeit Gottes eintreten können:

Unser Heiland: *Jesus Christus.*

Auslegung

Vers 11: Paulus ruft die Gemeinden in Ephesus, als auch alle Leser seines Briefes dazu auf, ihre einstige Vergangenheit mit Bedacht zurück zu verfolgen. Die Anrede: ***Darum gedenkt daran*** – lässt uns erkennen, dass der Apostel ihnen ganz bewusst anhand dieser Aufforderung wohlwollend zu verstehen geben will, wie überaus gnadenreich Gottes Handeln in dem Herrn Jesus Christus ihnen allen zu Teil wurde – nämlich:

Dass ihr, die ihr einst Heiden im Fleisch wart und Unbeschnittene genannt wurdet von der sogenannten Beschneidung, die am Fleisch mit der Hand geschieht.

Erneut bezieht Paulus die angesprochene Glaubensgemeinschaft auf die von ihm bereits hinterlegten Verse 3 – 10 des gleichnamigen 2. Kapitels des Epheserbriefes (siehe Auslegung!). Folglich soll die an sie von Gott gerichtete Gnade in dem Herrn Jesus Christus sich *daran erkenntlich zeigen, dass die Leser über ihre einstige Vergangenheit nachsinnen, um die an ihnen nunmehr verwirklichte Herrlichkeit Gottes in Jesus Christus rundum zu lobpreisen.*

Der Apostel will ihnen folgende Botschaft in ihre fortan von Gott in Christus bekehrten Herzen – dank ihres Glaubens an den Heiland hineinrufen:

„Wo wart und befandet ihr euch einst *ohne* den Heiland, den Herrn Jesus Christus, den von Gott euch Offenbarten, der euch aus dem Sog der Trostlosigkeit – dank eures Glaubens an Ihn *heraus errettete* – ja, der euch fortan zuteilwerdenden, euch liebenden Gnade des allmächtigen Gottes, *der euch allen dieses allerrettende Befreiungsgeschenk in eurem Leben auf Ewigkeit in Jesus Christus zu Teil werden ließ?"*

Paulus macht die Gemeinden erneut auf die ehemalige Situation, in der sie sich befanden bewusst:

Sie, die **Heiden** waren die einst von Gott „Abgekapselten und Verlassenen", sprich – sie lebten *ohne die* vom Höchsten, Seinem auserwählten Volk, den Juden offenbarten *Verheißungen des Alten Testaments,* welche Gott den Juden am Berg Sinai durch Mose bekannt gab. Ja, sie – die **Heiden** – waren *nicht* der Bestandteil der an den Juden von Gott zum Zeichen des Bundes verwirklichten **Beschneidung**. Somit betitelt Paulus die **Heiden** als die einst von Gott *getrennten, abtrünnig zu betrachteten Völker, die keinerlei Bezug auf das Heil Gottes wie die Juden nehmen konnten.* Kurzum:

Ein verlorenes, desertiertes Volk der **Heiden** steht einem auserwählten Gottesvolk, den Juden *gegenüber, ohne jegliche Hoffnung,* den Zutritt zum himmlischen Vater zu erlangen…

Ihre Trennung von Gott zeigte sich daran erkenntlich, dass die **Heiden Unbeschnittene genannt wurden von der sogenannten Beschneidung, die am Fleisch mit der Hand geschieht.**

Die körperliche Unbeschnittenheit der **Heiden** – *so* das Urteil der beschnittenen Juden gegenüber den **Heiden** – *kennzeichnete sie als ein von Gott verlassenes Volk der gottlosen, verruchten Schande – ja – als vom Höchsten isolierte, hoffnungslos abgekapselte und folglich Gott unwürdige Menschen.*

Der Apostel Paulus betont nunmehr die **_sogenannte Beschneidung, die am Fleisch mit der Hand geschieht._**

Diese durchaus _zynisch_ nachzuempfindende und aufzufassende Ausdrucksart des Apostels Paulus ist darauf zurückzuführen, dass die **_sogenannte Beschneidung_** zwar von Gott befohlen wurde, jedoch _nicht dem Willen Gottes entsprach, den Gott jedoch von Seinem Volk, den Juden stets unmissverständlich forderte:_

Die strikte und exakte Einhaltung der von Ihm an sie gerichteten Gesetze und der daraus resultierenden, verpflichtend einzuhaltenden Verwirklichung seines Bundes zwischen Ihm und Seinem auserwählten Volk – den Juden.

Die Übergabe der von Gott geschriebenen Gesetzestafeln am Berg Sinai an Seinen Knecht Mose, um diese dem Volk Israel zu offenbaren, _scheitert aufgrund_ des Menschen ihm anhängender _Sünde_. Die von dem ersten Sündenfall des Adam sich weitervererbende Sünde ist ein unmissverständliches Anzeichen, dass <u>kein Mensch</u> – und folglich auch <u>nicht</u> das auserwählte Gottesvolk – <u>die Juden</u> – imstande waren, die von Gott rundum präzise einzuhaltenden Gesetze, die Er ihnen durch Mose bekannt gab, <u>restlos zu erfüllen</u>.

David bekennt:

Da ist <u>keiner, der Gutes tut</u> (Psalm 14, ein Psalm Davids, Vers 1d / Lutherbibel 1984) – und führt weiter fort:

Aber sie sind <u>alle abgefallen und allesamt verdorben, da ist keiner, der Gutes tut, auch nicht einer</u> (Psalm 53, ein Psalm Davids, Vers 4 / Lutherbibel 1984).

Verfolgen wir die alttestamentlichen Schriften, so werden wir feststellen, *dass die Sünde der jüdischen Bevölkerung durch Nichtbeachtung der Gesetzeswerke Gottes zunimmt und folglich von dem von Gott ihnen offenbarten Gesetzen mehr und mehr abfällt.* Kurzum: Die soeben erwähnten Worte des David bestätigen sich vollends und führen zu folgender Erkenntnis:

Die den Menschen überwältigende Sünde kann die Gesetze des Höchsten *unmöglich gänzlich erfüllen...*

Gehen wir nunmehr von dem am Rande erwähnten „geschichtlichen Teil des Volkes Israel" zurück zur Auslegung unter Epheser, Kapitel 2, Vers 10. Die *zynische* Bemerkung des Apostels Paulus bezieht sich aus folgender, unmissverständlicher Feststellung des Paulus:

Beschnitten sein ist nichts und unbeschnitten sein ist auch nichts, wohl aber Gottes Gebote halten (1.Korinther, Kapitel 7, Vers 19).

In der Auslegung der Korintherbriefe schrieb ich dazu (entnommen aus den Seiten 132 + 133) Folgendes:

„Eine beschnittene bzw. eine unbeschnittene Person ist in den Augen Gottes ohne das Einhalten der Gebote des Allmächtigen völlig *belanglos.*

Diesbezüglich kann jeder ohne sich selbst zu rühmen in seinem Zustand bleiben. *Es gilt,* die Gebote Gottes *einzuhalten,* um diese im Leben *umzusetzen.* Folglich muss sich die Gnadengabe Gottes zusammen mit dem benötigten Einhalten Seiner Worte anhand des Glaubens an Ihn *zu einem Gesamtpaket des christlichen Daseins formend ineinander verschmelzen,* exakt, wie es uns von Gott in der Person Jesus Christus zugedacht wurde, *denn Christus bewirkt die endzeitliche Befreiung der Gesetze Gottes.*

Mit dieser gewichtigen Handhabung wird ein zu Gott geführtes Leben in einem beschnittenen, bzw. unbeschnittenen Zustand *erstmals zu einer zu Gott bezogenen Realität angelangen, in einer solchen Art und Weise, wie es Gott für Seine Kinder vorgesehen hat,* **denn die Anerkennung kommt nicht von Menschen, sondern von Gott** (Römer, Kapitel 2, Vers 29b), ***damit bleibe jeder in dem Stand, in dem er berufen worden ist*** (1.Korinther, Kapitel 7, Vers 20)."

<u>Denn in Christus Jesus</u> – führt der Apostel Paulus fort – ***<u>gilt weder Beschneidung noch Unbeschnittensein etwas, sondern der Glaube, der durch die Liebe wirksam wird</u>*** (Galater, Kapitel 5, Vers 6).

Anhand der beiden von Paulus verfassten Zitate aus dem 1.Korinther – als auch aus dem Galaterbrief können wir erkennen, dass *einzig und allein die Gnade Gottes in dem Herrn Jesus Christus mehr und mehr sichtbar wird, denn nur in Ihm liegt das auf Ewigkeit uns errettende Heil Gottes für alle an den Heiland Glaubenden gänzlich dar* – unabhängig von jeglichen „Beschneidungs – Ritualen":

Denn der Herr Jesus spricht:

<u>Denn getrennt von mir könnt ihr nichts tun</u> (Johannes, Kapitel 15, Vers 5c).

Ja, in der Tat – *wir brauchen den Herrn Jesus Christus* – das größte je an die gläubige Menschheit verwirklichte Offenbarungsgeschenk Gottes – *um* in die Herrlichkeit der ***himmlischen (Regionen)*** eintreten zu können. *Ohne den Heiland sind wir hoffnungslos verloren...*

Diese von höchster Wichtigkeit beseelte Kenntnisnahme will der Apostel Paulus den Ephesern, wie auch allen Lesern des Epheserbriefes in ihre Herzen legen, denn:

Es ist ein von dem Apostel Paulus an sie gerichtetes Liebesbekenntnis des Herrn Jesus Christus, welches ihnen der Apostel ***nicht mit Tinte, sondern mit dem Geist des lebendigen Gottes auf fleischerne Tafeln*** (mit Herzen der Erkenntnis!) ***des Herzens*** (2.Korinther, Kapitel 3, Vers 3) schreibt – wie es uns der noch weitere Briefverlauf des Epheserbriefes mit all seiner herrlich aufzufassenden Worte in dem Herrn Jesus Christus voller Wohlwollen bekannt gibt...

Vers 12: Dieser Vers bindet sich direkt an die Aussage des Apostels von Vers 11. Die Gedanken der Angeschriebenen sollen sich daran erinnern, dass sie sich einst *ohne den Herrn Jesus Christus* in trostloser Abgeschiedenheit von der Herrlichkeit Gottes befanden. Folglich waren *sie **ausgeschlossen** von der Bürgerschaft Israels und **fremd** den Bündnissen der Verheißung.*

In der Tat – sie waren abgetrennt von den ***Bündnissen der Verheißung***, welche Gott mit Seinem auserwählten Volk Israel beschloss. Sprich – die Heiden hatten *keinen Zutritt* in das jüdische, von Gott geoffenbarte Heilgeschehen.

Die Heiden waren *insofern* von dem Heilgeschehen Gottes bei den Juden *ausgeschlossen, weil sie diese schlichtweg nicht kannten.* Somit gilt eine „innere Verbundenheit" zwischen dem Gottesvolk der Juden und den Heiden *als ausgeschlossen.*

Folglich konnten die Heiden auch *nicht* an den von Gott gegebenen Verheißungen der hinterlegten, biblischen Schriftdokumente der Juden teilhaben, welche das jüdische Volk letztlich als das von Gott auserwählte Volk kennzeichnete.

Daher bekennt Paulus in Römer, Kapitel 9, Vers 4:

Die Israeliten sind, denen die Sohnschaft und die Herrlichkeit und die Bündnisse gehören und die Gesetzgebung und der Gottesdienst und die Verheißungen.

Aufgrund dieser Tatsache *führten die Heiden ein von Gott entfremdendes, jedoch völlig unbewusst bedachtes Leben,* indem ihnen Paulus unverblümt zu wissen gibt:

Ihr hattet <u>keine</u> Hoffnung und wart <u>ohne Gott</u> in der Welt.

Die einst den Heiden geltende Bestimmung *war folglich ohne jegliche Gewährleistung umgeben* – im Vergleich zu der *bereits basierenden Hoffnung der Juden* (die Messias – Hoffnung der Juden!). Die Heiden führten ein trostloses Dasein von der Abgeschiedenheit der noch vor ihnen liegenden Herrlichkeit Gottes in dem Herrn Jesus Christus (mit dem Erscheinen des

Messias!) – und konnten daher an der von Gott gegebenen Hoffnung an einen Erlöser, der sie aus den Tiefen ihrer verfinsterten Seelen aufgrund ihrer getätigten Sünden befreite – *nicht teilhaben.*

Das Wort **Hoffnung** bedeutet somit für den Apostel Paulus *stets* die „Hoffnung Gottes im christlichen Glauben an Jesus Christus, dem verwirklichten Messias Gottes" – *und grenzt sich somit von dem Glauben der Juden ab,* die zwar die **Hoffnung** *an einen Messias in ihrem Glauben bekunden* – doch *im Gegensatz* zu dem christlichen Glauben, nicht den Herrn Jesus Christus als ihren bereits jetzigen, als auch zukünftigen Messias anerkennen.

Das Leben der Heiden war, so Paulus, *von trostloser Hoffnungslosigkeit umgrenzt* – *ein vollends lichtleerer, von Gott abgeschiedener Bereich der monotonen, verlassenen, von Gott getrennten Einsamkeit.* Sie hatten *keinerlei Bezug* auf die den Juden offenbarte Herrlichkeit des allein herrschenden Gottes, der sich dem auserwählten Volk Israel erkenntlich zeigte.

Vers 13: *Nun aber* führt Gott mit dem Herrn Jesus Christus die stets von Ihm offenbarte „Kehrtwende" in das einst trostlose, vom Allmächtigen abgeschiedene Dasein der Heiden ein.
Der fortlaufende Satz des Paulus bestätigt diesen gewichtigen Wendepunkt wie folgt:

Jetzt aber; in Christus Jesus hat Gott ihnen Seine Herrlichkeit zu Teil werden lassen. *Die Prophezeiungen des Höchsten* (siehe abermals Jesaja, Kapitel 57, Vers 19b – unter Zwischenbemerkung Kapitel 2, Verse 11 – 18!) *haben sich endgültig – im Hier und Jetzt – sowie in alle Ewigkeit bei Seiner Selbstverwirklichung in die Person Jesu Christi* <u>tatkräftig vollendet</u>.

Sie leben nunmehr dank der <u>*allen Gläubigen*</u> (sowohl der an Christus gläubigen Juden, als auch der an Christus gläubigen Heiden!) *zuteilwerdenden Gnadengabe Gottes* <u>*in und für Jesus Christus, dem bereits der Menschheit erschienenen und auf Ewigkeit bleibenden Messias – ihrem Erretter in der barmherzigen Obhut des Höchsten, der der gesamten gläubigen Menschheit mit diesem auf Ewigkeit errettenden Geschenk Seine niemals endende Liebe zu ihnen mehr als nur ersichtlich offenbart*</u>.

Die Heiden, so der Apostel, sind, **die ihr einst fern wart** (Epheser, Kapitel 2, Vers 13b) <u>*nicht mehr länger*</u> die einst „inhaftiert Isolierten" Gottes, <u>*sondern durch Jesus Christus sind sie nunmehr – dank ihres Glaubens an Ihn –*</u> **nahe gebracht worden durch das Blut des Christus** (sprich: durch den von Sünde errettenden Tod und des heilenden, vergossenen Blutes des Heilands am Kreuz auf Golgatha für alle Glaubenden! / Epheser, Kapitel 2, Vers 13c) <u>*und somit die Kinder Gottes, ja – sie sind fortan*</u> **Mitbürger der Heiligen und Gottes Hausgenossen** (Epheser, Kapitel 2, Vers 19b – Auslegung folgt!).

Diese wunderbare, uns von der Liebe des Allmächtigen ummantelnde und zuteilwerdende Tat Gottes *in* dem Herrn Jesus Christus bekennt der Apostel Paulus in seinem Brief an die Kolosser wie folgt:

Auch euch, (die Heiden!)

die ihr einst entfremdet und feindlich gesinnt wart in den bösen Werken,

hat er (Gott!)

jetzt (bei Gottes Selbstverwirklichung in die Person Seines Sohnes Jesus Christus!)

versöhnt.
(Kolosser, Kapitel 1, Vers 21).

Und der Apostel Petrus bekennt diese Gnadentat des allmächtigen Gottes in dem Herrn Jesus Christus wie folgt:

Euch, (die Heiden als auch die Juden!)

die ihr einst nicht ein Volk wart, jetzt aber Gottes Volk seid, (die Gott als die einst voneinander getrennten Juden und Heiden – siehe abermals Auslegung zu Epheser, Kapitel 2, Vers 12! / nunmehr zusammengefügt hat als eine Einheit *in* Jesus Christus, sprich – <u>*gläubige*</u> (an Christus glaubende!) <u>*Juden und gläubige Heiden*</u> als eine Glaubensgemeinschaft gebildet hat in dem Herrn Jesus Christus – siehe noch folgende Auslegung unter Epheser, Kapitel 2, Vers 14!)

und einst nicht begnadigt wart, (durch Unglauben von Gott als schuldig betrachtet wurdet und daher fern von der Gnade Gottes wart!)

jetzt aber begnadigt seid. (durch die Selbstverwirklichung Gottes in Seinen Sohn Jesus Christus den Glauben an den Heiland gefunden habt – und bedingt durch eure Glaubensannahme an Ihn zur Seligkeit Gottes gelangt seid!)

(1.Petrus, Kapitel 2, Vers 10).

Vers 14: In diesem Vers folgen die begründenden Worte auf den soeben ausgelegten 13.Vers. **Denn er ist unser Friede**, schreibt Paulus. Ja, in der Tat – die Verwirklichung Gottes *in Jesus Christus hat uns den Frieden in unser Dasein hineingeschenkt.* Einen Frieden, der durch Glauben *stets besänftigt* und zugleich die Gläubigen von allen ihren Sünden *reinigt, wenn diese* von ganzem Herzen an den Erlöser Christus durch des Herrn Jesus` Tat anhand Seiner für uns vollführten Kreuzigung auf Golgatha und an Seine Auferstehung *glauben.* Seine für unsere Sünden vollbrachte, von Gott geforderte Kreuzigung, ja – die zu unserer Errettung dienende, uns *gänzlich frei machende,* barmherzige Gnadentat des Heilands schenkt uns – den an Ihn Glaubenden – *Ewiges Leben im Reich der Himmel.*

Der <u>aus beiden eins gemacht</u> und <u>die Scheidewand des Zaunes abgebrochen hat</u>, so schreibt der Apostel weiter in Epheser, Kapitel 2, Vers 14.

Paulus will uns mit dieser seiner Aussage bekannt geben, dass unser Herr Jesus Christus die bisherige Trennung der Juden und Heiden bedingt durch das Heilgeschehen am Kreuz für *alle Menschen, die an Ihn glauben,* <u>zugänglich</u> gemacht hat.

In der Tat – Er ist der wohlwollende Erlöser, der *alle Glaubenden* in den <u>gleichen Stand</u> der *friedfertigen Liebe Gottes leitet* – **und durch ihn** (Gott!) **alles mit sich selbst zu versöhnen, indem er Frieden machte durch das Blut seines Kreuzes** – (des Herrn Jesus Christus` Kreuzes!) **durch ihn, sowohl was auf Erden als auch was im Himmel ist**, schreibt der Apostel Paulus in seinem Brief an die Kolosser in Kapitel 1, Vers 20.

Das von Gott im Buch des Propheten Jesaja bereits Angekündigte *hat sich durch unseren Herrn Jesus Christus tatkräftig <u>erfüllt, verwirklicht</u> und die Gläubigen in den Stand Seiner Herrlichkeit <u>berufen</u>. Die Gnade des allmächtigen Gottes hat fortan <u>alle</u> an Christus glaubenden Menschen zu Mitbewohnern Seines auf Ewigkeit währenden Reiches ernannt:*

<u>Denn ein Kind ist uns geboren, ein Sohn ist uns gegeben; und die Herrschaft ruht auf seiner Schulter; und man nennt seinen Namen: Wunderbarer, Ratgeber, starker Gott, Ewig – Vater, Friedefürst</u> (*[2] Jesaja, Kapitel 9, Vers 5).

Nunmehr hat ein jeder an den Herrn Jesus Glaubende Zutritt in das Reich der Herrlichkeit Gottes. Zur Zeit des Alten Testaments konnte nur *einmal im Jahr* der Hohepriester in den Vorraum der Herrlichkeit Gottes (des Allerheiligsten Gottes!) *eintreten*. Nunmehr – bedingt durch die Sündenvergebung des Herrn Jesus Christus auf Golgatha ***zerriss der Vorhang des Tempels von oben nach unten entzwei***, (Matthäus, Kapitel 27, Vers 51a) als der Herr ***Jesus*** am Kreuz ***seinen Geist aufgab*** (Matthäus, Kapitel 27, Vers 50).

Fortan hat jeder Gläubige freien Eintritt zur Herrlichkeit Gottes in dem Herrn Jesus Christus.

Der Apostel Paulus verfasst diese an uns Gläubigen vollbrachte Wohltat Gottes in dem Herrn Jesus Christus wie folgt:

Da ist <u>weder</u> Jude noch Grieche, da ist <u>weder</u> Knecht noch Freier, da ist <u>weder</u> Mann noch Frau; <u>denn ihr</u> (alle an Jesus Christus Glaubenden!) *<u>seid alle einer in Christus Jesus</u>* (Galater, Kapitel 3, Vers 28).

Vers 15: In der Tat – Jesus Christus hat *in seinem Fleisch die Feindschaft* (siehe Auslegung zu Epheser, Kapitel 2, Vers 12!),

das Gesetz der Gebote in Satzungen hinweggetan, um die zwei (die Juden und die Heiden!)

in sich selbst zu einem neuen Menschen zu schaffen (zu einem an ihn gläubigen Christen!)

und Frieden (siehe Auslegung zu Epheser, Kapitel 2, Vers 14!) *zu stiften.*

Die ehemaligen, alttestamentlichen Vorwürfe der Juden gegenüber den Heiden wurden von dem Herrn Jesus aufgrund Seines den Glaubenden zugedachten, reinigenden Blutes, als auch das Gesetz der Gebote in Satzungen restlos *hinweggetan*

– *<u>denn Christus ist das Ende des Gesetzes zur Gerechtigkeit für jeden, der glaubt</u>*, schreibt Paulus in seinem Brief an die Römer in Kapitel 10, Vers 4 –

und fährt wie folgt in seinem Brief an die Kolosser in Kapitel 2, Vers 14 fort:

Und er hat die gegen uns gerichtete Schuldschrift (die von Gott dem Mose übereichten Gesetzestafeln am Sinai, um sie an die Israeliten weiterzuvermitteln, *sodass diese zwingend von den Juden eingehalten wurden, jedoch aufgrund des Menschen Sünde unmöglich gänzlich zu erfüllen und einzuhalten waren* – siehe Auslegung unter Epheser, Kapitel 2, Vers 11!)

ausgelöscht, (*durch* des Herrn Jesus Christus `Sündenvergebung am Kreuz von Golgatha!)

die durch Satzungen uns entgegenstand, und hat sie aus dem Weg geschafft, (die den Israeliten von Gott übergebenen Bestimmungen konnten *unmöglich gänzlich erfüllt und folglich nicht* von Gott als „Sündenvergebungsmittel" *angesehen und genehmigt werden* – diese standen uns einst entgegen und wurden *durch* des Herrn Jesus Sündenvergebung am Kreuz für alle Gläubigen *restlos vertilgt*!)

indem er sie ans Kreuz heftete (Christus hat diese Satzungen / bzw. diese Bestimmungen am Kreuz auf Golgatha der Vergangenheit *abgetan*. Die ehemalige, *nicht* von uns auszulöschende Schuld der alttestamentlichen Bestimmungen Gottes aufgrund unserer Sünden hat der Heiland *endgültig vertilgt!*).

Jesus Christus kündigte Seine *an alle Glaubenden zu Gute kommende Gnadengabe*, die von Seinem himmlischen Vater besiegelt wurde, bereits vor Seinem Kreuzgang wie folgt an:

Und ich habe noch <u>andere Schafe</u>, die nicht aus dieser Schafhürde (der Juden!) *sind; <u>auch diese</u>* (die Heiden!) *<u>muss ich führen</u>, und sie werden meine Stimme hören, und es wird <u>eine Herde und ein Hirte sein</u>* (Johannes, Kapitel 10, Vers 16).

Jesus blickt bereits bei dieser Seiner Vorausankündigung auf das zukünftige Heil *aller an Ihn Glaubenden*. Sein Blick schweift bereits an dieser Stelle in die Höhe, ja – an dem Ihm vom Vater zugedachten Lohn, der das zukünftig Geschehene *bereits verwirklicht hat,* denn **Sein** (Christi!) **Reich ist nicht von dieser Welt** (Johannes, Kapitel 18, Vers 36a).

So betrachtet der Herr Jesus die **anderen Schafe** (hier sind die Heiden gemeint; denn er spricht in Johannes, Kapitel 16, Vers 10 *zu den Juden!*) als die Gläubigen aus den Heiden, denn Er ist *auch ihr zukünftiger Hirte.* Christus spricht an dieser Stelle bereits ein *noch bevorstehendes Ereignis* an, nämlich – dass die noch zukünftig an ihn glaubenden Heiden, *die auch Er führen muss, Seine Stimme hören werden.*

Denn *die ganze Menschheit,* die aus der Wahrheit – sprich – *in Jesus Christus ist,* gehört somit <u>zu Seiner Herde</u> – unabhängig ob diese Menschen *Juden oder Heiden sind.* Sie waren bereits „Sein", bevor Er die **himmlischen (Regionen)** der Herrlichkeit verließ, um aufgrund Seines sündenvergebenden Kreuzganges alle Glaubenden zu sich zu holen.

*[1]Ja, in der Tat – Jesus war bereits die bestimmende, allerrettende, von Gott auserwählte Heilbestimmung der Sündenwelt, als Er noch <u>vor</u> Seiner Menschwerdung beim Vater in den **himmlischen (Regionen)** weilte (*[2]siehe dazu abermals Jesaja, Kapitel 9, Vers 5 – unter Auslegung: Epheser, Kapitel 2, Vers 14!).

So werden nun auch *diejenigen Heiden,* welche dem Licht der Wahrheit (Jesus Christus!) im Heiligen Geist durch ihren Glauben an Ihn *folgen, die Gesegneten Seiner selbst genannt – und folglich Teilhaber im Reich der Himmel werden.*

Denn unser Herr Jesus spricht:

Wahrlich, wahrlich, ich sage euch: <u>Wer mein Wort hört und dem</u> (Gott!) <u>***glaubt, der mich gesandt hat, der hat ewiges Leben und kommt nicht ins Gericht, sondern er ist vom Tod zum Leben hindurchgedrungen***</u> (Johannes, Kapitel 5, Vers 24).

Dass jedoch die „noch" vom Glauben entfernten Heiden das Wort der Wahrheit einst annahmen – bzw. zukünftig „noch" dankend annehmen werden, welches sich *nur in* Jesus Christus tatkräftig verwirklicht, dafür sandte Gott, bzw. der Heiland die **Propheten und Apostel** (siehe noch folgende Auslegung unter Epheser, Kapitel 2, Vers 20!), um ihnen dieses vor allen stehenden Ziel *gänzlich zu ermöglichen, damit auch sie Teilnehmer an der himmlischen Festfeier werden,* dort wo auf Ewigkeit Frieden und wohlwollender Einklang in einer Gemeinschaft von Gläubigen herrscht – im Himmelreich.

Und der Apostel Paulus bestätigt:

Darum: Ist <u>jemand</u> in Christus, so ist <u>er</u> eine neue Schöpfung; <u>das Alte ist vergangen</u>; siehe, <u>es ist alles neu geworden</u>! (2.Korinther, Kapitel 5, Vers 17).

Vers 16: Dies alles tat unser Herr Jesus, *um die beiden* (Juden und Heiden!) *mit Gott zu versöhnen durch das Kreuz*, so Paulus. Abermals bekundet der Apostel das bereits von ihm Verfasste von Epheser, Kapitel 2, Verse 13 – 15 (siehe Auslegung!).

Die zwei ehemalig getrennt voneinander entfernt lebenden Menschengruppen (die, der Juden und der Heiden!) leben *fortan* – dank ihres Glaubens an den Herrn Jesus Christus in „beiderseitiger Gemeinschaft", *durch das Kreuz*, welches ihnen das nunmehr gegebene Heil Gottes in Christus durch Seine ihnen zu Gute kommende Sündenvergebung voller barmherziger Gnade zukommen ließ. Denn, so der Apostel Paulus:

Das alles aber (kommt) von Gott, der sich mit uns selbst versöhnt hat durch Jesus Christus und uns den Dienst der Versöhnung gegeben hat (2.Korinther, Kapitel 5, Vers 18). *Nachdem er durch dasselbe die Feindschaft getötet hatte*, führt Paulus in Epheser, Kapitel 2, Vers 16b fort:

Das Kreuz ist somit des Herrn Jesus Christus` „Sündenvergebungszeichen für alle an Ihn Glaubenden", ja – es ist *eine Gotteskraft* (1.Korinther, Kapitel 1, Vers 18c) *für einen jeden, der da glaubt*. Die zur Tat schreitende Verwirklichung durch des Heilands` Tat am Kreuz hat somit die „ehemalige" Feindschaft zwischen Gott und den Menschen *getötet*.

Diese bedingt durch das Kreuz vernichtete Feindschaft aber bewirkt *zugleich, dass fortan die von dem Heiland zusammengeführte Gemeinschaft der Gläubigen* (der Juden und der Heiden!) folgende weitere Kennzeichen Ihres Schöpfers tragen:

<u>Einen</u> Leib und <u>einen</u> Geist, <u>eine</u> Hoffnung, <u>einen</u> Herrn, <u>einen</u> Glauben, <u>eine</u> Taufe, <u>einen</u> Gott und Vater aller (Epheser, Kapitel 4, Verse 4 – 6 / siehe noch kommende Auslegung!).

Vers 17: Der Apostel Paulus geht nun noch tiefgründiger in die Kernoffensive seiner Wortauswahl hinein. Die stets vom Heiligen Geist beseelten Worte des Paulus und sein unentwegt zum Himmel gerichteter Blick lassen dem Leser nunmehr Folgendes erkennen:

Und er (Jesus Christus!) *kam und verkündigte Frieden euch, den Fernen, und den Nahen.*

Der Apostel hat nunmehr anhand dieser von Wahrheit ummantelnden Worte die Kernaussagen aus den Versen 13 – 17 des 2.Kapitels des Epheserbriefes (siehe Auslegung!) ineinander gefügt. Paulus bekundet den Lesern noch ein weiteres Mal, dass unser Herr Jesus Christus *nicht nur* bei Seiner Selbstverwirklichung Gottes in Seine menschliche Person, *sondern* bereits seit Seiner seit Ewigkeit vorhandenen Herrlichkeit dieses uns zu Gute kommende Geschehen bereits verwirklicht hat (*[1] siehe Auslegung unter Epheser, Kapitel 2, Vers 15 – bei der Detaillierung von Johannes, Kapitel 10, Vers 16!).

Beide, die *Fernen*, als auch die *Nahen* sind durch das heilende Blut Christi in den von Gott ihnen stets offenbarten Frieden dank ihres Glaubens an Christus *zusammengefügt worden als eine Einheit im Geist.* Sie sind folglich <u>alle</u> **Gottes Hausgenossen** (Epheser, Kapitel 2, Vers 19b – Auslegung folgt!).

Diese durchaus als einst getrennte Botschaftshinterlegung Gottes in Jesus Christus zu betrachtende Heilverkündigung der Juden, als auch der Heiden schließt sich *fortan zu einer Einheit im Glauben an den Herrn Jesus Christus,* sodass sie *weiterhin als eine Einheit in Jesus Christus angesehen werden können.*

So haben nun *beide,* die Juden, als auch die Heiden das von Gott im Buch des Propheten Jesaja Angekündigte erhalten:

Friede, Friede den Fernen und den Nahen, spricht der Herr; ja, ich will es heilen! (Jesaja, Kapitel 57, Vers 19b) –

sprich – ihr stets vom Höchsten angekündigtes, nunmehr durch das Kreuz Christi verwirklichtes Heilgeschehen vom allmächtigen Gott in der menschgewordenen Gestalt Seiner selbst in Empfang genommen. *Ihnen allen* wurde ihr sehnendes Lechzen nach ewiger Freiheit und ewigem Leben trotz ihrer Sündennatur von Gottes Tat *in Jesus Christus gegeben, vergeben und verwirklicht.*

Diese Tatsache *unterstreicht noch einmal allzu genau die Liebe Gottes zu den Menschen, die wiederum Ihn von ganzem Herzen lieben.*

Diese von unausforschlichem Reichtum beseelten Taten des allmächtigen, uns liebenden Gottes beschreibt David wie folgt:

<u>Herr, mein Gott, groß sind deine Wunder und deine Gedanken, die du an uns beweisest; dir ist nichts gleich! Ich will sie verkündigen und davon sagen, wiewohl sie nicht zu zählen sind</u> (Psalm 40, ein Psalm Davids, Vers 6 / Lutherbibel 1984).

Weiterhin bekundet David Folgendes:

Von allen Seiten umgibst du mich und hälst deine Hand über mir. Diese Erkenntnis ist mir zu wunderbar und zu hoch, ich kann sie nicht begreifen (Psalm 139, ein Psalm Davids, Verse 5 + 6 / Lutherbibel 1984).

Kurzum: Diese friedliebende Botschaft Gottes in dem Herrn Jesus Christus ist für die an Ihn Glaubenden *allerrettend,* denn diese führt in das Ewige Leben – in das Reich Gottes – wie es uns der folgende 18. Vers nahelegt:

Vers 18: Der Apostel Paulus beendet dieses 2.Teilkapitel des Epheserbriefes mit folgenden Worten:

Denn durch ihn haben <u>wir beide</u> den Zutritt zu dem Vater in einem Geist.

Paulus will den Lesern die Frohe Botschaft Gottes in Jesus Christus wie folgt bekannt geben: Nun mit dem Heilgeschehen am Kreuz des Heilands hat sich die einstige Trennung von Gott zu der sündenbelasteten, gläubigen Menschheit *endgültig aufgehoben.* Ja – Jesus Christus hat uns den zu unserer Errettung beitragenden Weg in die Herrlichkeit des himmlischen Vaters gebahnt. Denn nur Er *ist der Weg und die Wahrheit und das Leben,* (Johannes, Kapitel 14, Vers 6b) welches uns – die an Ihn Glaubenden – in das Reich der Herrlichkeit – dem Himmelreich führt. Nunmehr hat der uns liebende, allmächtige Gott –

den Geist seines Sohnes in eure Herzen gesandt, der ruft: Abba, Vater! – schreibt Paulus in seinem Brief an die Galater in Kapitel 4, Vers 6b.

In der Tat – die einst verschlossene Tür wurde allein durch den Herrn Jesus Christus von Gott geöffnet, um denjenigen Menschen Eintritt zu gewähren, die Christus von Herzen lieben und ihren Glauben an Ihn bekunden. Die weltelementare noch einst vorhandene Scheidewand wurde vom Heiland durchbrochen und ermöglicht fortan den Gläubigen Ewiges Leben in deren Beider Herrlichkeit.

Der Fürst, der in der Luft herrscht (Epheser, Kapitel 2, Vers 2b – siehe Auslegung!) *muss von nun an seine irdisch vergängliche Schwäche eingestehen, doch diese vom Höchsten geöffnete Scheidewand bleibt für ihn <u>auf Ewigkeit undurchdringbar</u>*. Die sich einst „aufbrausenden kosmologischen Mächte haben ihren Glanz verloren" – sie müssen der Herrlichkeit Gottes auf Ewigkeit weichen – und verweilen fortan in monotoner Finsternis, fernab vom Reich der Herrlichkeit Gottes. *Der Allmächtige hat sie in Seinem Sohn Jesus Christus vernichtend geschlagen.*

Gott ist den gläubigen Menschen *in* Jesus Christus *fortan erreichbar geworden*. Der Weg zu dem Reich Seiner Herrlichkeit ist uns im Geist – sprich – im Heiligen Geist offenbart worden – und leitet uns dank unseres Glaubens in die Sphären Seiner wohlwollenden Herrlichkeit.

Der aber, der diese allumfassende, auf den Glaubenden zukommende Wohltat rundum ermöglichte, *ist abermals <u>nur</u> der uns liebende Gott:*

Denn von ihm (Gott!) ***und durch ihn*** (Gott!) ***und für ihn*** (Gott!) ***sind alle Dinge; ihm sei die Ehre in Ewigkeit! Amen*** – schreibt Paulus in seinem Brief an die Römer in Kapitel 11, Vers 36.

Mit dieser Aussage gibt uns der Apostel Paulus bereits das nun folgende 3.Schlußkapitel des 2.Kapitels des Epheserbriefes bekannt, welches die Gemeinde Gottes „als einen heiligen Tempel" wie folgt definiert...

Verse 19 – 22
Die Gemeinde als heiliger Tempel Gottes

[19]So seid ihr nun nicht mehr Fremdlinge ohne Bürgerrecht und Gäste, sondern Mitbürger der Heiligen und Gottes Hausgenossen, [20]auferbaut auf der Grundlage der Apostel und Propheten, während Jesus Christus selbst der Eckstein ist, [21]in dem der ganze Bau, zusammengefügt, wächst zu einem heiligen Tempel im Herrn, [22]in dem auch ihr miterbaut werdet zu einer Wohnung Gottes im Geist.

Auslegung

Vers 19: Paulus läutet nun den dritten Schlussteil des zweiten, großvolumigen Kapitels seines großartigen Epheserbriefes ein. Der Apostel spricht an dieser Stelle von den Gläubigen – und die auf sie eingehende Glückseligkeit aufgrund der ihnen zum Wohl dienenden Taten des allmächtigen Gottes in dem Herrn Jesus Christus. Diese ihre Glückseligkeit ist das Geschenk des sie liebenden, himmlischen Vaters, der die Glaubenden nunmehr in das Reich der Herrlichkeit aufnimmt, sodass sie fortan *nicht mehr Fremdlinge ohne Bürgerrecht und Gäste, sondern Mitbürger der Heiligen und Gottes Hausgenossen* genannt werden.

Die Glaubenden genießen nunmehr durch den ihnen zuteilwerdenden *Frieden*, (Epheser, Kapitel 2, Vers 17 – siehe Auslegung) den ihnen der Herr Jesus Christus aufgrund ihres Glaubens an Ihn in ihre Herzen mit der ausgehenden Kraft des Heiligen Geistes legte, *Zutritt zum Vater in einem Geist* (Epheser, Kapitel 2, Vers 18b – siehe Auslegung!).

Sie – die Gläubigen – sind nun *nicht mehr länger Heiden im Fleisch* (sprich: im sündhaftem Glauben! / Epheser, Kapitel 2, Vers 11 – siehe Auslegung!),

Fremdlinge ohne Bürgerrecht und Gäste (Epheser, Kapitel 2, Vers 19a)

ohne Christus, ausgeschlossen von der Bürgerschaft Israels und fremd den Bündnissen der Verheißung, die ohne Hoff-

nung und ohne Gott in der Welt *waren* (Epheser, Kapitel 2, Vers 12 – siehe Auslegung!),

jetzt aber, in Christus Jesus, seid ihr nahe gebracht worden durch das Blut des Christus (Epheser, Kapitel 2, Vers 13 – siehe Auslegung!)

und Mitbürger der Heiligen und Gottes Hausgenossen (sprich: Familienangehörige! / Epheser, Kapitel 2, Vers 19b).

Paulus will den Gemeinden in Ephesus, als auch den gläubigen Lesern bekannt geben,

dass sie aufgrund der Liebe Gottes in Jesus Christus, welche ihnen zufolge ihres Glaubens an den Heiland mit dem Heiligen Geist in ihren Herzen von Gott offenbart wurde, nicht mehr länger „herrenlos" in einem „anonymen, unbekannten Land" – fernab jeglicher Bleibe umherirren, sondern fortan benennt man sie aufgrund des ihnen von Christus offenbarten *Friedens* (Epheser, Kapitel 2, Verse 14 + 17 – siehe Auslegung!) – *Mitbürger der Heiligen und Gottes Hausgenossen,* (Epheser, Kapitel 2, Vers 19b) ja – sie sind fortan die Mitbewohner (Familienangehörige!) des allmächtigen Gottes in dem Herrn Jesus Christus.

Ja – in der Tat – <u>alle Menschen,</u> so Paulus, die Gott und den Herrn Jesus von Herzen lieben, sind <u>durch</u> Jesus Christus die Gesegneten des himmlischen Vaters, im Wohnsitz und Heimatland der *himmlischen (Regionen)*, dem Reich der unaussprechlichen Herrlichkeit des Schöpfers der Welt. Die Gläubigen sind folglich die *Heiligen* (Gläubigen! / Epheser, Kapitel 2, Vers 19b), welche nunmehr als Christen zusammen mit den Engeln Gottes das Haus, ja – den Wohnsitz des allmächtigen Gottes mitbewohnen. Sie sind:

In der Heiligung des Geistes zum Gehorsam und zur Besprengung mit dem Blut Jesu Christi vom allmächtigen Gott ***auserwählt*** und gesegnet worden, so schreibt es der Apostel Petrus in seinem 1.Brief in Kapitel 1, Vers 2.

Die Glaubenden sind, so der Schreiber des Hebräerbriefes:

Gekommen (angelangt!) ***zu dem Berg Zion und zu der Stadt des lebendigen Gottes, dem himmlischem Jerusalem,*** (die himmlische Stadt für *alle Glaubenden, bzw. Erlösten aus al024*altcnlen Zeiten!*) ***und zu zehntausenden von Engeln*** (Hebräer, Kapitel 12, Vers 22).

So sollen die Auserwählten nun, so der Apostel Paulus dem himmlischen ***Vater Dank sagen,*** (für das an ihnen von Gott vollbrachte Heil! / Epheser, Kapitel 5, Vers 20b!)

der uns tüchtig gemacht hat, (durch den Herrn Jesus Christus! / 2.Korinther, Kapitel 3, Vers 6a!)

teilzuhaben am Erbe der Heiligen (Christen! / Kolosser, Kapitel 1, Vers 12!)

im Licht, (die auf Ewigkeit fortwährende Bleibe aller Auserwählten! / Kolosser, Kapitel 1, Vers 12!)

welches die Gemeinde (Angehörigen! / 1.Timotheus, Kapitel 3, Vers 15b!)

des lebendigen Gottes ist, der Pfeiler und die Grundfeste der Wahrheit –

führt der Apostel Paulus in seinem 1.Brief an Timotheus in Kapitel 3, Vers 15b fort.

Vers 20: Diese Gemeinschaft der Christen wurde *auferbaut auf der Grundlage der Apostel und Propheten*. Sprich – die Auserwählten Gottes in Jesus Christus „bilden" das Haus des allmächtigen Gottes selbst. Dieses wiederum ist auferbaut *von den gewichtigen, von Gott und Christus persönlich gesandten Personen:* **den Aposteln** (den Gesandten des Herrn Jesu Christi!) *und* **den Propheten** (den Gesandten Gottes und Jesu Christi!).

Die Grundlage, bzw. der „Nährboden" der Worte Gottes hat sich *durch* **die Apostel und Propheten** der Menschheit *erkenntlich gezeigt,* welche den Menschen im Auftrag des Höchsten das Wort Gottes offenbarten. Jedoch zielen die apostolischen, als auch die prophetischen Worte *stets auf den Mittelpunkt der gesamten Heiligen Schrift hin: Auf das Kernzentrum der gesamten biblischen, vollkommenen Wahrheit* – <u>**auf den Eckstein selbst, Jesus Christus.**</u>

Diese gewichtig zu betrachtende „Strukturbeschreibung der Kirche" weist die Leser des Epheserbriefes darauf hin, dass *Jesus Christus stets der anzuvisierende Hauptschwerpunkt des Geschehens ist.* Der Heiland, auf den die den Gläubigen zuteilwerdende Gnade hinweist, ist folglich der tragende *Eckstein dieses allumfassenden Gebildes der gesamten Kirche.*

Ja – in der Tat – *Er prägt und trägt* die Auserwählten Gottes *in <u>einem</u> Geist* (siehe Auslegung zu Epheser, Kapitel 2, Vers 18b!). <u>*In Jesus Christus verwirklicht sich die Grundlage des ganzen Gebäudes*</u>.

Diesbezüglich ist der Heiland **der Eckstein** (Epheser, Kapitel 2, Vers 20b / <u>der tragende Grundpfeiler</u>!)

der Wohnung Gottes im Geist (Epheser, Kapitel 2, Vers 22b – Auslegung folgt!),
während ***die Apostel und Propheten*** (Epheser, Kapitel 2, Vers 20a)

die irdische Grundlage zum Verständnis der Heiligen Schrift bekunden, indem diese die vom Heiligen Geist geleiteten Worte den Bibellesern *in ganzer Ausführlichkeit bekannt geben.*

Somit legen ***die Apostel und Propheten*** „den Grund zum tragenden, allerrettenden und rundum soliden ***Eckstein*** (Jesus Christus!) dar" – und bilden insofern die „Werkzeuge Gottes und Jesu Christi", um die *über allem stehende Wichtigkeit **des Ecksteins*** anhand der Evangeliums – Botschaft Jesu Christi den Gläubigen *zu bekunden.*

<u>**Denn einen anderen Grund**</u>, so der Apostel Paulus in 1.Korinther, Kapitel 3, Vers 11, <u>**kann niemand legen außer dem, der gelegt ist, welcher ist Jesus Christus.**</u>

Der Apostel Petrus bekundet daher:

Darum steht auch in der Schrift: „Siehe, ich lege in Zion einen auserwählten, kostbaren Eckstein, (der Herr Jesus

Christus!) ***und wer an ihn glaubt, soll nicht zuschanden werden*** (1.Petrus, Kapitel 2, Vers 6 / bzw. das Zitat entstammt gleichfalls aus dem Buch des Propheten Jesaja, Kapitel 28, Vers 16!).

So bezieht sich das grundlegende Dokument aller Auserwählten Gottes *auf die allumfassende Gewichtigkeit des Neuen Testaments auf die Person Jesu Christi.* Diese allerrettende Grundlage des Evangeliums Gottes in dem Herrn Jesus Christus ist somit <u>unantastbar</u>. Der Apostel Petrus bekundet diese Feststellung wie folgt:

Wegen dieser Errettung (die gegenüber der Menschheit im Namen Jesu Christi!)

haben die Propheten gesucht und nachgeforscht, die von der euch zuteilgewordenen Gnade (in Jesus Christus!)

geweissagt haben. Sie haben nachgeforscht, auf welche und was für eine Zeit der Geist des Christus ihnen hindeutete, der die für Christus bestimmten Leiden und die darauf folgenden Herrlichkeiten (siehe dazu Auslegung zu Epheser, Kapitel 2, Verse 13 – 22!)

zuvor bezeugte. Ihnen wurde geoffenbart, dass sie nicht sich selbst, (das Werk der Propheten!)

sondern uns (den Aposteln!)

dienten mit dem, was euch (den Christen!)

jetzt bekannt (durch Christi Taten und Seiner Auferstehung!)

gemacht worden ist durch diejenigen, welche euch das Evangelium verkündigt haben im Heiligen Geist, der vom Himmel gesandt wurde − (abermals die Apostel, welche die ihnen zuteilwerdenden Worte im Geiste Jesu Christi im Auftrag Gottes den Lesern offenbarten!)

Dinge, in welche auch die Engel hineinzuschauen begehren.

1.Petrus, Kapitel 1, Verse 10 – 12

Damit beweist die Feststellung des Apostels Petrus, als auch die des Apostels Paulus übereinstimmend, *dass bereits die alttestamentlichen Propheten aus dem Geist des Herrn Jesus Christus gesprochen und geweissagt haben.*

Diese einst prophezeiten, prophetischen Worte sind nun *durch* den überschwänglichen Gnadenreichtum Gottes in Jesus Christus in Kraft getreten, *um das schon gegenwärtige, bzw. das noch zukünftig zu Erwartende den Auserwählten zu offenbaren:*

Nämlich − *dass der rundum wichtigste* **Eckstein** − *Jesus Christus* − *den Bau der kirchlichen Gemeinde rundum gründet und saniert* − *und mit Seiner auf Ewigkeit bleibenden Existenz letztlich alle Gläubigen mit dem Einzug in das Reich der Herrlichkeit Gottes* − *dem Himmelreich* − als **Gottes Hausgenossen** (Epheser, Kapitel 2, Vers 19b − siehe Auslegung!) *allumfassend krönt.*

Folglich ist der Heiland *der Gründungspunkt – als auch der Beendigungspunkt* dieser **Wohnung Gottes im Geist** (Epheser, Kapitel 2, Vers 22b – siehe noch folgende Auslegung!).

Vers 21: Daher, so der Apostel Paulus, *wächst der ganze Bau zusammengefügt zu einem heiligen Tempel im Herrn.*

Voll des Heiligen Geistes will Paulus den Christen folgende Frohe Botschaft in deren Herzen hinterlegen:

Liebe Gläubige, bereits *im Hier und Jetzt* seid ihr *schon Mitbewohner* des **heiligen Tempels im Herrn**.

Mit dieser seiner Aussage betrachtet der Apostel „den noch nicht gänzlich fertig erstellen Tempelbau" (denn dieser erhält seine „Vervollkommnung" bei der Wiederkunft Jesu Christi!) *als bereits vollendet, weil dieser schon den Glaubenden von Gott in Jesus Christus geoffenbart wurde* (siehe noch kommende Auslegung unter Epheser, Kapitel 4, Vers 16!).

Obwohl dieser bereits seine noch zukünftigen Mitbewohner (die bereits von Paulus angesprochenen Christen – als auch die noch ungeborenen Gläubigen!) *schon im* Herrn Jesus Christus aufgenommen hat, muss dieser jedoch noch eine „aufnehmende Wachstumsperiode" vollziehen, damit noch viele zukünftig Gläubige (die, welche noch nicht geboren, aber bereits von Gott auserwählt wurden!) ebenfalls die ihnen zuteilwerdende Herrlichkeit Gottes in Jesus Christus *vollends* erfahren können, damit „die vervollkommnende Optimierung" *des heiligen Tempels rundum gewährleistet wird.*

Sprich – der Bau des *heiligen Tempels* (der Kirche Gottes und Jesu Christi!) wächst in der vervollkommnenden Aufnahme *der Heiligen* (Christen! / Epheser, Kapitel 2, Vers 19b - siehe Auslegung!)) *zu einer von Gott stets gewollten Größenanzahl, die bereits vor Grundlegung der Welt* (siehe Auslegung zu Epheser, Kapitel 1, Vers 4!) *von Ihm ausgesondert wurde. Sie wachsen alle vollständig zu einem Leib in Christus, obwohl sie schon alle gezählt und vom Höchsten auserkoren wurden.* Gott hat <u>alle</u> Glaubenden in Jesus Christus bereits *seit Grundlegung der Welt* (Epheser, Kapitel 1, Vers 4) in Seinen Herrschaftsbereich „hineinintegriert".

David bekennt:

<u>*Deine Augen*</u> (die Augen des allmächtigen Gottes!) <u>*sahen mich, als ich noch nicht bereitet war, und alle Tage waren in dein Buch geschrieben, die noch werden sollten und von denen keiner da war*</u> (Psalm 139, ein Psalm Davids, Vers 16 / Lutherbibel 1984).

Sie, die Gläubigen, so der Apostel Paulus, *sind <u>alle</u>* **Gottes Tempel, in welchen der Geist Gottes wohnt** (1.Korinther, Kapitel 3, Vers 16).

Vers 22: Paulus beschließt diesen Schlussteil des 2.Kapitels mit den Worten: ***In dem auch ihr miterbaut werdet zu einer Wohnung Gottes im Geist.***

Denn – führt der Apostel fort:

Ihr seid ein Tempel des lebendigen Gottes, wie Gott gesagt hat: „Ich will in ihnen wohnen und unter ihnen wandeln und will ihr Gott sein, und sie sollen mein Volk sein (2.Korinther, Kapitel 6, Vers 16 – bzw. das Zitat entstammt gleichfalls aus dem 3. Buch Mose, Kapitel 26, Verse 11 + 12!).

Der Apostel will uns zu verstehen geben, dass es sich bei dieser seiner Aussage *nicht* um die Beschaffenheit des Glaubens handelt, *sondern* um den Glauben an den Herrn Jesus Christus, um anhand dieses zum Heiland bezogenen Glaubens ***zu einer Wohnung Gottes im Geist*** (Epheser, Kapitel 2, Vers 22) ***vom Herrn miterbaut zu werden.***

Da dieser Brief weltelementare Gedankenzüge des Apostels Paulus trägt, ist somit diese Auslegung sehr schwirig zu hinterlegen. Blicken wir jedoch zu den bisher kosmologisch ausgelegten Versen des Epheserbriefes zurück, so kann man erkennen, dass Paulus an dieser Stelle den bereits ausgelegten Vers 23 des 1.Kapitels erneut benennen will. Denn dort spricht er von der Gemeinde Jesu Christi, ***die sein Leib ist, die Fülle dessen, der alles in allen erfüllt*** (Epheser, Kapitel 1, Vers 23 – siehe Auslegung!).

Zieht man nunmehr diesen soeben vom Autor erwähnten Gedankengang von Kapitel 1, Vers 23 neben die Worte des 22. Verses des 2.Kapitels hinzu, so kann man (nach Meinung des Autors!) zu folgender Schlussfolgerung kommen:

Der Tempel (die Kirche!) als der Heimathafen Gottes besitzt eine kosmische Größe, welche letztlich den *Leib* (Jesu Christi! / Epheser, Kapitel 1, Vers 23a) bildet, *welches die Fülle dessen ist, der alles in allen geschaffen hat* (Epheser, Kapitel 1, Vers 23 – siehe Auslegung!). Es ist der nunmehr dank der Gnade Gottes in Jesus Christus „durchbrochene Raum" in den Gefilden einst unüberwindbar zu betrachtenden *himmlischen (Regionen)* – dem Ankunftsziel der ewigen Heimat Gottes, ja – der vom Höchsten Auserwählten, nunmehr angelangten Gläubigen in dem Herrn Jesus Christus – *zu einer Wohnung Gottes im Geist* (Epheser, Kapitel 2, Vers 22).

Folglich ist *der Tempel* (die Kirche!) „ein weltelementarer Bestandteil der kosmischen Größe".

Betrachtet man die bisher ausgelegten Verse des 2.Kapitels von den Versen 11 – 21, so sieht und erkennt man den sich <u>durch</u> Christus verändernden Schwerpunkt des von dem Apostel Paulus ausgelegten „Vorher – Nachher – Vergleiches".

Die einstige Entfremdung als Gottlose, nunmehr zum Glauben an Gott und Jesus Christus gekommene, vom Heiligen Geist beseelte Mitbewohner, welche dank ihres Glaubens an den Heiland, dessen *Leib die Fülle dessen ist, der alles in allen erfüllt* (Epheser, Kapitel 1, Vers 23) – und folglich die Christen in den Zutrittsbereich des Höchsten befördert, *welcher die Wohnung Gottes im Geist* (Epheser, Kapitel 2, Vers 22) darstellt, letztendlich in der ummantelnden Liebe Gottes in Jesus Christus *vollends angekommen sind.*

Der uns liebenden Gott, so Paulus, *hat uns in die Gemeinschaft des Herrn Jesu Christi hineinintegriert,* weil *dieser* unser von Gott geoffenbarte *Frieden* (Epheser, Kapitel 2, Verse 14 + 17 – siehe Auslegung!) ist.

Sprich – der Heiland hat die an Ihn glaubende Menschheit aufgrund Seiner uns zu Gute dienenden Kreuzestat (die an uns zuteilwerdende Aufnahme in die Herrlichkeit Gottes – *zu einer Wohnung Gottes im Geist* aufgrund der Vergebung unserer Sünden!) auf Golgatha die kosmologisch zu betrachtenden Sünden der Weltzeit mit Gott versöhnt – und Dank des uns allein liebenden Heilgeschehens in eine „schuldenfreie", *nunmehr von Gott genehmigte Zone mit aufgenommen,* wo fortan *keinerlei* Hindernisse den Eintritt in das Reich der Himmel *be*schweren – und *er*schweren, um auf Ewigkeit *Gottes Hausgenossen* (Epheser, Kapitel 2, Vers 19b – siehe Auslegung!) *genannt zu werden.*

So spricht der Apostel Paulus an dieser Stelle von *einer* von Gott berufenen Gemeinde, die *durch* Jesus Christus und ihren Glauben an den Erlöser der Welt *in der Herrlichkeit Gottes selbst aufgenommen wurde.*

Dieses Geschehen ist in den Augen des Apostels Paulus *bereits abgeschlossen,* es wird jedoch *erst* bei der Wiederkunft Jesu Christi *gänzlich vollendet,* obwohl jeder Auserwählte <u>bereits im Hier und Jetzt diese barmherzige Gnadentat Gottes in Jesus Christus vollends genießen und wahrnehmen kann, sich als ein Mitbewohner des Höchsten benennen zu dürfen.</u>

Paulus will uns voller Wohlwollen zu verstehen geben, <u>*dass alle an Christus Glaubenden die Scheidewand des Zaunes*</u> (Epheser, Kapitel 2, Vers 14b – siehe Auslegung!) <u>*aufgrund*</u>

der Liebe Gottes zu den gläubigen Menschen durchbrochen haben.

Ja – in der Tat – liebe Glaubenden – *die einst unüberwindbare Barriere zu der Herrlichkeit Gottes ist in Jesus Christus bei des Höchsten Selbstverwirklichung in den Heiland für alle Glaubenden nunmehr auf Ewigkeit begehbar,* so Paulus.

Diese uns aus reinster Liebe Gottes zu der gläubigen Menschheit geoffenbarte Tat im Herrn Jesus Christus beschreibt auch das nun folgende 3.Kapitel dieses überaus lehrreichen Briefes...

Kapitel 3

Verse 1 – 13
*Das Geheimnis des Christus ist geoffenbart –
ein Leib aus Juden und Heiden*

¹*Deshalb (bin) ich, Paulus, der Gebundene Christi Jesu für euch, die Heiden.* ²*Ihr habt ja gewiss von der Haushalterschaft der Gnade Gottes gehört, die mir für euch gegeben worden ist,* ³*dass er mich das Geheimnis durch Offenbarung wissen ließ, wie ich zuvor kurz geschrieben habe.* ⁴*Daran könnt ihr, wenn ihr es lest, meine Einsicht in das Geheimnis des Christus erkennen,* ⁵*das in früheren Generationen den Menschenkindern nicht bekannt gemacht wurde, wie es jetzt seinen heiligen Aposteln und Propheten durch den Geist geoffenbart worden ist,* ⁶*dass nämlich die Heiden Miterben und mit zum Leib Gehörige und Mitteilhaber seiner Verheißung sind in Christus durch das Evangelium,* ⁷*dessen Diener ich geworden bin gemäß der Gabe der Gnade Gottes, die mir gegeben ist nach der Wirkung seiner Kraft.* ⁸*Mir, dem allergeringsten unter allen Heiligen, ist diese Gnade gegeben worden, unter den Heiden den unausforschlichen Reichtum des Christus zu verkündigen,* ⁹*und alle darüber zu erleuchten, welches die Gemeinschaft ist, die als Geheimnis von den Ewigkeiten her in Gott verborgen war, der alles erschaffen hat durch Jesus Christus,* ¹⁰*damit jetzt den Fürstentümern und Gewalten in den himmlischen (Regionen) durch die Ge-*

meinde die mannigfaltige Weisheit Gottes bekannt gemacht werde, [11]nach dem Vorsatz der Ewigkeiten, den er gefasst hat in Christus Jesus, unserem Herrn, [12]in dem wir die Freimütigkeit und den Zugang haben in Zuversicht durch den Glauben an ihn. [13]Darum bitte ich, dass ihr nicht mutlos werdet wegen meiner Bedrängnisse um euretwillen, die euch eine Ehre sind.

Zwischenbemerkung:

Wie es uns bereits anhand der „Einleitung zum Epheserbrief" bekannt gegeben wurde, hat der Apostel Paulus den Epheserbrief vermutlich um 60n.Chr. aus der Gefangenschaft in Rom geschrieben.

Am Anfang des 3.Kapitels spricht Paulus, nachdem er über die gewichtig zu betrachtende Rolle der Apostel und Propheten gesprochen hatte, (siehe Auslegung unter Epheser, Kapitel 2, Vers 20!) nunmehr über das ihm von Gott in Jesus Christus übertragene Amt als deren persönlicher Gesandter. Dieses sein apostolisch persönlich von Jesus Christus bestimmtes Amt (siehe die Apostelgeschichte des Lukas, Kapitel 9!) hatte eine *ganz besondere Befugnis,* nämlich – er bekam *persönlich von dem Heiland die bedeutende Aufgabe, als Heidenapostel die Nichtjuden zu missionieren, um dass das Evangelium Jesu Christi **an alle Völker verkündigt würde, um diese zu Jesu Jüngern zu machen*** (Matthäus, Kapitel 29, Vers 19).

So schenkt uns der Apostel Paulus eine näher auf ihn persönlich eingehende Auskunft seines ihm vom Heiland übertragenen Amtes – und weist uns gleichzeitig auf den unnachahmlichen Reichtum hin, den Gott in Jesus Christus der gläubigen Menschheit wohlwollend anhand Seiner ausgehenden Liebe gegenüber dem Amt der Kirche offenbart. Auch dort werden erneut die kosmologischen Weisheiten des allmächtigen Gottes in dem Herrn Jesus Christus ersichtlich.

Auslegung

Vers 1: Beim näheren Betrachten wird ersichtlich, dass der 1.Vers des 3.Kapitels nahezu eine „Fortsetzung" auf die von dem Apostel Paulus verfassten Worte von Kapitel 2, Verse 1 – 3 darstellt (siehe Auslegung!). Denn Paulus *spricht sich* in den Versen 1 – 3 des 2.Kapitels *auch selbst an* – *nicht nur* die Gemeinden und Leser des Epheserbriefes – und erinnert sie *somit an seine ehemalige, abtrünnig und verrucht zu betrachtende Tätigkeit als ein Christenverfolger, der nicht nur* die Christen, *sondern auch den Herrn Jesus Christus selbst verfolgte.*

So stellt sich nunmehr der Apostel Paulus mit den Worten:

Deshalb (bin) ich, Paulus, der gebundene Christi Jesu für euch, die Heiden – vor – und bekundet in der Apostelgeschichte des Lukas in Kapitel 28, Vers 20b „zum Zeugnis an die Juden in Rom":

Denn um der Hoffnung Israels willen trage ich diese Kette!

Und setzt in seinem Brief an die Philipper in Kapitel 1, Vers 13 fort:

Sodass in der ganzen kaiserlichen Kaserne und bei allen Übrigen bekannt geworden ist, <u>dass ich um des Christus willen gefesselt bin.</u>

Weiterhin bekennt der Apostel Paulus in seinem persönlichen 2.Brief an Timotheus in Kapitel 1, Vers 8:

<u>So schäme dich</u> (Paulus spricht an dieser Stelle seinen engen Mitarbeiter im Geiste Jesu Christi – Timotheus an!)

nun <u>nicht des Zeugnisses von unserem Herrn,</u> (von Jesus Christus!)

<u>auch nicht meinetwegen,</u> (Paulus!)

<u>der ich sein Gefangener bin;</u> (Jesu Christi Gefangener!)

sondern <u>leide mit (uns)</u> (den Verfolgten des Herrn Jesus Christus!)

<u>für das Evangelium in der Kraft Gottes.</u>

Anhand der soeben von Paulus zitierten Selbstdarstellungen können wir in Erfahrung bringen, *dass der Gesandte Jesu Christi – der Apostel Paulus selbst –* (bezogen hier auf Epheser, Kapitel 3, Vers 1!) *eine Kehrtwende vom Herrn in seinem Leben auferlegt bekam, um die Wahrheit des Evangeliums Jesu Christi letztlich <u>vollkommen</u> erfahren zu können.* Denn <u>*nur*</u> mit dieser ihm zu Gute dienenden „Züchtigung" des Heilands (siehe erneut hierzu die Apostelgeschichte des Lukas, Kapitel 9!) *konnte er die Kraft Gottes in dem Herrn Jesus Christus <u>erstmalig in Erfahrung bringen</u>* – und somit sein altes, verruchtes Dasein *gänzlich vertilgen. Denn einzig und allein die Kraft Gottes kann einen gottlosen Menschen mit Hilfe des Heiligen Geistes zu einem auf Jesus Christus gerichteten Blick eines <u>errettenden Neuanfangs verhelfen</u> – <u>und den einst Verlorenen mit der vollkommenen Wahrheit Jesu Christi rundum erfüllen, als auch berfreien.</u>*

Paulus will der Gemeinde in Ephesus, als auch den Lesern seines Briefes unverblümt zu verstehen geben, *dass er um des Herrn Jesus willen in Gefangenschaft gekommen ist* (siehe die soeben erwähnten Zitate des Apostels Paulus von: Epheser, Kapitel 3, Vers 1 / Philipper, Kapitel 1, Vers 13 / 2.Timotheus, Kapitel 1, Vers 8!) – und setzt an dieser Stelle *einen eindeutigen Bezugspunkt* auf die von ihm angesprochenen **Heiden**, denn auch sie *leiden bereits oder werden noch unter den Verfolgungen, bzw. Schmähungen um Christi willen leiden.*

Der Herr Jesus Christus spricht in der Bergpredigt zu Seinen Jüngern (als auch zu <u>*allen*</u> anderen Gläubigen!):

<u>***Glückselig sind, die um der Gerechtigkeit willen***</u> (die Glaubenden!)

verfolgt werden, denn ihrer ist das Reich der Himmel!

Glückselig seid ihr, wenn sie euch (die Glaubenden!)

schmähen und verfolgen und lügnerisch jegliches böse Wort gegen euch reden um meinetwillen! (um Christi willen!)

Freut euch und jubelt, denn euer Lohn ist groß im Himmel; denn ebenso haben sie (die Gegner Gottes / die Gottlosen!)

die Propheten verfolgt, die vor euch gewesen sind.

Matthäus, Kapitel 5, Verse 10 - 12

Der Schreiber des Hebräerbriefes hinterlegt uns Folgendes:

Denn wen der Herr lieb hat, den züchtigt er, und er schlägt jeden Sohn, den er annimmt (Hebräer, Kapitel 12, Vers 6 – bzw. das Zitat entstammt gleichfalls aus den Sprüchen Salomos, Kapitel 3, Vers 12!).

Vers 2: Paulus geht nun noch direkter und eindeutiger in seine persönlich von Christus berufene, apostolische „Amtsverwaltung" ein – und gibt nunmehr den Gemeinden und Lesern die Auskunft, dass diese es bereits bestimmt in Erfahrung bringen konnten, dass er von der Gnade Gottes in dem Herrn Jesus Christus *gesegnet wurde, um sie – die Heiden – letztlich zu missionieren, um ihnen – dank dieser ihm vom Höchs-*

ten überreichten Gnade – das Evangelium Jesu Christi *offen und wahrheitsgemäß darzulegen.*

Der Apostel will ihnen das an ihm Geschehene darlegen, um sich daher *nicht* seiner selbst zu preisen, *sondern* die Danksagung und die Fähigkeit der Worte, die er ihnen preisgibt, erhält er *allein von Gott und dem Herrn Jesus Christus in der Kraftauswirkung des ihm zuteilgewordenen Heiligen Geistes.*

Paulus will an dieser Stelle *nur* die Wichtigkeit seines Amtes hervorheben, *dessen allumfassende Wirkungen allein auf Gott und dem Herrn Jesus Christus beruhen.*

Bei der sich „verantwortenden Rede des Apostel Paulus vor dem König Agrippa" können wir anhand der Apostelgeschichte des Lukas in Kapitel 26, Verse 15 – 18 aufgrund seiner Berufung durch Jesus Christus Folgendes in Erfahrung bringen:

Ich (Paulus!) *aber sprach: Wer bist du, Herr? Er aber sprach: Ich bin Jesus, den du verfolgst! Aber steh auf und stelle dich auf deine Füße!* **Denn dazu bin ich** (Jesus Christus!) **_dir_** (dem Apostel Paulus!) **_erschienen, um dich zum Diener und Zeugen zu bestimmen für das, was du gesehen hast und für das, worin ich mich dir noch offenbare werde; und ich will dich erretten von dem Volk und den Heiden, unter die ich dich jetzt sende, um ihnen die Augen zu öffnen, damit sie sich bekehren von der Finsternis_** (der Gottlosigkeit!) **_zum Licht_** (der Wahrheit Gottes und Jesu Christi!) **_und von der Herrschaft des Satans zu Gott, damit sie Vergebung der Sünden empfangen und ein Erbteil unter denen, die durch den Glauben an mich geheiligt sind!_**

Ohne die barmherzige, an der Person des Apostels Paulus sich auswirkende Gnadengabe des Höchsten und Seines Sohnes wäre die Ausübung dieses gewichtigen, apostolischen Amtes *weder durchführ* – *geschweige denn realisierbar,* so Paulus.

Denn **_ohne_ Christus können** wir **_nichts tun_** (Johannes, Kapitel 15, Vers 5c / Lutherbibel 1545).

Diese nun dem Apostel Paulus zuteilwerdende Gnadengabe ist der Beweis seiner amtlichen, apostolischen Befugnis, um die Heiden aus dem Sog der Trostlosigkeit zu erretten, damit diese in den Gnadenbereich Gottes – ja – in das Licht der Wahrheit in Jesus Christus wohlwollend „eintauchen" können, damit auch sie *ewige Errettung im Auftrag des Apostels Paulus – bedingt durch den Heiland Jesus Christus erlangen.*

Vers 3: Nunmehr gibt ihnen Paulus bekannt, *dass er* (Jesus!) *mich das Geheimnis durch Offenbarung wissen ließ, wie ich es zuvor kurz geschrieben habe*, schreibt er in Epheser, Kapitel 1, Vers 3 – und weist zugleich auf die soeben erwähnten Verse der Apostelgeschichte des Lukas in Kapitel 26 – insbesondere auf den Vers 16! hin).

Der Paulus von Gott im Auftrag Jesu Christi offenbarte Heilige Geist *enthüllt ihm das Evangelium, als auch die alttestamentlichen Schriften,* sodass er diese im Geist Gottes und Jesu Christi *an die Gemeinden wahrheitsgemäß weiterleiten kann, zu denen ihn der Tröster* (Heiliger Geist!) *leitet.*

Folglich spricht der Apostel Paulus zu der Gemeinde von einem in seinem Herzen offenbargewordenen *Geheimnis*, welches ihm *vom Heiland durch den Heiligen Geist in sein Herz gelegt wurde.*

Dieses an ihm vollbrachte „*Geheimnis*" bekennt Paulus wie folgt:

<u>*Ich habe es*</u> (das Geheimnis!) <u>*auch nicht von einem Menschen empfangen noch erlernt, sondern durch eine Offenbarung Jesu Christi*</u> (Galater, Kapitel 1, Vers 12).

Dieses *Geheimnis* hatte er bereits in dem Epheserbrief in Kapitel 1, Verse 9, 10 + 19 (siehe Auslegung!) seinen Lesern hinterlegt – und kommt nunmehr in Vers 4 darauf zu sprechen:

Vers 4: Somit bekennt Paulus ihnen nun, *dass er vom Herrn Jesus Christus in den Gnadenbereich des allmächtigen Gottes hineinberufen wurde.*

Daran könnt ihr, bestätigt Paulus – *wenn ihr es lest, meine Einsicht in das Geheimnis des Christus erkennen* (siehe abermals die Auslegung zu Epheser, Kapitel 1, Verse 9, 10 + 19!).

Die weltelementaren, sprich – die kosmologisch zu betrachtenden Weltelemente sind von Gott *in* dem Herrn Jesus Christus als „eine Einheit zusammenfassend dargestellt worden".

Folglich kann der Apostel den Lesern des Epheserbriefes diese **Geheimnisse des Christus** aufgrund des ihm offenbarten Heiligen Geistes mitteilen, *damit sie in die Herrlichkeit Gottes einen näheren Einblick mit dem dazugehörenden Glauben erlangen – und daraufhin eindeutig erkennen können, dass das Werk Gottes in dem Herrn Jesus Christus stets allerrettend ist.*

Paulus schreibt in seinem Römerbrief in Kapitel 11, Vers 36:

<u>Denn von ihm und durch ihn und für ihn sind alle Dinge; ihm sei die Ehre in Ewigkeit! Amen.</u>

Folglich beruht der Ursprung *allen Seins in* dem Herrn Jesus Christus. Der Heiland ist der *Ausgangspunkt, sowie der gewichtiger Inhalt dieser von Ihm ausgehenden, allerrettenden Lebensquelle.* Die noch folgende Auslegung schenkt uns die rundum detaillierte Aufklärung...

Vers 5: Diese soeben alles errettende Lebensquelle, welche die Herrlichkeit Gottes in dem Herrn Jesus Christus darstellt, ist jenes Geheimnis, *das in früheren Generationen den Menschenkindern nicht bekannt gemacht wurde, wie es jetzt seinen heiligen Aposteln und Propheten durch den Geist geoffenbart worden ist.*

Der Apostel Paulus schreibt in seinem Römerbrief, dass es jenes offenbar gewordenes Geheimnis ist:

Dem aber, der euch zu festigen vermag laut meinem Evangelium und der Verkündigung von Jesus Christus, gemäß der Offenbarung des Geheimnisses, <u>das von ewigen Zeiten her verschwiegen war, das jetzt aber offenbar gemacht worden ist und durch prophetische Schriften auf Befehl des ewigen Gottes bei allen Heiden bekannt gemacht worden ist zum Glaubensgehorsam</u> (Römer, Kapitel 16, Verse 25 + 26).

Paulus will den Gläubigen mitteilen, dass das einst noch in Verborgenheit liegende, ja – dieses sich in Verborgenheit noch befindliche Angedeutete nunmehr aufgrund der Offenbarung Gottes *in Jesus Christus Wirklichkeit wurde.*

Damals, zu den Zeiten des Alten Testaments – *in den früheren Generationen* – war dieses *Geheimnis* – *den Menschenkindern* – sprich den Menschen – *<u>nicht</u> bekannt gemacht worden* (Epheser, Kapitel 3, Vers 5a).

<u>*Jetzt aber hat er*</u> – der allmächtige Gott – *es seinen Aposteln und Propheten durch den Geist* – mit Hilfe des ihnen zuteilwerdenden, von Gott geschenkten Heiligen Geistes – in ihren Herzen – <u>*geoffenbart*</u> (Epheser, Kapitel 3, Vers 5b).

Paulus *stellt* die nunmehr von Gott offenbarten Geheimnisse der Apostel und Propheten den damalig existierenden Menschen *gegenüber.*
Damit will uns der Apostel Paulus zu verstehen geben, dass diese von ihm erwähnten Apostel und Propheten aufgrund der Offenbarwerdung Gottes in dem Herrn Jesus Christus *Ihre eigentliche Existenz erhielten, um dieses Offenbarungsgeschehen Gottes in Jesu Christi der Menschheit preiszugeben.*

Paulus spricht *bewusst* im gegenwärtigen Geschehen (*jetzt aber...*).

Folglich muss es für Paulus in Hinblick auf die Gemeinden der Gläubigen, sprich – der Kirche *keine* „festgelegte, durchbrechende Zeitperiode" gegeben haben – *sondern* er stellt das einstige Geschehen, welches noch zur Zeit des Alten Testaments im Verborgenen lag – der nunmehr den Menschen bedingt durch die Offenbarung Gottes in Jesus Christus liegende, durch die Apostel und Propheten Geoffenbarte – *gegenüber*.

Unser Herr Jesus Christus spricht über „die Verwirklichung Seines himmlischen Vaters in Seine Person" – sprich – die Menschwerdung Gottes in Jesus Christus – ja – das Offenbarwerden Gottes in Seinen Sohn:

Denn ich sage euch, viele Propheten und Könige (welche zur Zeit des Alten Testaments lebten!)

wünschten zu sehen, (das die stets von Gott angekündigten Prophezeiungen der alttestamentlichen Schriften, welche die Ankunft des Erlösers und endgültigen Herrschers der Welt – Jesus Christus – bedingt durch die Prophezeiungen Gottes *durch* die damaligen Propheten *noch nicht sahen!*)

was ihr seht, (die nunmehr ersichtliche Menschwerdung Gottes, sprich – *die sichtbare Offenbarwerdung Gottes in der menschlichen / fleischlichen Hülle des Herrn Jesus Christus!*)

und haben es nicht gesehen, (diese Menschen, bzw. die vielen Propheten und Könige und die damals Gläubigen haben gehört und geglaubt – *jedoch* den Messias Jesus Christus *nicht* anhand Seiner Menschwerdung *gesehen*!)

und zu hören, was ihr hört, (sprich – die von dem Licht der Wahrheit, welches der Herr Jesus Christus ist, zu hören – sprich – die Worte der Evangeliums-Botschaft Seiner selbst, denn der Heiland *gab Zeugnis von dem Licht* (Johannes, Kapitel 1, Vers 8b) Seiner in Ihm ruhenden Herrlichkeit Gottes, daher sprach Er die Worte der unwiderruflichen Wahrheit zu den Menschen, die Ihn *jetzt* sehen und *als Gott im Menschen* wahrnehmen!)

und haben es nicht gehört. (sprich – sie haben aufgrund der ihnen von den damalig existierenden Propheten anhand der ihnen zuteilwerdenden prophetischen Worte *gehört und geglaubt, ohne* die Stimme und die wohlwollenden Worte des Heilands *vernehmen zu können* – wie es nunmehr die Menschen vernehmen und hören können, weil *jetzt das Geheimnis Gottes in Jesus Christus vom Allmächtigen offenbart wurde*!)

Lukas, Kapitel 10, Vers 24

Fazit: Die Worte Jesu Christi bestätigen rundum, *dass die messianische Heilszeit angebrochen und vom Höchsten rundum verwirklicht worden ist.*

Vers 6: Der 6.Vers bezieht sich abermals auf die bereits von Paulus verfassten Worte in Epheser, Kapitel 2, Verse 13 – 22 (siehe Auslegung!), *nämlich, dass die Heiden Miterben und mit zum Leib Gehörige und Mitteilhaber seiner* (Gottes!)

Verheißung sind in Christus durch das Evangelium (Epheser, Kapitel 3, Vers 6).

Aufgrund des den Aposteln und Propheten geoffenbarten Geheimnisses Gottes *in* Jesus Christus kann ihnen der Apostel Paulus – als Heidenapostel – das Evangelium, sprich – die Frohe Botschaft Gottes *in* dem Herrn Jesus Christus nahebringen. *Sie sind,* so will es ihnen der Apostel zu verstehen geben, *zusammen mit den Juden „eins gemacht" worden.*

Ja, in der Tat – *nichtjüdische, als auch jüdische an den Herrn Jesus Christus Gläubige sind fortan die ertragreichen von Gott geleiteten Miterben*, sprich – **zum Leib** (Christi!) **Gehörige und Mitteilhaber seiner Verheißung durch** die *Frohe Botschaft –* **das Evangelium.**

Ihr Glaube kommt zur Wirkung aufgrund des Paulus` offenbarten Geheimnisses Gottes *in* Jesus Christus, bedingt durch die den Aposteln und Propheten verliehene persönliche Amtsbefugnis, um ihnen (den Heiden!) die Frohe Botschaft Jesu Christi zu unterbreiten, *damit sie – die Heiden – das Evangelium Jesu Christi dank ihres Glaubens an den Heiland in ihren Herzen gewinnfördernd aufnehmen.*

Die Heiden gehören in die facettenreich errettende Allmacht Gottes und Jesu Christi – und bilden somit „eine zusammenfassende Gottesgemeinde in Jesus Christus", ja – sie bilden und gehören *alle gemeinsam den Leib Christi an – und sind folglich die teilhabenden Miterben der offenbargewordenen Verheißung Gottes in Jesus Christus. Alle* an den Heiland Glaubenden sind in diese verkündete Heilbotschaft Gottes *eingegangen und daher vom Höchsten in dieses Heilgeschehen hineinintegriert worden.*

So kann nunmehr der Apostel Paulus folgende Freudenbotschaft bekannt geben:

Da ist weder Jude noch Grieche, da ist weder Knecht noch Freier, da ist weder Mann noch Frau; denn ihr seid alle einer in Christus Jesus. Wenn ihr aber Christus angehört, so seid ihr Abrahams Same und nach der Verheißung Erben. (Galater, Kapitel 3, Verse 28 + 29).

Vers 7: Abermals verkündigt Paulus ihnen sein apostolisches, vom Herrn Jesus ihm persönlich in Auftrag gegebenes Amt (siehe Auslegung unter Epheser, Kapitel 1, Vers 1!).

So schreibt er: *Dessen Diener ich geworden bin gemäß der Gabe der Gnade Gottes, die mir gegeben ist nach der Wirkung seiner Kraft* (Epheser, Kapitel 3, Vers 7).

Mit dieser Aussage will ihnen der Apostel bekannt geben, dass auch er ein von Gott in Jesus Christus ausgesonderter *Diener* (sprich – seine missionierenden Tätigkeit bei den Heiden ausübt!) ist, nämlich – *es führt und leitet ihn die ihm zuteilgewordene Kraftauswirkung des Heiligen Geistes, um dieses gewichtige Amt letztlich nach dem Willen Gottes in Jesus Christus anhand seiner missionierenden Tätigkeit bei den Heiden zur vollkommenen Zufriedenheit des Höchsten in Jesus Christus vollends vollführen zu können.*

Erneut wird es an dieser Stelle dem Leser allzu deutlich ersichtlich, dass Paulus wiederum *nicht* sein Werk rühmt, *sondern* die an ihm zuteilgewordene Kraft Gottes im Herrn Jesus

Christus. Diese und *keine* andere ist es, nämlich – *die ihm in sein Herz gelegte Kraftauswirkung des Heiligen Geistes, welche ihn rundum dazu befähigt, dieses gewichtige, apostolische Amt letztlich nach dem Willen Gottes ausführen und bestätigen zu können.*

Folglich ist es *immer* die barmherzige Gnade Gottes, die *in* der Person des Paulus *alles bewirkt, fördert, wachsen und gedeihen lässt* (im Hinblick auf den angenommenen Glauben der von dem Apostel Paulus missionierten Heidengemeinden!).

So bekennt Paulus nunmehr in seinem Brief an die Römer:

<u>*Durch welchen*</u> (Gott!) ***wir Gnade und Aposteldienst empfangen haben zum Glaubensgehorsam für seinen Namen unter allen Heiden*** (Römer, Kapitel 1, Vers 5).

Und führt in seinem Kolosserbrief folgende erkenntnisreiche Botschaft fort:

Deren (Gottes und Jesu Christi!) ***Diener bin ich geworden gemäß der Haushalterschaft,*** <u>***die mir von Gott für euch gegeben ist, dass ich das Wort Gottes voll ausrichten soll***</u> (Kolosser, Kapitel 1, Vers 25).

Alles weist, so der Apostel Paulus, abermals in ein von Gott geleitetes, nunmehr verwirklichtes, kosmologisch als vollkommen abgeschlossen zu betrachtendes System Seiner Herrlichkeit *in* Jesus Christus hin.

Vers 8: Aufgrund seiner damals an ihm haftenden Verruchtheit als Christenverfolger bekennt Paulus nunmehr unverblümt:

Mir, dem allergeringsten unter allen Heiligen, ist diese Gnade gegeben worden, unter den Heiden den unausforschlichen Reichtum des Christus zu verkündigen.

Damit will er den Lesern zu verstehen geben, dass er es trotz seiner an ihm einst haftenden, gegen Gott und Christus gerichteten Bosheit der barmherzigen Gnade Gottes zu verdanken habe, dass er vom Heiland *dazu auserkoren wurde, das Amt eines Apostels Christi gewinnfördernd ausüben zu können.* Mit dieser seiner Aussage will Paulus den Leser darauf hinweisen, dass Gott auch diejenigen Menschen gebraucht, *welche trotz mancher an ihnen lastenden, schwerwiegenden Fehler in Seinen Gnadenbereich gelangen, um auch diesen Menschen des Höchsten Barmherzigkeit in dem Herrn Jesus Christus nahe-nahezulegen.*

Paulus, der sich *selbst* als das wohl „geringste Mitglied der Heiligen Apostel" bewertet, wird von Gott und Christus als deren persönlicher Gesandter *bestimmt und rundum anerkannt, um die Völker der Heiden zu missionieren und zu bekehren.*

Wenn wir hierzu die Worte Christi zu Rate ziehen, wird uns Folgendes näher bewusst werden, denn der Herr Jesus spricht:

Denn jeder, der sich selbst erhöht, wird erniedrigt werden; und wer sich selbst erniedrigt, wird erhöht werden (Lukas, Kapitel 14, Vers 11).

Indem Paulus selbst seine doch angesehene, überaus wichtig zu betrachtende Stellung als Apostel Jesu Christi *aufgrund seiner ehemaligen Verruchtheit* „selbst erniedrigt", *erhöht ihn wiederum Christus zu dem wohl* „bedeutungsvollsten" aller Apostel.

Denn Jesus Christus spricht zu Ananias, nachdem der Heiland Paulus bekehrt hatte:

Geh hin, denn dieser (Paulus!) ***ist mir ein auserwähltes Werkzeug, um meinen Namen vor Heiden und Könige und vor die Kinder Israels zu tragen***! (die Apostelgeschichte des Lukas, Kapitel 9, Vers 15).

Somit muss der Apostel Paulus in seinem 1.Brief an die Korinther bekennen:

Aber durch Gottes Gnade bin ich, was ich bin; und seine Gnade, die er an mir erwiesen hat, ist nicht vergeblich gewesen**, sondern ich habe mehr gearbeitet als sie* (die anderen Apostel!) ***alle; jedoch nicht ich, sondern die Gnade Gottes, die in mir ist (1.Korinther, Kapitel 15, Vers 10).

Anhand dieser unwiderruflichen Feststellung des Paulus wird nunmehr ersichtlich, dass das von Gott in Jesus Christus an ihm vollbrachte und verwirklichte Werk der Apostelberufung *stets die Früchte des Heils* bei seiner Missionierung in den verschiedensten Gemeinden, zu denen ihn der Heilige Geist leitete, *getragen und hervorgebracht hat.*

Denn Millionen von Menschen haben sich aufgrund der von Paulus` verfassten, wunderbaren, vom Heiligen Geist geleiteten

Briefe zu dem Herrn Jesus Christus – als Christen – mit dem vom Herzen kommenden Glauben an den Heiland bekehrt.

Ja – in der Tat – ihm wurde die Ehre Gottes und Jesu Christi zuteil, **den unausforschlichen Reichtum** (Epheser, Kapitel 3, Vers 8b) – sprich – *die nicht in Worte zu fassende Heilsbotschaft der überschwänglichen Herrlichkeit des Höchsten* – den Menschen preiszugeben.

Mit dieser obligatorischen Aussage will Paulus den Lesern bekannt geben, dass selbst *die* Worte, die er ihnen im Geist Gottes vermittelt, *mehr an Reichtum ausdrücken, als er imstande ist, diese mit Worten auszudrücken;* denn die unaussprechliche Mannigfaltigkeit Gottes in Jesus Christus ist in ihrer stets wohlwollenden Auswirkung *schier grenzenlos.*

Dies ist in der Tat **ein unausforschlicher Reichtum**, der in der vollkommenen Weisheit Gottes in Jesus Christus verborgen liegt, sodass der menschliche Verstand *diesen in seinem vom Allmächtigen umwobenen, vielfältigen Umfang weder gänzlich erfassen, noch vollständig begreifen kann...*

Vers 9: Diese dem Apostel Paulus *gegebene Gnade* (Epheser, Kapitel 3, Vers 8a – siehe Auslegung!) Gottes zeigt sich weiterhin daran erkenntlich, dass er die weitere Aufgabe vom Höchsten zugeteilt bekommt, *alle darüber zu erleuchten, welches die Gemeinschaft ist, die als Geheimnis von den Ewig-*

keiten her in Gott verborgen war, der alles erschaffen hat durch Jesus Christus (Epheser, Kapitel 3, Vers 9).

Mit dieser gewichtigen Aussage will der Apostel den Lesern zu verstehen geben, dass er das von Gott ihm übergebene, apostolisches Amt *weiterhin dazu widmen soll,* um allen Leser, bzw. Gemeinden, *zu denen ihn der Geist Gottes leitet, das veranlagte Wesen dieses Geheimnisses – in Form von Briefen – bzw. Predigten kundzutun.*

Dieses Mysterium des Höchsten zeigt sich wie folgt erkenntlich:

Wir (die Apostel Jesu Christi!) *reden Gottes Weisheit im Geheimnis, die verborgene, die Gott vor den Weltzeiten zu unserer Herrlichkeit* (als die Kinder Gottes!) *vorherbestimmt hat* (1.Korinther, Kapitel 2, Vers 7), *(nämlich) das Geheimnis,* so Paulus weiter in seinem Brief an die Kolosser in Kapitel 1, Vers 26, *das verborgen war, seitdem es Weltzeiten und Geschlechter gibt, das jetzt aber seinen Heiligen* (Gläubigen!) *offenbar gemacht worden ist.*

Alles ist erschaffen durch den Sohn Gottes, Jesus Christus:

Denn in ihm (Jesus Christus!) *ist <u>alles</u> erschaffen worden, <u>was im Himmel und was auf Erden ist, das Sichtbare und das Unsichtbare, seien es Throne oder Herrschaften oder Fürstentümer oder Gewalten</u>* (= Engelsmächte! / Quelle: Schlachter – Bibel 2000!)*: <u>Alles ist durch ihn und für ihn geschaffen.</u>* (Kolosser, Kapitel 1, Vers 16 / siehe hierzu nähere Definierung zur Auslegung unter Epheser, Kapitel 1, Vers 10!).

Dieses erleuchtete, vom Heiligen Geist dem Apostel Paulus von Gott *in* Jesus Christus übertragene Amt soll der Menschheit zeigen, *inwiefern* der Allmächtige „das Geheimnis Seiner selbst verwaltet" – sprich – *wie* Gott dieses Geheimnis „organisiert", *sodass es sich an die Gläubigen* „gewinnfördernd und prägend" anschmiegt, ja – *wohlwollend und gleichzeitig ertragreich – und daher gewinnfördernd in die Herzen der Beschenkten im Geist legt.* (Siehe hierzu erneut näher detaillierte Auslegung unter Epheser, Kapitel 1, Verse 9 – 14!).

Paulus will den Gemeinden, als auch den Lesern verdeutlichen, dass dieses ehemalig zu betrachtende Geheimnis, *welches* **von Ewigkeiten her in Gott verborgen war,** (Epheser, Kapitel 3, Vers 9b) *nunmehr* durch die Selbstverwirklichung Gottes *in Jesus Christus,* **der alles erschaffen hat** (Epheser, Kapitel 3, Vers 9b) – zum Erbe *an alle Gläubigen* vom himmlischen Vater *in* Jesus Christus „freigegeben" wurde, *damit* die Auserwählten, welche **seit Grundlegung der Welt** (Matthäus, Kapitel 25, Vers 34c) vom Höchsten *dazu auserkoren wurden, ertragreiche Begünstigte dieser fortan geoffenbarten Geheimnisse zu werden, dessen Verkünder der Apostel Paulus* – (als auch alle anderen Apostel Jesu Christi!) dank der ihm, bzw. ihnen übergebenen Gnade Gottes in dem Herrn Jesus Christus ist / sind.

Ja – in der Tat, sie *alle* sind fortan die Begünstigten Teilhaber **in den himmlischen (Regionen)** *durch* die Liebe Gottes zu den Gläubigen *in* Jesus Christus, dessen gnadenreiche Verkünder die Apostel Jesu Christi sind.

Aufgrund der den Glaubenden widerfahrenen Kraftauswirkungen des Heiligen Geistes wurde ihnen dieses Geheimnis des Höchsten in Jesus Christi offenbart, damit diese **den unaus-**

forschlichen Reichtum des Christus (siehe Auslegung zu Epheser, Kapitel 3, Vers 8b!) *mehr und mehr* in ihren vom Glauben erfüllten Herzen aufnehmen können, sodass die rundum kosmologisch zu betrachtende Herrlichkeit des Heilands sich in diesem Zentrum der menschlichen Aktivität (der Herzen!) *stets kennzeichnend und weiterhin signifikant ausbreitet.*

Das ist das Geschenk Gottes *in* Jesus Christus, welches aufgrund Seiner Selbstverwirklichung in den Heiland den Glaubenden – Dank Seiner ausgehenden Liebe zu ihnen – nunmehr geoffenbart wurde. *Paulus definiert die weltelementare Herrlichkeit des Christus in Seinen* (des Herrn Jesus Christus!) *unausforschlichen Reichtum, der die unnachahmliche Größenvielfalt des Heilands unumwunden preisgibt.*

Diese fortan von dem Schöpfer der Welt (*der alles erschaffen hat* / Epheser, Kapitcl 3, Vers 9b) freigegebenen Mächte prägen die Liebe des Allmächtigen zu den Glaubenden. Dem Apostel Paulus ist die ehrwürdige Aufgabe Kraft seines apostolischen Amtes im Geist Gottes gegeben worden, anhand dieses Reichtums des Christus die Herzen der Auserwählten *zu erleuchten* (Epheser, Kapitel 3, Vers 9a).

Die von Gott stets gewollte Heilgeschichte hat sich in Seinem Sohn Jesus Christus tatkräftig verwirklicht, wie es uns der 10. Vers noch genauer definieren wird…

Vers 10: Folglich, so Paulus, *werden jetzt den Fürstentümern und Gewalten in den himmlischen (Regionen) durch die Gemeinde die mannigfaltige Weisheit Gottes bekannt gemacht.*

Das vom Höchsten stets Gewollte hat sich in Christus verwirklicht, ja – in Seiner uns zugedachten Liebe lässt uns der Höchste *teilhaben* **in den himmlischen (Regionen)** als kosmologisch zu betrachtende „Mächte und Gewalten" in der uns (*noch!*) unsichtbaren Welt der geistlichen Wirklichkeit, die wir *erst dann* sichtbar wahrnehmen, wenn der Heiland die Gläubigen in Sein Reich der Himmel berufen wird – beim Tag Seiner Wiederkunft.

Aber, so Paulus – wir sind *die bereits im Hier und Jetzt* (Epheser, Kapitel 3, Vers 10a) aufgrund unseres Glaubens an den Höchsten und an Jesus Christus *Begünstigten,* ja – *die Auserwählten* **seit Grundlegung der Welt** (Matthäus, Kapitel 25, Vers 34c) vom Höchsten *auserkorenen Teilhaber* „der kosmologischen Vielfältigkeit" *in* Jesus Christus. *Wir* – welche die Kirche des Christus bilden – *sind selbst ein Teil Jesu Christi* und somit *in sich* eine weltelementare Größe, *welche an der mannigfaltigen* (opulenten!) **Weisheit Gottes** (Epheser, Kapitel 3, Vers 10b) *ertragreiche Nutznießer im Jetzt* (Epheser, Kapitel 3, Vers 10a) *sind.*

Paulus beschreibt *die mannigfaltige Weisheit des allmächtigen Gottes* wie folgt:

O welche Tiefe des Reichtums sowohl der Weisheit als auch der Erkenntnis Gottes! Wie unergründlich sind seine Gerichte, und wie unausforschlich seine Wege! (Römer, Kapitel 11, Vers 33).

Und im Buch des Propheten Jesaja heißt es:

Auch dies geht aus von dem Herrn der Heerscharen; denn sein Rat ist wunderbar, und er führt es herrlich hinaus (Jesaja, Kapitel 28, Vers 29).

Anhand der von dem Apostel Paulus, als auch von dem Propheten Jesaja erwählten Worte, welche die über allem stehende, mehr als nur vielfältige Herrlichkeit Gottes in Christus preisgeben, kann man erkennen, dass die Auserwählten fortan *in* dem Heiland zu **den himmlischen (Regionen)** „emporgehoben" wurden. *Die Erleuchtung des uns liebenden Gottes ist fortan mit endzeitlicher, doch bereits seit Ewigkeit geplanter und nunmehr vollführter Positionierung in unseren Herzen umfassend angelangt.* Somit hat uns der allmächtige Gott in die Herrlichkeit Seines Sohnes *hineinintegriert*, um *allezeit ertragreiche Teilhaber an der himmlischen Festfeier zu werden.*

Wir sind am Ziel angelangt, sodass wir fortan **Mitbürger der Heiligen und Gottes Hausgenossen genannt werden** (sie Auslegung zu Epheser, Kapitel 2, Vers 19b).

Verse 11 + 12: Beide Verse stehen in einem nahen Zusammenhang zueinander und können folglich als „ineinander verschmelzend" betrachtet und ausgelegt werden.
In ihnen sehen wir die unverhüllte Wahrhaftigkeit Gottes in dem Herrn Jesus Christus, **die uns Zuversicht durch den Glauben an ihn** (Epheser, Kapitel 3, Vers 12) *gewährleistet.*
Diese ist gegründet auf **dem Vorsatz der Ewigkeiten, den Gott in Christus, unserem Herrn gefasst hat** (Epheser, Kapitel 3, Vers 11).

Das von Ewigkeit gegründete und existierende Vorhaben des Allerhöchsten hat sich nunmehr *in* Christus Jesus der gläubigen Menschheit in Seiner ganzen Herrlichkeit *wohlwollend offenbart*.

Ja – in der Tat – Gott hat *in* Christus *die **Scheidewand des Zaunes** abgebrochen*, (siehe Auslegung zu Epheser, Kapitel 2, Vers 14b!) um die an Ihn und Christus Glaubenden in den Herrschaftsbereich Seiner selbst *freien Eintritt zu gewährleisten*. Diese rundum errettende Gewährleistung entschied der allmächtige Gott bereits *vor **Grundlegung der Welt*** (Matthäus, Kapitel 25, Vers 34c), denn:

Gnädig und barmherzig ist der Herr, geduldig und von großer Güte (Psalm 145, ein Psalm Davids, Vers 8 / Lutherbibel 1984).

Paulus bekennt diese Gnadentat des Allerhöchsten wir folgt:

Er hat uns ja errettet und berufen mit einem heiligen Ruf, nicht aufgrund unserer Werke, <u>sondern aufgrund seines eigenen Vorsatzes und der Gnade, die uns in Christus Jesus vor ewigen Zeiten gegeben wurde, die jetzt aber offenbar geworden ist durch die Erscheinung unseres Retters Jesus Christus, der dem Tod die Macht genommen hat und Leben und Unvergänglichkeit ans Licht gebracht hat durch das Evangelium</u> (2.Timotheus, Kapitel 1, Verse 10 + 11).

Und der Apostel Petrus beschreibt das zu unserer Errettung dienende Gnadenwerk Gottes *in* Jesus Christus wie folgt:

Er (Jesus Christus!) *war zuvor ersehen vor Grundlegung der Welt, aber wurde offenbar gemacht in den letzten Zeiten um euretwillen* (den Gläubigen! / 1.Petrus, Kapitel 1, Vers 20).

Aufgrund dieses uns zu Gute dienenden Heilsratschlusses Gottes *haben wir beide* (die Juden, als auch die Heiden!) *den Zutritt zu dem Vater in einem Geist* (Epheser, Kapitel 2, Vers 18 – siehe Auslegung!), *durch den wir im Glauben auch Zugang erlangt haben zu der Gnade, in der wir stehen, und wir rühmen uns der Hoffnung auf die Herrlichkeit Gottes*, so der Apostel Paulus weiter in seinem Brief an die Römer in Kapitel 5, Vers 2.

Der Vermittler des uns zu Gute dienenden, ewigen Friedens ist der Herr Jesus Christus, der Seine himmlische Heimat verlassen musste, um den Willen Gottes anhand Seiner Selbstverwirklichung in Ihn – uns – den Sündern – Ewiges Leben zu gewährleisten. Diese fortan in unseren Herzen verankerte Gewissheit lässt uns freudestrahlend den allmächtigen Gott rühmen:

Es sollen dir danken, Herr, alle deine Werke und deine Heiligen dich loben und die Ehre deines Königtums rühmen und von deiner Macht reden, dass den Menschen deine gewaltigen Taten kundwerden und die herrliche Pracht deines Königtums. Dein Reich ist ein ewiges Reich, und deine Herrschaft währet für und für (Psalm 145, ein Psalm Davids, Verse 10 – 13 / Lutherbibel 1984).

So hat sich nun der stets von Gott gewollte Heilsplan in dem Herrn Jesus Christus *verwirklicht,* denn die kosmische Ewigkeit hat sich in Christus zu einem von Gott stets anvisierten, *nunmehr erfüllten Zeitplan vollendet,* um die Auserwählten in das Reich Seiner Herrlichkeit zu leiten.

Wir – die Glaubenden – *sind fortan anhand unseres Glaubens in Übereinstimmung mit dem Allmächtigen in Jesus Christus die Kinder Seiner auf Ewigkeit währenden, uns liebenden Obhut.*

Vers 13: Der nun folgende, zusammen gefasst zu betrachtende „Schlussteil des 3. Teilkapitelabschnittes" bezieht sich auf die bereits ausgelegten Verse 1 – 12 des 3.Kapitels (siehe Auslegung!).

Der Apostel will die Gemeinde in Ephesus als auch die Leser dieses Briefes *ermutigen,* sich *nicht von seiner* **Gebundenheit in Christi Jesu** (Epheser, Kapitel 3, Vers 1 – siehe Auslegung!) *entmutigen* zu lassen. Paulus will den Adressaten zu verstehen geben, dass sie aufgrund seiner **Gebundenheit in Christus** an ihrem Glauben *festhalten sollen.* Er ist es, der die „von außen auf sie zuströmende Last" als „Starker im Glauben" trägt, *damit sie die ganze kosmische Vielfalt der Kirche in ihren Glauben aufnehmen können.* Ihre vom Glauben erfüllten Herzen sollen sich *nicht* abschrecken lassen von den an ihm verrichteten Drangsalen, die er im Namen Jesu Christi zu erdulden hat.

Diese von Glauben ernährte und somit stabil zu erachtende zu Gott und Jesus Christus verbundene Loyalität ist ein klares, unumstößliches Indiz der durch den Glauben gefestigten, kontinuierlichen, vom Heiligen Geist geleiteten Christusliebe. Es ist weiterhin *ein eindeutiges Anzeichen,* dass der den Paulus

„angreifende Geist", *der jetzt in den Söhnen des Ungehorsams wirkt,* (Epheser, Kapitel 2, Vers 2c – siehe Auslegung!) _keinerlei_ *Schäden infolge von* „Glaubensgehorsamsverletzungen" *gegenüber Gott und Jesus Christus anrichten kann.*

Denn ein gefestigter Glaube kann in der Tat Berge versetzen – und wird durch die Prüfungen Gottes in seiner ganzen Identität *rundum versiegelt,* sodass _keine_ Fremdbeeinflussungen dieses Gottesgeschenk *beeinträchtigen können.*

Der den Gläubigen zuteilwerdende Anteil am Christusgeschehen ist für *allezeit* in gnadenumwobener Herrlichkeit vom Höchsten versiegelt, dessen stetiger Helfer und Begleiter der von Gott ausgehende Heilige Geist ist, damit sein an uns vollbrachtes Werk in dem Herrn Jesus Christus stets die Früchte des Heils trägt.

Dazu ist der Sohn (Gottes = Jesus Christus!) – schreibt der Apostel Johannes in seinem 1.Brief in Kapitel 3, Vers 8b – **_erschienen, dass er die Werke des Teufels zerstöre._**

Wohl dem, der solch einen tiefgründigen Glauben in seinem Herzen trägt…

Verse 14 - 21

Gebet um Erkenntnis der Liebe des Christus

[14]*Deshalb beuge ich meine Knie vor dem Vater unseres Herrn Jesus Christus,* [15]*von dem jedes Geschlecht im Himmel und auf Erden den Namen erhält,* [16]*dass er euch nach dem Reichtum seiner Herrlichkeit gebe, durch seinen Geist mit Kraft gestärkt zu werden an dem inneren Menschen,* [17]*dass der Christus durch den Glauben in euren Herzen wohne, damit ihr, in Liebe gewurzelt und gegründet,* [18]*dazu fähig seid, mit allen Heiligen zu begreifen, was die Breite, die Länge, die Tiefe und die Höhe sei,* [19]*und die Liebe des Christus zu erkennen, die doch alle Erkenntnisse übersteigt, damit ihr erfüllt werdet bis zur ganzen Fülle Gottes.* [20]*Dem aber, der weit über die Maßen mehr zu tun vermag, als wir bitten oder verstehen, gemäß der Kraft, die in uns wirkt,* [21]*ihm sei die Ehre in der Gemeinde in Christus Jesus, auf alle Geschlechter der Ewigkeit der Ewigkeiten! Amen.*

Zwischenbemerkung:

Der Apostel Paulus beginnt den zweiten und letzten Kapitelabschnitt des 3. Kapitels mit einem fürsorglichen Gebet, welches allen Briefleser von Herzen gewidmet ist. Dieses beinhaltet, dass der gütige Gott *allen Lesern eine konsistente und kontinuierliche Glaubensstärke in ihre Herzen einpflanzen möge,* sodass diese Menschen den vollkommen Reichtum Seiner Gnade und Herrlichkeit in dem Herrn Jesus Christus Tag für Tag erkennen und wahrnehmen können.

Ja – in der Tat – Paulus bittet Gott inständig für seine an Ihn gerichtete Gebetserfüllung, dass die von Gott Beschenkten *das friedliebende Werk Jesu Christi in ganzer Fülle begreifen, um den Reichtum der ihnen gegebenen Herrlichkeit vollends im Glauben an den Heiland ausleben zu können.* Anhand dieser erbetenen Erfüllung könnten somit die Auserwählten einen tiefgründigen Einblick in das Wesen des Höchsten *in* Jesus Christus erlangen, welcher ihnen *stets* den wahren Weg des Lebens bekundet. Denn dieses heilsame Licht der unabdingbaren Wahrheit weist den Glaubenden den Weg, den der Erlöser für sie, die Kinder Gottes bereitet hat. Denn:

Dein Wort ist meines Fußes Leuchte und ein Licht auf meinem Wege (Psalm 119, Das güldene ABC, Vers 105 / Lutherbibel 1984).

Auslegung:

Vers 14: Der 14. Vers ist sozusagen eine Fortsetzung der von dem Apostel Paulus verfassten Verse 1 – 3 des gleichnamigen

3. Kapitels (siehe Auslegung!). Diese bereits von Paulus konzipierten Verse 1 – 3 geben dem Gesandten Christi, Paulus, den gewichtigen Gebetsanlass, für die Leser seines Briefs den Höchsten um die Erkenntnis Seiner an sie gerichteten Worte der unabdingbaren Wahrheit zu bitten.

Aufgrund des gnadenreichen Ratschlusses Gottes, den der Allmächtige dem Apostel Paulus in sein gläubiges Herz einpflanzte, ist es dem Apostel ein Anliegen, dass diese sich in ihm verwirklichte Gnadengabe des Höchsten fernerhin auch in den vom Herrn beschenkten Herzen der Glaubenden *gewinnfördernd* – sprich – *zu Jesus Christus bezogen offenbart*. Nunmehr bekennt Paulus überaus tiefsinnig Gottes an ihm erwiesene Gnade *in* dem Herrn Jesus Christus wir folgt:

Deshalb beuge ich meine Knie vor dem Vater unseres Herrn Jesus Christus, schreibt er voll des Heiligen Geistes mit zum Himmel gerichteten Blicken in Epheser, Kapitel 3, Vers 14.

Diese bewundernswerte, sich an Paulus erkenntlich zeigende Haltung ist ein klares, eindeutiges Indiz, *wie sehr* sich der Apostel über dieses an ihm rundum gewinnfördernde Gnadengeschenk des Höchsten *von ganzem Herzen freut*. Dies ist ein allseits aufrichtiges Zeichen der ehrerbietenden Hochachtung, das der Gesandte Gottes gegenüber dem himmlischen Vater bekundet, denn *er weiß* um die rundum errettende – ja – die allumfassende Wichtigkeit dieses Gnadenreichtums genauestens Bescheid, weil Gott ihm **das Geheimnis des Christus** (siehe Auslegung zu Epheser, Kapitel 3, Vers 4b!) *eindeutig zu erkennen gegeben hat.*

Anhand dieser sich vor Gott knienden Haltung kann man den *untertänigen Standpunkt, ja – die vollkommene Ehrerbietung des Apostels Paulus gegenüber dem Schöpfer der Welt und dessen Heilgeschehen in Jesus Christus genauestens erkennen,* sodass man folgende, von David verfassten Worte fortan näher begreifen kann:

Kommt her und sehet an die Werke Gottes, der so wunderbar ist in seinem Tun an den Menschenkindern (Psalm 66, ein Psalm Davids, Vers 5 / Lutherbibel 1984).

Diese überaus dankbaren Worte zeigen einmal mehr die von Gott stets überlegene und ausgehende Allmacht gegenüber der von Ihm stets abhängigen, hilfebedürftigen Menschheit, sodass fortan *jeder Beschenkte des Herrn* folgende von Glauben erfüllten Worte dem allmächtigen Gott voller Dankbarkeit bekunden kann:

Kommt, lasst uns anbeten und knien und niederfallen vor dem Herrn, der uns gemacht hat. Denn er ist unser Gott und wir das Volk seiner Weide und Schafe seiner Hand (Psalm 95, Verse 6 + 7 / Lutherbibel 1984).

Vers 15: Von diesem uns liebenden Gott, so Paulus, *von dem jedes Geschlecht im Himmel und auf Erden den Namen erhält.*

Denn **bei dir** ist die Quelle des Lebens, und **in deinem** Lichte sehen wir das Licht (Psalm 36, ein Psalm Davids, Vers 10 / Lutherbibel 1984).

Gott ist es, *der dem Dunkel das Licht gebietet, der den Menschen nach Seinem Willen formt, der Himmel und Erde gemacht hat – und den Menschen das Leben spendet*. Dieser allmächtige, unfehlbare Schöpfer ist folglich auch der Schöpfer, auf welchem **jedes Geschlecht im Himmel und auf Erden den Namen erhält** (Epheser, Kapitel 3, Vers 15).

Die Unfehlbarkeit des Allerhöchsten zeichnet sich durch Seine unwiderrufliche Allmacht aus, sodass Er von einem jedem von Ihm erschaffenen Geschöpf Unterwürfigkeit infolge seiner unantastbaren Machtvollkommenheit verlangen kann:

Denn Gott spricht:

Ich habe bei mir selbst geschworen, aus meinem Mund ist Gerechtigkeit hervorgegangen, ein Wort, das nicht zurückgenommen wird: Ja, mir soll sich jedes Knie beugen und jede Zunge schwören! (Jesaja, Kapitel 45, Vers 23).

Denn ich, der Herr, verändere mich nicht (Maleachi, Kapitel 3, Vers 6a) – denn Gott beinhaltet die Allmacht:

Der ist und der war und der kommt, der Allmächtige (die Offenbarung des Johannes, Kapitel 1, Vers 8b).

Infolge dieser *allwissenden Makellosigkeit* des himmlischen Vaters kann nunmehr der von Gott beschenkte, gläubige Mensch Folgendes von ganzem Herzen behaupten:

Wer kann die großen Taten des Herrn alle erzählen und sein Lob genug verkündigen? (Psalm 106, Vers 2 / Lutherbibel 1984).

Vers 16: Hierauf wiederholt Paulus seine Bitte an den allmächtigen Gott mit folgenden Worten:

Dass er euch nach dem Reichtum seiner Herrlichkeit gebe, durch seinen Geist mit Kraft gestärkt zu werden an dem inneren Menschen.

Mit dieser seiner Bitte appelliert der Apostel anhand seines gläubigen Herzens Gott um die *instruktive Festigung des Heiligen Geistes in den Herzen der Beschenkten, sodass die von Gott an die Auserwählten weitergeleitete Herrlichkeit sich in ihren vom Höchsten dargelegten Wesensmerkmalen im Herrn Jesus Christus wohlgesinnt überträgt.*

Diese von Paulus geleistete Bitte weist sogleich auf, dass sich die von ihm Angeschriebenen noch in einem „Wachstumsglauben" befinden, welcher *noch nicht vollständig* vom Geist der unabdingbaren Wahrheit des Allerhöchsten *beseelt wurde.* Folglich bittet der Apostel um *die Stärkung* **an dem inneren Menschen.**

Diese „innere Stärkung" bezieht sich jedoch auf den noch hilfebedürftigen, vertiefenden Aufbau des Herzens mit der von Gott offenbarten Kraftauswirkung des Heiligen Geistes, weil in den Herzen der „elementare Ausbreitungscharakter" der allumfassenden Botschaft Gottes *noch nicht gänzlich gefestigt ist.*

Diese *noch nicht konsistent* erfüllten Herzen *bedürfen noch einer* „Aufbauhilfe" in Form von einer gewissen „von Gott durch den Heiligen Geist ausgehenden, barmherzigen Erziehungsgestaltung". Jene ist es letztlich, *welche die von Gott geforderten Wesenszüge der menschlichen Charaktere hervorruft,* denn *das Herz des Menschen* ist das sich erkenntlich zeigende „Aushängeschild" eines zu Gott bezogenen Lebensstils, *welches nun mit aller Kraft gestärkt wurde, gemäß der Macht seiner* (Gottes!) *Herrlichkeit zu allem standhaften Ausharren und aller Langmut, mit Freuden* (Kolosser, Kapitel 1, Vers 11).

Anhand des Herzens wird der von Gott geforderte Maßstab des Glaubens gemessen und beurteilt:

Denn der Herr sieht nicht auf das, worauf der Mensch sieht; (auf das Äußere!) ***denn der Mensch sieht auf das, was vor Augen ist, der Herr aber sieht das Herz an!*** (1.Samuel, Kapitel 16, Vers 7b).

Vers 17: Diese von Paulus erbetenen Kraftauswirkungen, ja, diese vom Höchsten ausgeführten Verfestigungen des Heiligen Geistes in den Herzen der Beschenkten haben nunmehr zur Folge, *dass der Christus durch den* (gefestigten!) *Glauben in euren Herzen wohne, damit ihr, in Liebe gewurzelt und gegründet* seid.

Das nunmehr durch das Gebet des Paulus von Gott erhörte und daraufhin verwirklichte „Stärkenwachstum der Herzen" trägt dazu bei, dass des allmächtigen Gottes ausgehende Liebe *in* dem Herrn Jesus Christus fortan die Herzen der Gläubigen *überaus wohlwollend im Heiligen Geist ummantelt.*

Das Licht der von Wahrheit umgebenen Herrlichkeit Jesu Christi leuchtet fortan in den beschenkten Herzen und kennzeichnet zugleich die tief *verwurzelte,* von Gott offenbarte

Glaubensstärke Gottes in Jesus Christus. In dem Heiland hat uns Gott fortan ein neues, auf Ewigkeit währendes Geschenk offenbart, dessen reiner Bezugspunkt uns in Jesus Christus zu einem neuen, ewigen Leben *gründet*.

Anhand dieses barmherzigen Handelns des Höchsten hat uns der Allmächtige *mit Jesus Christus auf Ewigkeit verbunden* – ja – in der Tat – **Christus lebt in mir** – schreibt Paulus in seinem Brief an die Galater in Kapitel 2, Vers 20a – und weist zugleich die Beschenkten auf Gottes uns liebende Wesensart hin, fortan bleibende Anwärter **der himmlischen (Regionen)** zu werden, sodass der Apostel Paulus folgende, signifikanten Worte in seinem Brief an die Galater in Kapitel 2, Vers 20b hinzufügt:

<u>*Was ich*</u> (bzw. jeder Auserwählte Gottes!) <u>*aber jetzt im Fleisch lebe, das lebe ich im Glauben an den Sohn Gottes, der mich geliebt und sich selbst für mich hingegeben hat.*</u>

Und der Herr Jesus Christus bestätigt:

Wenn jemand mich liebt, so wird er mein Wort befolgen, und mein Vater wird ihn lieben, <u>und wir werden zu ihm kommen und Wohnung</u> (im Herzen!) <u>**bei ihm machen**</u> (Johannes, Kapitel 14, Vers 23b).

Ja – in der Tat – in Christus hat das barmherzige Gnadenheil Gottes *bereits im Hier und Jetzt die endzeitlichen Züge der ewigen Errettung angenommen!*
Nun sind wir, die an Jesus Christus *durch* Gott im Glauben Gefestigten: <u>**gewurzelt und auferbaut in ihm und gefestigt im Glauben**</u> (Kolosser, Kapitel 2, Vers 7a).

Folglich verbinden sich der Glaube und das an uns von Gott vollbrachte Geschenk Seines Sohnes Jesus Christus in unseren Herzen *in eine gemeinschaftliche Eingangs – als auch Ausgangsbasis, welche die von Gott an uns geforderten Maßstäbe des Glaubens letztlich rundum verwirklicht:*

Einerseits das an die Beschenkten offenbarte Heilgeschenk Seiner von Ihm ausgehenden Liebe zu uns, weil wir Seine an uns gerichteten, wahrheitsgemäßen Worte anhand unseres Glaubens an Ihn bekunden –

Andererseits das durch unseren Glauben bestätigte, nunmehr vollführte, fest **gewurzelte und gegründete** Dasein unseres Erlösers Jesus Christus, *der fortan die von Gott stets gewollte Regie in unserem Herzen übernimmt, um die einstigen Barrieren der Unüberwindbarkeit dank unseres Glaubens an Ihn zu durchbrechen,* **weil Er der alleinige Wegbereiter des Ewigen Lebens ist** (siehe unter Johannes, Kapitel 14, Vers 6).

So sind nun *alle Gläubigen allein* durch den vom Herzen kommenden Glauben an den Herrn Jesus Christus die Glückseligen des uns liebenden Gottes!

Allein der Glaube durch die an die Gläubigen weitergegebene Liebe Gottes – und diese abermals von Gott ausgehende Liebe an den Herrn Jesus Christus, den die Beschenkten selbst anhand ihres Glaubens an den Herrn Jesus weiterleiten und folglich bekunden – befähigen die Glaubenden, in der Ära Gottes und Jesu Christi auf Ewigkeit bleibende Teilnehmer zu sein und Anwärter im Reich der Himmel zu werden.

Vers 18: Anhand der *gewurzelten* und durch Gottes Liebe in Jesus Christus *gegründeten* Anwesenheit des Heilands (Epheser, Kapitel 3, Vers 17 – siehe Auslegung!) *sind wir folglich dazu fähig, mit allen Heiligen* (Gläubigen!) *zu begreifen, was die Breite, die Länge, die Tiefe und die Höhe sei* (Epheser, Kapitel 3, Vers 18). Dies ist das gewinnfördernde Werk des *Glaubens* (siehe abermals Auslegung zu Epheser, Kapitel 3, Vers 17!).

Wenn die Maßnahmen des *Glaubens* (siehe Auslegung zu Epheser, Kapitel 3, Vers 17!) die Früchte des Heils in dem Herrn Jesus Christus getragen haben, so sind von nun an *alle Heiligen* (Gläubigen!) *dazu fähig, die Breite, Länge, Tiefe und Höhe* des Reichtums Gottes zu begreifen.

Die von Gott den Gläubigen weitergegebene Liebe befähigt die Beschenkten, das „Ausmaß Gottes in Jesus Christus" – sprich – *die Breite, Länge, Tiefe und Höhe* Seiner unendlichen Allmacht näher zu begreifen.

Dieser 18. Vers ist abermals nur sehr schwer zu deuten und folglich auch sehr schwierig auszulegen:

Der Autor ist jedoch der Meinung, *dass die Angesprochenen des Paulus sowohl die Gläubigen Christen, als auch die Engelsmächte in den himmlischen (Regionen) sind.*

Diese kosmisch zusammengefasste Größe – in welche auch die Kirche, wie wir bereits in Erfahrung bringen konnten – involviert ist, ist aufgrund des „unbeschreiblichen, opulenten Herrschaftsausmaßes des allmächtigen Gottes in Jesus Christus" nunmehr dazu *bedingt* (und daher eingeschränkt!) *fähig, diese „Fülle der Herrlichkeit des Höchsten", ja – „die Fülle des kosmischen Raumes als Ganzes" näher zu begreifen.*

Die Breite, Länge, Tiefe und die Höhe „könnten" somit die in sich stimmige „zu einer Einheit sich zusammenfügenden, bestimmten, weltelementaren Größen" meinen, die Gott *in* Jesus Christus schuf – die sich nun folglich durch die an die Gläubigen von Gott vermittelte Liebe in dem weltelementaren Reichtum Christi bedingt durch den Glauben an den Heiland „anschmiegen", sodass diese den Beschenkten *präziser und exakter, jedoch nicht in ihrer ganzen Fülle vollkommen erkenntlich werden.*

Denn die unendlichen Ausmaße des Reichtums Gottes in dem Herrn Jesus Christus, ja – *die mannigfaltigen Weisheiten Gottes* (Epheser, Kapitel 3, Vers 10b – siehe Auslegung!) sind schlichtweg **unausforschlich** (siehe Auslegung zu Epheser, Kapitel 3, Vers 8b!).

So kann man anhand des Buches Hiob die sich an diesen 18. Vers des Epheserbriefes sich anschmiegenden, gewählten Worte Zophars (ein Freund des Hiob!) Folgendes in Erfahrung bringen…

Denn auch diese Worte weisen darauf hin, *dass der gänzliche Herrschaftsreichtum des allmächtigen Gottes schier unmöglich in Seiner ganzen Fülle zu begreifen und zu verstehen ist:*

Kannst du die Tiefe Gottes ergründen oder zur Vollkommenheit des Allmächtigen gelangen? Sie ist himmelhoch – was willst du tun? tiefer als das Totenreich – was kannst du wissen? Ihre Ausdehnung ist größer als die Erde und breiter als das Meer (Hiob, Kapitel 11, Verse 7 – 9).

Vers 19: So sollen die Glaubenden aufgrund der ihnen gegebenen Liebe Gottes *die Liebe des Christus erkennen.*

Diese abermals von Gott an uns ausgehende, ja – *gespendete Liebe* veranlasst uns dazu, des Höchsten Selbstverwirklichung in den Herrn Jesus Christus zu *erkennen, die doch,* so Paulus, *alle Erkenntnis übersteigt.* So sind wir – die an den Herrn Jesus Christus Glaubenden – die durch Gottes Liebe Begünstigten, weil wir des Höchsten „Auserwählten – Status bedingt durch Seine an uns übergebene Liebe" in dem Herrn Jesus Christus bemerken und daher *erkennen.*

Es ist daher *keine natürliche Erkenntnis, sondern eine uns von Gott vermittelte, vergegenwärtigte Urteilskraft im Geist.*

Anhand dieser uns von dem allmächtigen Gott gegebenen „einsichtigen Erleuchtung" sind wir **erfüllt worden bis zur ganzen Fülle Gottes.**

So sind wir *allein durch das Gottesgeschenk der Liebe* die Begünstigten und folglich die „Bewusstseinsteilnehmer des Höchsten in Jesus Christus", welche mit der an uns vollbrachten Glaubenserfüllung des himmlischen Vaters an den Herrn Jesus Christus *die Vollkommenheit der* **Fülle Gottes** *mehr und mehr begreifen lässt.*

Somit sind wir eine durch Gottes Gnade zusammengefügte Einheit der Gläubigen (die Kirche Christi!) in der **_ganzen Fülle Gottes_**.

Allein durch Gottes wohlwollende Gnadengabe sind wir „herangereift und hineingewachsen" in die Fülle des Reichtums Gottes. Dieser „Wachstumsprozess", *der einzig und allein mit der unabdingbaren Hilfe des Heiligen Geistes reift und gedeiht, führt uns letztlich zum Ziel* **der himmlischen (Regionen)**, *der uns im Endeffekt am Tag der Wiederkunft Christi die Einsicht in die Vollkommenheit Gottes gewährt.*

Der Apostel Paulus beschreibt diesen „Entwicklungsprozess des Glaubens in von Gott beabsichtigten Schritten" in seinem 1.Korintherbrief wie folgt:

Denn wir sehen jetzt mittels eines Spiegels wie im Rätsel (bezogen auf Epheser, Kapitel 3, Vers 19: Zwar ***erfüllt,*** doch noch wird die gänzliche **Fülle Gottes** _nicht vollkommen sichtbar,_ daher ist unsere Sichtweise _noch_ rätselhaft!)

dann aber von Angesicht zu Angesicht; (sprich – bei der Wiederkunft des Herrn Jesu Christi werden wir die Herrlichkeit des Herrn _sichtbar_ erkennen!)

**jetzt** (in unserem irdischen, weltlichen Dasein!)

erkenne ich stückweise, (die den Glaubenden von Gott geoffenbarte Erkenntnis ist in ihrer irdischen Befugnis _bedingt fähig_ die _ganze_ Fülle der Herrlichkeit des allmächtigen Gottes in Jesus Christus _zu erkennen und wahrzunehmen_!)

dann aber werde ich erkennen, gleichwie ich erkannt bin (bei der Wiederkunft Christi werden den Glaubenden die einst verhüllten Schleier der „Sichtklarheit" abgenommen, sodass die Sichtweise, sprich – *die vollkommen klare Sicht nunmehr bei der Gegenüberstellung zu Jesus Christus keinerlei Beeinträchtigung mehr hat,* um somit die *ganze Fülle Gottes* (Epheser, Kapitel 3, Vers 19b) *eindeutig und folglich vollkommen klar zu erkennen.* Gott und Jesus Christus aber schauen schon in der jetzigen Weltzeit mit unbeirrbarem Durchblick auf die Aufrichtigkeit aller Herzen, die Ihnen auf Ewigkeit angehören!).

(1.Korinther, Kapitel 13, Vers 12).

Folglich können die Leser des Epheserbriefes, um erneut auf den 19. Vers des 3.Kapitels zurückzukommen, das stets von Gott in Christus gewollte und beabsichtigte Heilgeschehen betrachten und in ihrem eigenen Leben beobachten – ja – *gänzlich nachvollziehen.* Dieses sich „Schritt für Schritt" vom Höchsten im Heiligen Geist geleitete, sich erfüllende Heilgeschehen prägt die Liebe Gottes zu den Gläubigen und lässt uns Seine an uns ausgehende Liebe in Jesus Christus *mehr als nur deutlich wahrnehmen und erkennen.*

Zugleich wird uns anhand dieses Verses ersichtlich, dass der Apostel Paulus *stets* mit einem zum Himmel gerichteten Blick seine vom Heiligen Geist geleiteten Worte wählt, weil er selbst die sich bald erfüllende Herrlichkeit Gottes in Jesus Christus herbeisehnt…

In seinem Brief an die Philipper bekennt er unverblümt seine von Bedürfnis ummantelte Sehnsucht nach der Herrlichkeit Jesu Christi:

Mich verlangt danach, <u>aufzubrechen und bei Christus zu sein, was auch viel besser wäre</u>... (Philipper, Kapitel 1, Vers 23b)

Denn unser Herr Jesus Christus spricht:

Wahrlich, wahrlich, ich sage euch: <u>Wenn das Weizenkorn nicht in die Erde fällt und stirbt, so bleibt es allein; wenn es aber stirbt, so bringt es viel Frucht</u> (Johannes, Kapitel 12, Vers 24).

Der Mensch kann folglich die vollkommene Reinheit Christi, ja – ***<u>die ganze Fülle Gottes</u>*** (Epheser, Kapitel 3, Vers 19b!) *erst dann erlangen,* wenn er in vollkommener Reinheit – bei der Wiederkunft Jesu Christi – in das Reich der Herrlichkeit Gottes eindringt.

Dies ist der stets beabsichtigte Endschritt des uns liebenden Gottes, damit wir auf Ewigkeit in Seiner und Christi Nähe verweilen, denn Paulus schreibt:

Und der Friede Gottes, der allen Verstand übersteigt, wird eure Herzen und eure Gedanken <u>bewahren</u> in Christus Jesus! (Philipper, Kapitel 4, Vers 7!) – und fügt die gewichtigen Worte von seinem Brief an die Kolosser in Kapitel 1, Vers 29 hinzu, *um dass die von ihm erwählten Worte aus* Epheser, Kapitel 3, Vers 19 *in Erfüllung gehen:*

Dafür arbeite und ringe ich auch gemäß seiner (Gottes!) ***wirksamen Kraft, die in mir wirkt mit Macht.***

Vers 20: Die lobpreisenden Worte gehen nun über in die nochmals in den Worten des Paulus gesteigerten, unnachahmlichen Prädestinierungen des allmächtigen Gottes im Heiligen Geist, die da lauten:

derhalb *Dem aber, **der weit über die Maßen mehr zu tun vermag, als** **wir bitten oder verstehen, gemäß der Kraft, die in uns wirkt.***

In der Tat – *Gott übertrumpft und überbietet in der Erhörung unserer Gebete den Inhalt der an Ihn gerichteten Bitten.* Des Allmächtigen Gnadengabe erweist sich folglich als ein barmherziges, sich stets uns zuwendendes Offenbarungsgeschenk, welches sich in Seiner uns zu Gute kommenden Fülle nochmals „in sich selbst steigert". Diese an uns gerichtete, liebevolle Versorgung der Gebetserhörung des Höchsten *zeigt sich in ihrer Wiedergabe als unübertrefflich und noch definierter, als wir es uns gänzlich vorstellen können.*

Ja, anhand dieser Erkenntnis liegt es auf der Hand, dass Gott letztlich die an Ihn gerichteten Gebete *bereits wahrnimmt und ihren Inhalt genauestens kennt, bevor die Beter ihre Gebete an Ihn ausrichten.*

Unser Herr Jesus spricht:

Denn euer Vater (Gott!) ***weiß, was ihr benötigt, ehe ihr ihn bittet*** (Matthäus, Kapitel 6, Vers 8b).

Diese in Gott ruhende Allwissenheit ist das Kennzeichen Seiner unendlich fruchtbaren, den Glaubenden zu Gute kommenden, unantastbaren Allmacht, die Er uns mittels der nicht erbetenen Bitte *trotz allem* wohlwollend offenbart.

Sprich – *die Gnadengabe Gottes übertrumpft* das Erbetene – und lässt den Gläubigen die unerschöpfliche Erkenntnis des Höchsten in Seinen barmherzigen, uns liebenden Gnadenweitergaben folglich Seine Liebe zu uns noch deutlicher wahrnehmen und erkennen.

Der Apostel Paulus formuliert das für uns unsagbar zuteilwerdende Heilgeschehen des allmächtigen Gottes wie folgt:

Ebenso kommt aber auch der Geist unseren Schwachheiten zur Hilfe. Denn wir wissen nicht, was wir beten sollen, wie sich`s gebührt; aber der Geist selbst tritt für uns ein mit unaussprechlichen Seufzern (Römer, Kapitel 8, Vers 26).

Die an uns ausgehende Kraftauswirkung des Heiligen Geistes ist ein *nicht in Worte zu fassender, friedliebender Beweis Gottes in Jesus Christus,* **denn es gefiel (Gott), in** (Jesus Christus!) ***ihm alle Fülle wohnen zu lassen*** (Kolosser, Kapitel 1, Vers 19) – und bestätigt uns erneut, dass wir in den unendlich gnadenreichen Sphären des uns über alles liebenden, allmäch-

tigen Gottes rundum angenommen und angekommen sind (siehe hierzu auch Auslegung unter Epheser, Kapitel 1, Vers 19!).

„Hiobs Demütigung und Reue" lässt uns wissen:

<u>Ich</u> (Hiob!) *<u>erkenne, dass du</u>* (Gott!) *alles vermagst und dass <u>kein Vorhaben dir verwehrt werden kann.</u>* (Hiob, Kapitel 42, Vers 2).

Vers 21: Alle Ehre gebührt folglich dem uns liebenden Gott:

Ihm sei die Ehre, so Paulus, *in der Gemeinde in Christus Jesus, auf alle Geschlechtern der Ewigkeit der Ewigkeiten! Amen.*

Mit diesen gnadenreichen Worten beendet der Apostel Paulus dieses wunderbar anmutende, von Gottes Liebe uns überreich segnende 3. Kapitel des Epheserbriefes.

Paulus erinnert die von ihm Angeschriebenen nochmals auf das überreiche Gnadenwerk Gottes, *welches ihm dank seines apostolisch befugten Amtes von Gott in Jesus Christus im Geist der Wahrheit genauestens dargelegt wurde – in dem auch wir fortan gewinnfördernde Teilhaber dank unseres Glaubens an den Herrn Jesus Christus geworden sind.*

Diese auf Ewigkeit gefestigte Liebe Gottes *in* dem Herrn Jesus Christus ist das Indiz Seiner an uns weitergegebenen

Liebe, die in des Allmächtigen unwiderruflichen Herrlichkeit Selbst – und in der unantastbaren Herrlichkeit des Heilands *gleichermaßen ruhen.*

Wir – die Glaubenden – wurden in diese Herrlichkeit dank der an uns ausgehenden Liebe Gottes auf *Ewigkeit* hineinintegriert.

Denn, so schreibt der Apostel Petrus:

Wenn jemand redet, so (rede er es) als Aussprüche Gottes; wenn jemand dient, so (tue er es) aus der Kraft, die Gott darreicht, damit in allem Gott verherrlicht wird durch Jesus Christus. Ihm sei die Herrlichkeit und die Macht von Ewigkeit zu Ewigkeit! Amen. (1.Petrus, Kapitel 4, Vers 11).

Paulus bestätigt sein Schlusswort des 3.Kapitels mit einem **Amen** (Epheser, Kapitel 3, Vers 21b). Dies drückt wiederum die Unantastbarkeit dieses Bekenntnisses auf ganzer Linie aus – denn: *Beständig und fest gegründet ist das Wort der unabdingbaren Wahrheit des Höchsten.*

Diese bekräftigenden, über allem stehenden Zusagen des Apostels Paulus umschließen die unantastbaren Worte Gottes, welche die an Christus Glaubenden in das Reich des Heilands Herrlichkeit – ja – der auf Ewigkeit existierenden Heimat des sie liebenden, himmlischen Vaters involvieren.

Kapitel 4

Verse 1 - 6
Die Einheit des Geistes

¹So ermahne ich euch nun, ich, der Gebundene im Herrn, dass ihr der Berufung würdig wandelt, zu der ihr berufen worden seid, ²indem ihr mit aller Demut und Sanftmut, mit Langmut einander in Liebe ertragt ³und eifrig bemüht seid, die Einheit des Geistes zu bewahren durch das Band des Friedens: ⁴Ein Leib und ein Geist, wie auch ihr berufen seid zu einer Hoffnung eurer Berufung; ⁵ein Herr, ein Glaube, eine Taufe; ⁶ein Gott und Vater aller, über allen und durch alle und in euch allen.

Zwischenbemerkung:

In den ersten 3 Kapiteln des Epheserbriefes hat der Apostel Paulus den angeschriebenen Gläubigen den für sie von Gott getätigten, von Seiner Liebe zu ihnen zeugenden, auf Ewigkeit errettenden Heilsplan in dem Herrn Jesus Christus bekannt gegeben. Dieses von der Liebe Gottes ummantelnde, barmherzige Gnadengeschenk gilt es, in dem noch vor den angeschriebenen Glaubenden liegenden, irdischen Dasein *in die Tat erfolgversprechend umzusetzen,* um dieses Barmherzigkeitsgeschenk Gottes letztlich nach dem ihnen zugedachten Willen des Höchsten *gänzlich* erfüllen zu können.

Anhand dieser in Kapitel 4 folgenden „Grundvoraussetzungen der Einhaltungsprinzipien Gottes in Jesus Christus" gibt der Apostel Paulus den Lesern den an ihn im Heiligen Geist übertragenen Willen Gottes bekannt. Dieses an den Apostel gerichtete „Willensprinzip des Höchsten" fordert wiederum die im Geist Beschenkten dazu auf, den an sie gerichteten Planaufgaben des Allmächtigen Folge zu leisten, um erfolgreich den an ihnen vollzogenen geistlichen Umbruch in „eine Einheit des Geistes" zu wandeln, damit der an sie ausgerichtete, stets wohlwollende Willen Gottes angepasst – und folglich von Gott gewinnfördernd bekräftigt wird.

Diese von dem barmherzigen Gott durch den Gesandten Seines Sohnes – von Paulus – aufgerufene „Einheit im Geist" soll dazu beitragen, dass *eine* zusammengefügte, von Harmonie geprägte „Sparte der Ausgewogenheit" zu erkennen – und mit standhafter, ja – unbeirrbarer Tatkraft des gemeinschaftlichen Zusammenhaltens bewirkt wird.

Die noch vor uns liegende Auslegung schenkt uns die rundum bedeutende Aufklärung…

Auslegung

Vers 1: Mit einer darauffolgenden Mahnung beginnt der 1.Vers des 4.Kapitels mit den Worten der Aufforderung, ja – der zu leistenden „Erkenntnisbitte", welche in Folge des den Lesern zugesagten Heilgeschehen Gottes in Jesus Christus *verwirklicht* wurde.

Diese von der Erleuchtung des Geistes auf die Beschenkten sich erkenntlich zeigende Gnadentat des Höchsten soll und muss sich anhand von Veränderungen im Lebensstil der Auserwählten *mit verpflichtender Anerkennung äußern*.

Sprich – der mit der Seligkeit des Geistes Jesu Christi vom Höchsten Beschenkte – *ist eine neue Schöpfung – weil das Alte vergangen ist – alles ist durch die an sie weitergegebene Liebe des Allmächtigen in dem Herrn Jesus Christus **neu geworden*** (2.Korinther, Kapitel 5, Vers 17).

Anhand dieses barmherzigen Gnadengeschenkes sollen sie alle *dem Herrn* (Jesus Christus!) *würdig wandeln und ihm in allem wohlgefällig sein; in jedem guten Werk fruchtbar und in der Erkenntnis Gottes wachsend*, schreibt der Apostel Paulus in seinem Brief an die Kolosser in Kapitel 1, Vers 10 – und führt in seinem 2.Thessalonicherbrief in Kapitel 1, Vers 11 fort:

Deshalb beten wir (die Apostel!) *auch allezeit für euch,* (*alle* Glaubenden!) *dass unser Gott euch der Berufung würdig mache und alles Wohlgefallen der Güte und das Werk des Glaubens in Kraft zur Erfüllung bringe.*

In der Tat – der Mensch hat aufgrund der Umkehr *in* Christus das Licht der Wahrheit in seinem Herzen aufgenommen, um mit diesem allerrettenden Wahrheitsprinzip sein Dasein in eine auf Gott in Christus gerichtete, „allgemeingültige Basis der Einheit im Geist" zu lenken, *welche auf dem Ewigen Leben beruht*. Dieses Vergegenwärtigungsprinzip gilt es letztlich *zu befolgen,* um diese „Einheit im Geist" zu bewirken – denn die von Gott Auserwählten *sollen*, so der Apostel Paulus – *in ihrer Berufung würdig wandeln, zu der sie berufen worden sind* (Epheser, Kapitel 4, Vers 1b).

Diese Ermahnung spricht *der Gebundene im Herrn* (Epheser, Kapitel 4, Vers 1a) – Paulus – aus. Des Apostels „Selbstdifferenzierung" und dem an ihn sich dokumentierten, vorgeschichtlichen Beweggrund konnten wir bereits in Epheser, Kapitel 3, Vers 1 (siehe Auslegung!) in Erfahrung bringen.

Vers 2: Der Apostel differenziert nunmehr dieses Einhaltungsprinzip in der bereits geschehenen, vollführten Anpassungsveränderung wie folgt:

Indem ihr <u>mit aller Demut und Sanftmut, mit Langmut einander ertragt</u>.

Die anerkennende, gegenseitige zu erachtende *Demut* (Ehrerbietung!) weist auf die stets von Gott und Christus aufgeforderte *Nächstenliebe* hin, *denn* **du sollst deinen Nächsten lieben, wie dich selbst** (Lukas, Kapitel 10, Vers 27b).

Denn, so der Apostel Petrus:

„Gott widersteht den Hochmütigen; den Demütigen aber gibt er Gnade" (1.Petrus, Kapitel 5, Vers 5b).

Sanftmut ist ein weiteres Kennzeichen der bedingt durch den Geist der Wahrheit sich abzeichnenden, *mildtätigen Liebenswürdigkeit,* welche eine rundum *empfindende Herzensgüte* aufgrund von *Aufmerksamkeit und Aufgeschlossenheit* gegenüber dem Nächsten bewirkt.

Dieses Einfühlungsvermögen drückt die *gefühlvolle Barmherzigkeit* aus, welche vom Heiligen Geist seine *beruhigende Gutartigkeit* gegenüber den Mitmenschen *warmherzig* ausdrückt. **Sanftmut** ist in der Tat *gnädig, anteilnehmend* und *mitfühlend*. Diese *in* Jesus Christus beheimatete Eigenschaft ist rundum *friedlich,* sodass die *mildtätige Herzlichkeit* mit ihr zum sich ausweisenden Vorschein gelangt, der die *friedliche* Absicht des Höchsten in Seinen auserwählten Kindern aufweist.

Ja, in der Tat – *die Sanftmütigkeit* prägt und weist auf die über allem stehende Wesensart des Heilands hin, denn Jesus Christus spricht:

<u>**Nehmt auf euch mein Joch und lernt von mir, denn ich bin sanftmütig und von Herzen demütig; so werdet ihr Ruhe finden für eure Seelen!**</u> (Matthäus, Kapitel 11, Vers 29).

Langmut ist ein weiteres Indiz der *geduldsamen Beherrschung*. Sie weist auf die *Reinheit der bedachtsamen Friedfertigkeit* hin, welche sich mit *beharrlicher Umsicht in duldsamer Ausdauer* erkenntlich zeigt. Sie ist ein von Gott gegebenes

Anzeichen der *besonnen Zurückhaltung*, denn **Langmut erträgt einander in Liebe** (Epheser, Kapitel 4, Vers 2b).

Paulus schreibt weiterhin über die Langmut in seinem 1.Brief an die Thessalonicher in Kapitel 5, Vers 14:

Wir ermahnen euch aber, Brüder: (Glaubensgeschwister!)

Verwarnt die Unordentlichen, tröstet die Kleinmütigen, nehmt euch der Schwachen an, <u>seid langmütig gegen jedermann</u>!

Diese von dem Apostel Paulus beschriebenen Gottesgeschenke *zeigen sich in dem vom Heiligen Geist bestimmten Wandel der Beschenkten erkenntlich.* Sie sind ein klares, eindeutiges, von Gott in Christus gewolltes Indiz der sich abzeichnenden, „neuen Menschen in dem Herrn Jesus Christus".

Im Brief des Paulus an die Kolosser können wir diesen neuen Wandel der von Gott Beschenkten wie folgt in Erfahrung bringen:

<u>**Der**</u> (*der* Mensch, den Gott erwählt hat!) <u>**erneuert wird zur Erkenntnis, nach dem Ebenbild dessen, der ihn geschaffen hat**</u> (Kolosser, Kapitel 3, Vers 10b!) – <u>**in wahrhafter Gerechtigkeit und Heiligkeit**</u> – fügt Paulus in Epheser, Kapitel 4, Vers 24b (siehe noch folgende Auslegung!) hinzu.

Demut, Sanftmut und **Langmut** begegnen sich ineinander in „verkoppelter und gleichzeitig ergänzender Harmonie". Weiterhin bilden diese vom Allmächtigen offenbarten, obligatorischen Wesenszüge die vorrangig zu erachtenden, aufschlussreichen „Grundcharaktere christlicher Lebenseinstellung", welche in das Reich der Herrlichkeit Gottes leiten. Diese in Jesus Christus ruhenden Prinzipien weisen das von Gott zur Verfügung gestellte Verhalten auf, in welchem Seine an die Glaubenden gerichteten Rahmenbedingungen genauestens auffindbar sind. Anhand dieser „maßstabgerechten Einhaltungsrichtlinien" des Höchsten werden somit die Kinder Seiner Obhut *mehr und mehr* in das uns erlösende, von Gott uns zur Errettung dienende Werk Christi hineinwachsen, um somit in den Fußstapfen des Herrn Jesus Christus **_auf dem schmalen Weg zu wandeln, der zum_** (Ewigen!) **_Leben führt_** (Matthäus, Kapitel 7, Vers 14).

Vers 3: Aufgrund dieser in Vers 2 von Paulus erwähnten, bedeutungsvollen Eigenschaften (siehe Auslegung!) sollen wir:

Eifrig bemüht sein, die Einheit des Geistes (die aufgrund des Heiligen Geistes uns zu Gute kommende Einheit!) **_zu bewahren durch das Band des Friedens._**

Eifriges, sprich – ambitioniertes, unermüdliches und leidenschaftliches Bestreben sollen die Angeschriebenen dazu auffordern, die uns zu Gute kommende Einheit des Geistes *zu bewahren*, sprich – dieses an uns ausgerichtete Geschenk des Höchsten *aufrecht zu erhalten*, sodass diese Einheit von einer sich mehr und mehr „ansammelnden Fortbeständigkeit" ummantelt wird.

Aufgrund dieser gewichtigen „Ordnungspflege innerhalb der christlichen Gemeinde" entsteht der benötigte „Beibehaltungsfortbestand", der dazu beiträgt, dass *das Band des Friedens bleibenden Bestand* hat.

Unser Herr Jesus lässt uns Folgendes über dieses prägende, uns mit Gott vereinigende Friedensband in Erfahrung bringen; denn der Heilige Geist leitet und führt die Kinder Gottes in die ihnen zuteilwerdende Herrlichkeitsoffenbarung des Heilands ein, sodass wir folgende Bildung im Herrn genießen:

<u>*Ich*</u> (Jesus Christus!) <u>*in ihnen und du*</u> (Gott!) <u>*in mir,*</u> spricht der Heiland, <u>*damit sie zur vollkommenen Einheit gelangen, und damit die Welt erkenne, dass du mich geliebt hast und sie liebst, gleichwie du mich liebst*</u> (Johannes, Kapitel 17, Vers 23).

Jesus gibt uns mit dieser Seiner Aussage zu erkennen, dass die Liebe des himmlischen Vaters die an den Heiland Glaubenden in eine „himmlische Familie" verbindet, ja – in eine *durch* **das Band des Friedens** (Epheser, Kapitel 4, Vers 3b) geleitete, *friedliebende Einheit* **als *Mitbürger der Heiligen und Gottes Hausgenossen*** (siehe Auslegung unter Epheser, Kapitel 2, Vers 19b) ***in den himmlischen (Regionen).***

So lebt nun der allmächtige Gott *in* Seinem Sohn Jesus Christus, und Christus wohnt *in* einem jeden an Ihn Glaubenden Herzen, sodass das Ziel *die vollkommene Einheit bewirkt,* dessen stetiger Wille nunmehr von Gott *gänzlich erfüllt* wurde, nämlich – das durch **die Scheidewand des Zaunes abgebrochene** (siehe Auslegung unter Epheser, Kapitel 2, Vers 14!)

Uneinigkeit, durch welche *wir nun beide* (die Juden, als auch die Heiden!) *Zutritt zum Vater in <u>einem</u> Geist haben* (siehe Auslegung unter Epheser, Kapitel 2, Vers 18!).

Folglich wird die ganze gläubige Menschheit in Gott durch Jesus Christus in eine auf Ewigkeit währende *Einheit* zusammengefügt. Dies prägt die auf immer währende Wirkung des Friedensbandes.

Es ist jene mildtätige Absicht des Höchsten, *welche die Welt erkennen und wahrnehmen lassen soll, dass noch viele in den Reichtum der Herrlichkeit Gottes in Jesus Christus durch den Glauben an den Heiland hineingelangen sollen, sodass sich die uns liebende Absicht Gottes der ganzen Menschheit erkenntlich zeigt.*

Diese stets von Gott gewollten Heilspläne gegenüber der ganzen Menschheit sind *die eindeutigen Indizien zur Vorbereitung auf das Ziel der himmlischen Herrlichkeit Gottes in Jesus Christus*, sodass sie <u>***vollkommen zusammengefügt sind in derselben Gesinnung und in derselben Überzeugung***</u>, fügt der Apostel Paulus in seinem 1.Brief an die Korinther in Kapitel 1, Vers 10b hinzu.

Der Apostel Paulus will, um erneut auf die spezifische Auslegung des 3.Verses des 4.Kapitel des Epheserbriefes zurückzukommen, den Angeschriebenen ersichtlich machen,

dass die sich an ihnen erkenntlich zeigende Botschaft Gottes in Jesus Christus *allein aufgrund einer harmonischen, sich gegenseitig erachtenden, ineinander verschmelzenden und folglich von Gott geforderten Wesensgleichheit die Früchte des*

Heils trägt und somit diese auf Ewigkeit gedeihen lässt. Denn einzig und allein *diese ineinander einverleibten Eigenschaften* prägen rundum das Wesen der Kirche Gottes in dem Herrn Jesus Christus.

Vers 4: Das *eifrige Bemühen, die Einheit des Geistes durch das Band des Friedens zu bewahren* (Epheser, Kapitel 4, Vers 3 – siehe Auslegung!) *haben und besitzen ihren Ursprung in der ihnen gegebenen, ausgehenden Realität, welche auf dem einen Leib und dem einen Geist basieren* (Epheser, Kapitel 4, Vers 4). *Der Leib und der* von Paulus beschriebene *Geist* be*stehen nicht* aus Maßnahmen der Anforderung, *sondern* sie sind *das Ergebnis* des Glaubens.

So beschreibt nunmehr *der Leib* den Leib des Herrn Jesus Christus – ja – *ein Leib in Christus, und als Einzelne untereinander Glieder* (Römer, Kapitel 12, Vers 5b) – *der Geist ist der Bereich, in dem sich die Einheit des Geistes befindet.*

Der Leib ist der *allumfassende* „Glaubensbund der gläubigen Juden und Heiden als Ganzes", *der durch den Heiligen Geist geleitet, gefördert* und vom Allmächtigen *in* Jesus Christus *bewahrt wird.*

Sprich – der Heilige Geist umgibt die gläubigen Herzen mit Seinen stets anwesenden, beschützenden, zurechtweisenden und fördernden Maßnahmen in die Ära des den Glaubenden zugedachten, errettenden Willen Gottes, dessen Vollführer der Herr Jesus Christus ist. Der Heilige Geist formt uns *zu einer Einheit des Geistes.*

Folglich prägt und „formt" der Heilige Geist *die beiden Menschen* (die Juden und die Heiden! – siehe Auslegung unter Epheser, Kapitel 2, Vers 16!) *zu <u>einem</u> neuen Menschen*, (siehe Auslegung unter Epheser, Kapitel 2, Vers 15b!) um *beiden* Menschen *den Zutritt zu dem Vater in einem Geist* (siehe Auslegung unter Epheser, Kapitel 2, Vers 18!) *durch das Band des Friedens* (Epheser, Kapitel 4, Vers 3b – siehe Auslegung!) zu ermöglichen.

Somit wird *das Band des Friedens* aufgrund der im Herzen der Beschenkten ausgehenden Kraft des Heiligen Geistes *in die Einheit des Geistes* (siehe Auslegung unter Epheser, Kapitel 4, Vers 3a!) *geformt,* damit durch den *einen Leib und einen Geist* (Epheser, Kapitel 4, Vers 4a) die von Gott stets gewollte einheitliche, christliche Kirche *aller* an Christus Glaubenden als *ein Leib und ein Geist* entsteht.

Der in unseren Herzen durch den Heiligen Geist entstehende Glaube wird durch die *Hoffnung* der uns zuteilgewordenen *Berufung* hervorgehoben (Epheser, Kapitel 4, Vers 4b). Folglich ist die *Berufung* das Charakteristikum, ja – die darlegende Eigenschaft des christlichen Bestehens und der Erkenntnis, welche durch die *Hoffnung den Glauben aufgrund unseres stetigen Begleiters in Form des Heiligen Geistes prägt, formt, beibehält und fördert.*

Die *Hoffnung* schenkt uns somit *erleuchtete Augen des Verständnisses*, welche die Gläubigen aufgrund der *Berufung* erlangen und folglich erfahren, *was der Reichtum der Herrlichkeit seines Erbes in den Heiligen ist* (Epheser, Kapitel 1, Vers 18 – siehe Auslegung!).

Der Schreiber des Hebräerbriefes lässt uns Folgendes wissen:

Es ist aber der Glaube eine feste Zuversicht auf das, was man hofft, eine Überzeugung von Tatsachen, die man nicht sieht (Hebräer, Kapitel 11, Vers 1).

Dies ist das Kennzeichen des Glaubens, welches unseren Glauben definiert. Folglich ist der Glaube *eine in unserem Herzen ruhende, maßstabgerechte, von Gott in Christus geleitete Richtlinie, welche sich auf das uns noch nicht Gegenwärtige, ja – noch zu Erwartende bezieht und richtet. Der Glaube erfasst das noch zukünftig Geschehene, exakt wie das bereits im Glauben angenommene Vergangene als eine „feststehende, bereits verwirklichte Substanz".*

Somit bewirkt der Glaube, *dass er eifrig und zugleich mit ausharrender Tätigkeit* (mit einem christlichen Lebens – und Glaubensmotto!) *nach vorne schaut.* Die Devise des Glaubens blickt *mit Hoffnung auf das zwar noch nicht Verwirklichte, als sei dieses bereits in Erfüllung gegangen. So wird der Glaube zu einer Verwirklichung dessen, was man hofft, jedoch nicht sieht. Es ist eine noch nicht geschehene Vergegenwärtigung, welche aber dank des in unserem Herzen wohnenden Glaubens jedoch unter der Verheißung voller Zuversicht eintreffen wird.*

So, wie das einst Geschehene sich ereignet hat, so wird sich auch dieses noch vor uns liegende, Zukünftige *mit Gewissheit verwirklichen.* Diese innere, im Herzen entstehende und fest verankerte Zuversicht wird *vom Heiligen Geist geleitet und ist somit unantastbar.*

Es ist die uns von Gott in Christus gegebene Gewissheit, welche sich im Geist der Wahrheit zu einer Verwirklichung erfüllen wird, *als wäre sie bereits geschehen.* Sie basiert auf dem vom Heiligen Geist geleiteten, unanfechtbaren Glauben, der diese Tatsachen als bereits vollendet wahrnimmt, obwohl diese erst in Zukunft mit Gewissheit, ja − unter den unabdingbaren Zusagen Gottes in Jesus Christus eintreffen werden. *Das ist das unerschütterliche Werk der Hoffnung im Glauben.* Diese Gewissheit inkludiert die unantastbare Allmacht Gottes im Heiligen Geist, denn:

<u>Gott kann unmöglich lügen</u> (Hebräer, Kapitel 6, Vers 18a).

So kann man nunmehr behaupten, um erneut zur Auslegung des Epheserbriefes zurückzukehren, dass die *Hoffnung stets auf eine zu Jesus Christus hindeutende Basis hinweist, denn der Heiland ist es, der alle Glaubenden am Tag Seiner von Ihm durch Gottes Ratschluss erwiesenen Wiederkunft in das Reich Seiner Herrlichkeit aufnehmen wird.*

Vers 5: So leitet uns der Heilige Geist nun zu folgender Gewissheit, denn dieser bestätigt unseren Glauben auf: *<u>einen</u> Herrn, <u>ein</u> Glaube, <u>eine</u> Taufe.*

Der Apostel Paulus beschreibt diese unwiderrufliche Loyalität des uns zum Heil leitenden Trösters wie folgt:

So gibt es für uns doch nur <u>einen Gott, den Vater, von dem alle Dinge sind und wir für ihn; und einen Herrn, Jesus</u>

Christus, durch den alle Dinge sind, und wir durch ihn (1.Korinther, Kapitel 8, Vers 6).

So ist Jesus Christus der *eine Herr*, der Eckstein unseres Glaubens. Denn Gott spricht bereits in dem Buch des Propheten Jesaja:

Darum, so spricht Gott, der Herr: Siehe, ich lege in Zion einen Stein, (Jesus Christus!) ***einen bewährten Stein***, (Jesus Christus!) ***einen kostbaren Eckstein***, (Jesus Christus!) ***der aufs Festeste gegründet ist*** (Jesaja, Kapitel 28, Vers 16).

Der allmächtige Gott und der Herr Jesus Christus bilden eine Einheit, *weil Gott* in Seiner Selbstverwirklichung *in* Jesus Christus eine Einheit schuf:

Denn Er ist unser Friede, der aus beiden eins gemacht und die Scheidewand des Zaunes abgebrochen hat (Epheser, Kapitel 2, Vers 14 – siehe Auslegung!).

Somit entspricht nun die sich von Gott in Christus zusammengefügte Einheit *einem Herrn* (Epheser, Kapitel 4, Vers 5). Aufgrund dieser von Gott zusammengefügten Einheit gibt es daher nur *einen Glauben* (Epheser, Kapitel 4, Vers 5).

Der Glaube an Gott, den Vater und an Jesus Christus ist folglich *ein* gemeinsamer *Glaube* (Epheser, Kapitel 4, Vers 5).

Folglich bestätigt der Herr Jesus Christus Seine in Ihm ruhende Einheit mit Seinem himmlischen Vater wie folgt:

Und wer mich (Jesus Christus!) ***sieht, der sieht den,*** (Gott!) ***der mich gesandt hat*** (Johannes, Kapitel 12, Vers 45 / – in Gegenüberstellung zu Jesaja, Kapitel 28, Vers 16!).

Daraufhin ist unzweifelhaft festzustellen, dass Gott und der Herr Jesus Christus *gemeinsam als der Gesamtinhalt des Glaubens betrachtet werden können und auch müssen* – sprich – *Sie bilden zusammen* **einen Glauben** (Epheser, Kapitel 4, Vers 5).

Diese unmissverständliche Feststellung gilt demzufolge auch für die *eine Taufe* (Epheser, Kapitel 4, Vers 5).

Diese basiert auf der Einheit Gottes mit dem Herrn Jesus Christus und inkludiert wiederum *die Kirche als Ganzes*, sprich – alle Gläubigen sind mit der Einheit in *eine Taufe* verbunden.

Paulus formuliert diese „inhaltliche Gesamtheit Gottes und Jesu Christi", welche wir in Epheser, Kapitel 4 in den Versen 4 + 5 in Erfahrung bringen konnten, in seinem 1.Brief an die Korinther wie folgt:

Denn wir (alle Glaubenden!) ***sind ja alle durch einen Geist in einem Leib hinein getauft worden, ob wir Juden sind oder Griechen, Knechte oder Freie, und wir sind alle*** (die Juden durch den Durchzug durch das Schilfmeer* / siehe 2.Mose, Kapitel 14, Verse 15 – 31!) ***getränkt worden zu einem Geist*** (1.Korinther, Kapitel 12, Vers 13) – und führt in seinem Brief an die Galater in Kapitel 3, Vers 27 fort:

*... **denn ihr alle**,* (die Juden als auch die Heiden!) ***die ihr in Christus hineingetauft seid, ihr habt Christus angezogen.***

Und die Kinder Israels gingen mitten in das Meer hinein auf dem Trockenen, und das Wasser war ihnen wie eine Mauer zu ihrer Rechten und zu ihrer Linken[1] (2.Mose, Kapitel 14, Vers 22).

[1] *Das die Juden umgebene Wasser bei dem Durchgang auf dem Trockenen durch das Schilfmeer deutet darauf hin, dass die an ihnen hochsprießenden Wassersäulen des Meeres die Juden mit der Taufe in Berührung brachten. Sie kamen zwar nicht mit dem Wasser in Berührung, jedoch ist es ein sinnbildliches Anzeichen der an ihnen vollbrachten Taufe,* so Paulus.

Vers 6: Anhand des letzten Verses dieses kleinen, jedoch sehr bedeutenden 1. Kapitelabschnittes des 4.Kapitels kommt der Apostel auf den allmächtigen Gott zu sprechen, der die gesamte, allerrettende Einheit im Geist erschaffen hat.

Ja – es ist dieser uns liebende, allmächtige Schöpfer des Himmels und der Erde, der schon vor dem Beginn des Zeitalters diese uns zu Gute dienenden, zum Heil der Ewigkeit leitenden Maßnahmen der Einheit im Geist wohlwollend entschieden hat – **ein Gott und Vater aller, über allen und durch alle und in euch allen** (Epheser, Kapitel 4, Vers 6).

Gott prägt die unantastbare Vollkommenheit in Seinem von Liebe umwobenen Wesen; ja – Er ist es, der uns Seine Güte in Seinem Sohn Jesus Christus offenbarte, um in Ewigkeit in Seiner Nähe zu sein. So existiert wiederum für den monotheistischen Glauben, an dem wir dank der Kraft des uns zuteilgewordenen Heiligen Geistes bedingt durch unseren Glauben an diesen herrlichen Gott stets unerschütterlich festhalten – ***ein Gott und Vater aller, der über allen und durch alle und in uns allen ist***.

Gott ist der (himmlische) Vater *aller* Glaubenden, denn er spricht:

Ich bin der Herr und sonst ist keiner; denn außer mir gibt es keinen Gott (Jesaja, Kapitel 45, Vers 5a).

Und der Prophet Maleachi bekennt:

Haben wir nicht alle einen Vater? Hat uns nicht ein Gott erschaffen? (Maleachi, Kapitel 2, Vers 10a).

Paulus bemerkt:

Wenn ihm (Jesus!) ***aber alles unterworfen sein wird,*** (bei der Wiederkunft Christi!) ***dann wird auch der Sohn selbst*** (Jesus Christus!) ***sich dem*** (Gott!) ***unterwerfen, der ihm*** (Jesus Christus!) ***alles unterworfen hat, damit Gott alles in allen sei*** (1.Korinther, Kapitel 15, Vers 28) – und führt in seinem 1.Brief an Timotheus in Kapitel 2, Vers 5 fort:

Denn es ist ein Gott und ein Mittler zwischen Gott und den Menschen, der Mensch Jesus Christus.

Der Apostel Paulus will uns zu verstehen geben, dass Gott folglich der *Vater aller* (Epheser, Kapitel 4, Vers 6) an Ihn glaubenden *Christen* ist. Dies bestätigt uns zumal der noch folgende Vers 7 des gleichnamigen Kapitels (siehe noch kommende Auslegung!). Paulus verweist fernerhin in seinem 1.Korintherbrief in Kapitel 8, Vers 6 auf folgende Feststellung:

So gibt es für uns doch nur einen Gott, den Vater, von dem alle Dinge sind und wir für ihn; und einen Herrn, Jesus Christus, durch den alle Dinge sind, und wir durch ihn.

So besteht der 6.Vers des Epheserbriefes rundum aus *christlichen Reflexionen,* welche die Gedankengänge in Bezug auf den bereits erwähnten Vers 7 des gleichnamigen 4. Kapitels beziehen, (siehe noch kommende Auslegung!) *als auch* auf die von Paulus bereits erwähnten Verse 3 – 5 dieses 4.Kapitels (siehe Auslegung!).

Aus ihnen entsteht die Beschaffenheit der stets von Gott gewollten, christlichen Kirche, welche ***in allen und in*** uns ***allen*** (Epheser, Kapitel 4, Vers 6) an den Heiland Jesus Christus Glaubenden die rundum von Gott gegebene Einheit des Geistes in Christus prägt, welcher das vom allmächtigen Gott gewollte ***Band des Friedens*** (Epheser, Kapitel 4, Vers 3b – siehe Auslegung!) ist.

Verse 7 – 16
Die Gaben des erhöhten Christus
und die Auferbauung des Leibes des Christus

⁷*Jedem Einzelnen von uns aber ist die Gnade gegeben nach dem Maß der Gabe des Christus.* ⁸*Darum heißt es: „Er ist emporgestiegen zur Höhe, hat Gefangene weggeführt und den Menschen Gaben gegeben".* ⁹*Das (Wort) aber: „Er ist hinaufgestiegen", was bedeutet es anderes, als dass er auch zuvor hinabgestiegen ist zu den Niederungen der Erde?* ¹⁰*Der hinabgestiegen ist, ist derselbe, der auch hinaufgestiegen ist über alle Himmel, damit er alles erfülle.* ¹¹*Und er hat etliche als Apostel gegeben, etliche als Propheten, etliche als Evangelisten, etliche als Hirten und Lehrer,* ¹²*zur Zurüstung der Heiligen, für das Werk des Dienstes, für die Erbauung des Leibes des Christus,* ¹³*bis wir alle zur Einheit des Glaubens und der Erkenntnis des Sohnes Gottes gelangen, zur vollkommenen Mannesreife, zum Maß der vollen Größe des Christus;* ¹⁴*damit wir nicht mehr Unmündige seien, hin – und hergeworfen und umhergetrieben von jedem Wind der Lehre durch das betrügerische Spiel der Menschen, durch die Schlauheit, mit der sie zum Irrtum verführen,* ¹⁵*sondern, wahrhaftig in der Liebe, heranwachsen in allen Stücken zu ihm hin, der das Haupt ist, der Christus.* ¹⁶*Von ihm aus vollbringt der ganze Leib, zusammengefügt und verbunden durch alle Gelenke, die einander Handreichung tun nach dem Maß der Leistungsfähigkeit jedes einzelnen Gliedes, das Wachstum des Leibes zur Auferbauung seiner selbst in Liebe.*

Zwischenbemerkung:

Belehrte der Apostel Paulus die angeschriebenen Glaubenden, dass Gott der himmlische Vater von ihnen *allen, der über allen und durch alle in ihnen allen sei*, (Epheser, Kapitel 4, Vers 6 – siehe Auslegung!) so geht nunmehr der Apostel *zu einem jeden von ihnen gegebenen Gnadenerweis Gottes über,* welcher die gesamte Botschaft Gottes bekundet – *nicht nur* der Heiligen Schrift – *sondern auch* zu der überaus gewichtigen Unterrichtung des Epheserbriefes: zu dem Herrn Jesus Christus.

Der Heiland ist es, welcher die vielfältige Gemeinde, sprich – *die Kirche Seiner selbst im Auftrag Gottes gründet.* Jesus Christus ist somit *ihr stetig tragender, stets vom Höchsten gesegneter und allseits gewollter Eckstein der in ihnen wirkenden Gnade Gottes.*

Die vom Heiland ausgehende, den kirchlichen Gemeinden allseits zu Gute kommende Konsistenz wird in diesem zweiten Kapitelabschnitt des 4. Kapitel des Epheserbriefes von Paulus genauestens dargelegt. Folglich ist der Herr Jesus Christus der über allem stehende Bezugs- und der gewichtige Mittelpunkt der gesamten Heiligen Schrift, als auch *das obligatorische Glaubenszentrum des Epheserbriefes...*

Auslegung

Vers 7: Die nun folgende Botschaft des 7.Verses geht folglich über von der gesamtstrukturell zu betrachtenden, einst beschrieben *Einheit des Geistes* (Epheser, Kapitel 4, Vers 3ff. – siehe Auslegung!) *zu einer Detaillierung eines jeden einzelnen an den Herrn Jesus Christus Glaubenden,* so schreibt nunmehr der Apostel Paulus in Vers 7:

<u>Jedem Einzelnen von uns</u> aber ist die Gnade gegeben nach dem Maß der Gabe des Christus.

Diese vielfältige, vom allmächtigen Gott kreierte, jedem einzelnen Christen überreichte Gnadengabe *in* Jesus Christus durch die vom Höchsten ausgehende Kraft des Heiligen Geistes *wurde an einen jeden an Christus Glaubenden vom Höchsten „individuell verteilt".* Somit ist dieser Vers *jedem Einzelnen* unter ihnen gewidmet. Diese von Gott *jedem Einzelnen* gegebene Gnadengabe *ist ein individuell von Gott in Christus bestimmter Aufgabenbereich,* der sich an einen *jeden Einzelnen* in seiner vom Höchsten offenbarten Vielseitigkeit erkenntlich zeigt.

Der Apostel Paulus beschreibt diese Gnadengabe wie folgt:

Es bestehen aber <u>Unterschiede in den Gnadengaben</u>, doch es ist <u>derselbe Geist</u>; (der eine Heiligen Geist, von denen die Gnadengaben ausgehen!) *auch gibt es <u>unterschiedliche Dienste</u>,* (christliche Aufgabenbereiche!) *doch es ist derselbe Herr;*

(Jesus Christus!) ***und auch die Kraftwirkungen sind unterschiedlich, doch es ist derselbe Gott, der alles in allen wirkt*** (1.Korinther, Kapitel 12, Verse 4 – 6).

So schreibt der Apostel Petrus in seinem 2.Brief:

Wachst dagegen in der Gnade und in der Erkenntnis unseres Herrn und Retters Jesus Christus! (2.Petrus, Kapitel 3, Vers 18a).

Der Apostel Paulus spricht in Vers 7 von einer Gnadengabe, ja – *von einem persönlich verteilten Amt der Gnadenverteilung* des allmächtigen Gottes *in* dem Herrn Jesus Christus, *welche einem jeden Christen in einer vom Höchsten offenbarten „Individualisierungseingebung" zu Teil wird.*

Diese vom Herrn gegebene, individuell sich ein an einen jeden Christen abzeichnende Kraftauswirkung ist der gnadenumwobene Auslöser, der *die Einheit des Geistes durch das Band des Friedens* (Epheser, Kapitel 4, Vers 3 – siehe Auslegung!) prägt und fördert.

Somit ist *jeder Einzelne* ein von Gott durch die Kraft des Heiligen Geistes Beschenkter, individuell vom Höchsten geprägter Baustein *im* tragenden Eckstein des Herrn Jesus Christus.

Bei näherer Betrachtung dieses Verses wird ersichtlich, dass zwar durch Jesus Christus diese Gnadenverteilung in die Herzen der Gläubigen aufgrund der Geistwirkung des Höchsten gelangte; *jedoch ist sie das uns liebende, gnadenreiche Werk des wunderbaren Gottes,* der uns in ihr die Herrlichkeit Seiner zukommenden Liebe *in Jesus Christus* mehr als nur deutlich erkenntlich zeigt.

Denn **die Gnade ist uns gegeben nach dem Maß der Gabe des Christus** (Epheser, Kapitel 4, Vers 7b), sprich – Gott ist der edle, ruhmreiche Spender dieses „Individualisierungsprinzips", welches aus **jedem Einzelnen** (Epheser, Kapitel 4, Vers 7a) die stets gewollten Kinder Seiner auf Ewigkeit währenden Obhut in aller von Ihm ausgehenden, sorgfältigen und gewissenhaften Obhut formt, *dessen Eckstein Sein Geliebter Sohn Jesus Christus ist* – **in dem der ganze Bau, zusammengefügt, wächst zu einem heiligen Tempel im Herrn** (Jesus Christus – siehe detaillierte Auslegung zu Epheser, Kapitel 2, Vers 21!).

Vers 8: Aufgrund dieser von Vers 7 beschriebenen Gnadenverteilung beschreibt der Apostel Paulus in Vers 8 dieses von Gott in Jesus Christus stattgefundene „Barmherzigkeitserlangen", welches er wie folgt ausdrückt:

Darum heißt es, so Paulus*: „Er ist emporgestiegen zur Höhe, hat Gefangene weggeführt und den Menschen Gaben gegeben".*

In Psalm 68, ein Psalm Davids, Vers 19, den die Lutherbibel von 1984 als „den Sieg Gottes" betitelt, heißt es nunmehr ähnlich gleichlautend wie in Epheser, Kapitel 4, Vers 7:

Du bist aufgefahren zur Höhe und führtest Gefangene gefangen; du hast Gaben empfangen unter den Menschen; auch die Abtrünnigen müssen sich, Gott, vor dir bücken.

Auch der Apostel Petrus bekennt bei seiner Rede:

Nachdem er (Jesus Christus!) *nun zur Rechten Gottes erhöht worden ist und die Verheißung des Heiligen Geistes empfangen hat von dem Vater,* (Gott!) *hat er dies ausgegossen, was ihr jetzt seht und hört* (die Apostelgeschichte des Lukas, Kapitel 2, Vers 33).

Speziell die von Psalm 68, Vers 19 von David verwendeten Worte *fügt der Apostel Paulus von Gott auf Jesus Christus,* um die Bedeutung der Herrlichkeit Gottes und die auf uns zu Gute kommende Allmacht des Allmächtigen in Christus näher in den „Verständnisbereich" der nunmehr vom Höchsten Beschenkten zu formen.

Der Apostel Paulus deutet diesen 68. Psalm, Vers 19 auf *die Wirkung Gottes in Jesus Christus hin,* um den Angeschriebenen die Gnadengaben Gottes in dem Heiland noch näher zu definieren.

Paulus will den Christen zu verstehen geben, *dass der von Gott gelegte Eckstein* (Jesus Christus!), **<u>der emporgestiegen ist zur Höhe</u>** (Epheser, Kapitel 4, Vers 8a = die Himmelfahrt Christi!) *ein weiterer Siegeszug des Höchsten ist.*

Dieser zeigt sich daran erkenntlich, *dass die von Gott in Christus vollbrachte Gnadentat der uns liebende Beweis des*

Höchsten ist, anhand dieses uns zu Gute dienenden „Vervollkommnungsgeschehens" in die Ära Seiner Selbst zu leiten.

Sprich – *aufgrund der uns wohlwollenden Tat Gottes in dem Herrn Jesus Christus sind wir von* **der Einheit des Geistes** (Epheser, Kapitel 4, Vers 3ff. – siehe Auslegung!) *zu einer individuell auf **jeden Einzelnen*** (Epheser, Kapitel 4, Vers 7 – siehe Auslegung!) *von Gott ausgehenden Gnadengabe verfügt worden – und gleichzeitig durch unseren Glauben an Jesus Christus hineingewachsen, welche letztlich den Bau in Christus zu der von Gott gewollten Bestimmung führt,* nämlich – der Kirche Gottes im Heiland Jesus Christus, wo **jeder Einzelne** wiederum den Bau als „einzelner Baustein der Kirche" als Ganzes prägt und *zu einer Wohnung im Geist formt und bildet.*

Verse 9 + 10: Beide Verse stehen in einem nahen Zusammenhang zueinander – und können deshalb zum näheren und besseren Verständnis zusammengefasst ausgelegt werden.

Nun beschreibt uns Paulus den Leidensweg Jesu Christi mit einer unumstößlichen Aussage – worauf demzufolge eine unwiderrufliche Antwort folgt. Diese lauten:

*Das (Wort) aber: „**Er** (Jesus Christus!) **ist hinaufgestiegen**", **was bedeutet es anderes, als dass er auch zuvor hinabgestiegen ist zu den Niederungen der Erde?*** (= in die unteren Teile der Erde = Quelle: Schlachter – Bibel 2000 / Epheser, Kapitel 4, Vers 9).

Der (Jesus Christus!) ***hinabgestiegen ist, ist derselbe, der auch hinaufgestiegen ist über alle Himmel, damit er alles erfülle*** (Epheser, Kapitel 4, Vers 10).

Hinzuzufügen wäre noch:

Die sein Leib ist, die Fülle dessen, der alles in allen erfüllt (Epheser, Kapitel 1, Vers 23 – siehe Auslegung!)

Der Evangelist Johannes deutet dieses von Gott uns zu Gute kommende Heilgeschehen Seines Sohnes wie folgt:

Und niemand ist hinaufgestiegen in den Himmel, außer dem, der aus dem Himmel herabgestiegen ist, dem Sohn des Menschen, (Jesus Christus!) ***der im Himmel ist*** (Johannes, Kapitel 3, Vers 13).

Und der Verfasser des Hebräerbriefes bekundet:

Da wir nun einen großen Hohenpriester (Jesus Christus!) ***haben, der die Himmel durchschritten hat, Jesus, den Sohn Gottes, so lasst uns*** (alle an den Herrn Jesus Glaubenden!) ***festhalten an dem Bekenntnis!*** (Hebräer, Kapitel 4, Vers 14).

Der Apostel Paulus bekundet *nicht nur* die Verse 9 + 10 des 4. Kapitels des Epheserbriefes auf den Leidensweg des Herrn Jesus Christus, *sondern ebenfalls* auf den in Epheser, Kapitel 4, Vers 8 zitierten Psalm 68, Vers 19 (siehe Auslegung!).

Er spricht in diesen Psalm *eindeutig von der gnadenreichen Tat Gottes in dem Herrn Jesus Christus. Ja* – in der Tat – *Paulus verbindet diese Feststellung als ein schon seit Ewigkeit stattgefundenes Geschehen Gottes in dem Herrn Jesus Christus.*

Folglich spiegelt sich für jeden einzelnen an den Herrn Jesus Christus Glaubenden die unantastbare Beweistat des uns liebenden Gottes wider, denn der Heiland spricht:

<u>Ohne mich könnt ihr nichts tun</u> (Johannes 15, Vers 5c / Lutherbibel 1984) und komplettiert Seine Aussage in Johannes 14, Vers 6b (Lutherbibel 1984) wie folgt:

<u>Niemand kommt zum Vater denn durch mich.</u>

Ohne den Heiland bleibt uns der Zugang zum himmlischen Vater *versperrt.* Der Glaube an Jesus Christus *muss vorhanden sein, um mit Ihm* in **die himmlischen (Regionen)** *vorstoßen und auf Ewigkeit dort verbleiben zu können.*

Diesen uns von Gottes barmherziger Gnade zuteilgewordenen **Hohenpriester** (Jesus Christus / Hebräer, Kapitel 4, Vers 14!) müssen wir uns annehmen, um *den Bezugspunkt der gesamten Heiligen Schrift* anhand unseres Glaubens zu bekunden. Jesus Christus gilt es im Glauben und in den uns vom Heiligen Geist gegebenen Richtlinien in unserem Dasein *folgsam und vor allem willensbereit im Glauben an Ihn anzuschließen,* um den Heiland somit in das Reich Seiner Herrlichkeit *zu folgen,* ja – um den 3. Himmel zu erfassen, sprich – mit Jesus Christus **die himmlischen (Regionen)** *zu durchbrechen.*

Diese von Gott in Jesus Christus immerdar überlegene, ja – allseits errettende Position muss sich in unserem Herzen dank unseres Glaubens an den Heiland erkenntlich zeigen, um angenommen Teilnehmer im ewigen Reich der Herrlichkeit Gottes und Jesu Christi zu werden.

So verbindet Paulus das mit Gott in Jesus Christus Geschehene mit der Wirksamkeit der an den Gläubigen zuteilgewordenen Gnade Gottes in Jesus Christus.

Jesus Christus – der *„emporgestiegen ist zur Höhe"*, bzw. *hinaufgestiegen ist* (Epheser, Kapitel 4, Vers 8a – siehe Auslegung! + Epheser, Kapitel 4, Vers 9a!), *ist auch zuvor hinabgestiegen zu den Niederungen der Erde* – (Epheser, Kapitel 4, Vers 9b) *dies ist derselbe der über alle Himmel* von Gott emporgehoben wurde, *damit er alles erfülle* (Epheser, Kapitel 4, Vers 10).

So ist die folgerichtige Menschwerdung Gottes in dem Herrn Jesus Christus zu verstehen. Nämlich die von dem Evangelisten Johannes in seinem Evangelium in Kapitel 3, Vers 13 (siehe Zitierung in diesen ausgelegten Versen 9 + 10!) zierten Worte:

Der seit Ewigkeit in der Gemeinsamkeit des Höchsten wohnende Christus ist durch Gottes Willen als Mensch zu uns auf die Erde gekommen, *um den Gläubigen mit Seiner von Gott gewollten Gnadentat am Holz auf Golgatha ewige, in Ihm ruhende kosmische Freiheit zu offenbaren, wenn stets wir im Glauben an Ihn festhalten.*

Ja – in der Tat – Jesus Christus ist in den 3.Himmel emporgestiegen und hat *die himmlischen (Regionen)* „durchbrochen", *um uns, die Gläubigen – in dieselben Regionen dank unseres Glaubens an Ihn aufzunehmen.*

Anhand dieses von Gott gewollten Geschehens sind nunmehr die an den Herrn Jesus Christus Glaubenden *in den allumfassenden Bereich Seiner Herrlichkeit eingegangen.* Dies sind und beinhalten **die Fülle der Zeiten: alles unter einem Haupt zusammenzufassen in den Christus, sowohl was im Himmel als auch was auf Erden ist** (Epheser, Kapitel 1, Vers 10 – siehe Auslegung!).

Ja – *wir sind und bilden durch den uns liebenden Gott eine weltelementare Einheit des Höchsten in Jesus Christus.*

In der Tat, die Christen bilden nunmehr aufgrund *der uns von Gott gegebenen* **Einheit im Geist** (Epheser, Kapitel 4, Vers 3ff. – siehe Auslegung!) *seinen* (Christi!) **Leib, die Fülle dessen, der alles in allen erfüllt** (Epheser, Kapitel 1, Vers 23 – siehe Auslegung!).

An uns, so der Apostel, ist das von Gott in Jesus Christus vorgelebte und fortan tatkräftig zur Vollendung leitende kosmologische Heil durch die Gnade des Allmächtigen zuteilgeworden, sodass wir **Mitbürger der Heiligen und Gottes Hausgenossen** (Epheser, Kapitel 2, Vers 19b – siehe Auslegung!) *geworden sind; denn unser Herr Jesus Christus ist der vollkommene, von Gott stets offenbarte, kosmische Herrscher.*

Dies alles aber, so der Apostel Paulus, ist das barmherzige, gnadenreiche Werk des uns liebenden, allmächtigen Gottes.

Vers 11: Paulus geht nun über zu der Detaillierung der von Gott in Jesus Christus gegebenen, bzw. verteilten Gnadengaben. So benennt er in Vers 11 *die Apostel, Propheten, Evangelisten, die Hirten und die Lehrer.*

Diese vom Höchsten in Jesus Christus gegebenen Geisteswirkungen dienen zur Erbauung der Gemeinden:

Die Apostel werden als die Gesandten Christi bezeichnet – *die Propheten* sind jene von Gott beauftragen Verkünder der wahrhaftigen Worte Gottes – gleichwie *die Apostel* Jesu Christi – ihr Aufgabengebiet ist nahezu identisch.

Sie sind dazu befugt worden, im Rat des allmächtigen Gottes Seine wohlwollenden Worte der Menschheit zu verkündigen. Sie prägen die stützenden Säulen, ja – die Grundlage der Offenbarungsworte des allmächtigen Gottes. *Die Apostel und Propheten* sind folglich *die gewichtigen Amtsträger der Gemeinden;* sie gelten als die „Offenbarungsprediger" im Auftrag des Höchsten. *Die Apostel, als auch die Propheten reden zu den Menschen im Auftrag des unantastbaren Heiligen Geistes die vollkommene Wahrheit der ihnen preisgegebenen, zu verkündenden Worte Gottes in Jesus Christus.*

Die Evangelisten, welche ebenfalls von Gott in dem Herrn Jesus Christus dazu bestimmt wurden, die Worte des Höchsten preiszugeben, bilden eine weitere Kategorie von Verkündern der Worte der unabdingbaren Wahrheit des himmlischen Vaters in dem Herrn Jesus Christus. Sie sind diejenigen von Gott bestimmten Menschen, welche das Evangelium und dessen Heilbotschaft – *gemäß der Vorgabe, bzw. dem Missionsbefehl Jesu Christi allen Menschen im Geist verkündigen,* der da lautet:

So geht nun hin und macht zu Jüngern alle Völker, und tauft sie auf den Namen des Vaters und des Sohnes und des Heiligen Geistes und lehrt sie alles halten, was ich euch befohlen habe. Und siehe, ich bin bei euch alle Tage bis an das Ende der Weltzeit! Amen. (Matthäus, Kapitel 28, Verse 19 + 20).

Weiterhin können wir anhand der Apostelgeschichte des Lukas in Kapitel 21, Vers 8 in Bezug auf die Evangelisten erfahren, dass Paulus *in das Haus des Evangelisten Philippus kam, der einer von den Sieben* (den sieben Diakonen der Jerusalemer Gemeinde!) *war, und blieb bei ihm.*

Die dritte von dem Apostel Paulus angesprochene Kategorie bilden die **Hirten und Lehrer.**

Sie sind die von Gott befugten Amtsträger, ja – die Hüter und Ausbilder des Evangeliums Jesu Christi und erweisen sich als die von Gott berufenen Personen, welche die Schafe Seiner Weide hüten, sprich – diejenigen Boten, welche die Evangeliums – Botschaft der ganzen Heiligen Schrift den Gemeinden *verkündigen*, weil *die Hirten und Lehrer* mit der Botschaft des Evangeliums *vertraut* sind.

Sie alle *erfüllen* die von Gott in Jesus Christus ihnen in Auftrag gegebenen *pastoralen Werke, als auch die Werke von Predigern, sowie die Aufgabengebiete der Missionare,* auf dass das *Wort der Heilbotschaft, ja – der Missionsbefehl des Herrn Jesus Christus in Erfüllung geht.*

Im Buch des Propheten Jeremia heißt es:

__Und ich will euch Hirten nach meinem__ (Gottes!) *__Herzen geben, die sollen euch weiden mit Erkenntnis und Einsicht__* (Jeremia, Kapitel 3, Vers 15).

Insgesamt gesehen fasst der Apostel Paulus den von Gott gegebenen Gnadendienst aller von ihm angesprochenen Personen aus Epheser, Kapitel 4, Vers 11 wie folgt zusammen:

__Und Gott hat in der Gemeinde etliche eingesetzt, erstens als Apostel, zweitens als Propheten, drittens als Lehrer; sodann Wunderkräfte, dann Gnadengaben der Heilungen, der Hilfeleistung, der Leitung, verschiedene Sprachen__ (1.Korinther, Kapitel 12, Vers 28).

Und weiterhin fügt Paulus bei seiner „Abschiedsrede an die Ältesten von Ephesus" noch folgende Worte hinzu:

__So habt nun acht auf euch selbst und auf die ganze Herde, in welcher der Heilige Geist euch zu Aufsehern gesetzt hat, um die Gemeinde Gottes zu hüten, die er__ (Jesus Christus!) *__durch sein eigenes Blut erworben hat!__* (die Apostelgeschichte des Lukas, Kapitel 20, Vers 28).

So kann man nunmehr zu der Zusammenfassung gelangen, dass der allumfassende Herr Jesus Christus die Gnadengaben abermals im Auftrag Seines himmlischen Vaters wohlwollend an die von Gott jeher Auserwählten weiterleitet, sodass Seine allerrettende Botschaft in der ganzen Welt verkündigt wird.

Einem jeden von Ihnen wurde folglich eine von Gott spezifisch erwählte, individuell abgestimmte Aufgabe zuteil, *welche das stets von Allmächtigen Gewollte zum Ziel Seiner Forderungen führt.*

Es ist jene Prägnanz, welche sich in den von Gott und Jesus Christus verteilten Aufgabengebieten erkenntlich zeigt. Diese Aufgabenverteilungen beruhen *nicht auf einer vorrangigen Positionierung, sondern richten sich einzig und allein auf die unfehlbare Bestimmtheit,* welche von dem souveränen Gott und Seinem Sohn ausgehen.

Vers 12: Der Apostel Paulus geht nun über zu den von Gott und Jesus Christus gegebenen Zielen der von Vers 11 aufgezählten Botschafter diese sind bestimmt:

Zur Zurüstung der Heiligen, für das Werk des Dienstes, für die Erbauung des Leibes in Christus. (Dies beutetet, dass das ihnen von Christus offenbarte Amt diese von Gott auserwählten Personen *voll ausrüsten und zubereiten soll* / Quelle: Schlachter-Bibel 2000!).

Sprich – diese von Gott in Jesus Christus Auserwählten sollen den gläubigen Gemeinden die Frohe Botschaft des Herrn Jesus verkündigen, um letztlich die von dem Apostel Paulus im Heiligen Geist Gottes geforderten „Erbauungsmaßnahmen" *zu gewährleisten.*

Die Verkünder , so Paulus, sollen sich mit der unabdingbaren Hilfe des ihnen von Gott geschenkten Heiligen Geistes bewähren, um diesen gewichtigen *Förderer gewinnbringend einzusetzen* – und somit die „Wachstumsperiode des Glaubens" an die von ihnen missionierten Gemeinden weiterzuleiten, sodass die von ihnen instruierten Gemeindemitglieder in die Herrlichkeit Gottes in Jesus Christus eingeweiht und wohl behütet werden, sprich – *in den wahrhaftigen Glauben an den Herrn Jesus Christus gelangen, der die Früchte des Heils in ihren Herzen erkenntlich zeigt.*

Ja – *der Heilige Geist, der ihnen dieses gewichtige Amt offenbart und gewährt, ist der ihnen von Gott in Christus zukommende, wahrhaftige Leiter, der es den ihnen offenbarten Dienstleistungen allseits gewährleistet, dass das an sie weitergegebene Werk des Höchsten die Heilbotschaft des Herrn Jesus Christus in die Herzen der Gemeindemitglieder rundum verwirklicht* – ganz im stets gewollten Sinne Gottes.

Denn, so Paulus:

Jedem wird aber das offensichtliche Wirken des Geistes zum (allgemeinen) Nutzen verliehen (1.Korinther, Kapitel 12, Vers 7) – **_damit der Mensch ganz zubereitet sei, zu jedem guten Werk völlig ausgerüstet_**, fügt der Apostel Paulus in seinem 2.Brief an Timotheus in Kapitel 3, Vers 17 für den zu verwirklichenden Aufbau der Gemeinden hinzu.

Der noch auszulegende 16.Vers des gleichnamigen Kapitels wird uns auf eine noch deutlichere Detailierung hinweisen...

Vers 13: Das von Gott in Christus gewollte Ziel *ist die rundum gewährleistete Förderung und die daraus resultierende Erkenntnis des Glaubens an den Herrn Jesus Christus,* der sich, so Paulus, folgendermaßen erkenntlich zeigt:

Bis wir alle zur Einheit des Glaubens und der Erkenntnis des Sohnes (bzw. Vollkenntnis! / Quelle: Schlachter – Bibel 2000!) *Gottes gelangen, <u>zur vollkommenen Mannesreife, zum Maß der vollen Größe des Christus.</u>*

Abermals zeigt uns Paulus die bereits von ihm erwähnten Worte aus Epheser, Kapitel 4, Verse 3 – 12 (siehe Auslegung!) erkenntlich – und zieht diese zu seiner Erklärung zu Epheser, Kapitel 4, Vers 13 hinzu, die nunmehr *zur Einheit des Glaubens gelangen* sollen, um somit *die Erkenntnis des Sohnes Gottes* zu erreichen (Epheser, Kapitel 4, Vers 13a).

Denn, so Paulus in seinem Brief an die Kolosser:

Ihn (Jesus Christus!) *verkündigen wir, indem wir jeden Menschen ermahnen und jeden Menschen lehren in aller Weisheit,* (in der unabdingbaren Unterstützung des Heiligen Geistes!) *um jeden Menschen <u>vollkommen</u> in Christus Jesus darzustellen* (Kolosser, Kapitel 1, Vers 28).

Dieses stets von Gott in Jesus Christus anvisierte Ziel der vollkommenen Bekehrung zu dem Herrn Jesus Christus ist das nun vollführende Glaubensbekenntnis an den Heiland, der sich wie folgt ersichtlich zeigt:

Die Einheit des Geistes wird durch das Band des Friedens bewahrt (Epheser, Kapitel 3, Vers 3 – siehe Auslegung!) und vollführt sich anhand ***der Einheit des Glaubens zu der Erkenntnis des Sohnes Gottes*** (Epheser, Kapitel 4, Vers 13a).

In diesem von Paulus geoffenbarten „Verwirklichungsprozess" *gelangt nunmehr die sich zusammenfügende **Erbauung des Leibes des Christus*** (Epheser, Kapitel 4, Vers 12b – siehe Auslegung!) *zur vollkommen Mannesreife, zum Maß der vollen Größe des Christus* (Epheser, Kapitel 4, Vers 13b).

Dieser Auslegungsteil ist abermals nur sehr schwer zu definieren.

Der Autor ist jedoch der Meinung,

dass wir uns als die an Jesus Christus Glaubenden mit der uns geoffenbarten Hilfe des Heiligen Geistes in das uns liebende Wesen des Christus *vollkommen hineinversetzen sollen, um anhand diese unseres tiefbewegenden Glaubens in die uns gegebene Herrlichkeit des Heilands einzutauchen, ja – in Seinen Fußstapfen zu wandeln – um am Tag des Herrn Jesus` Wiederkunft anhand dieses unerschütterlichen Glaubens das Jawort Gottes und Jesu Christi zu erlangen.*

Erst dann wird uns die vollkommene Reinheit unseres eigenen Wesens zuteilwerden, wenn wir vom Heiland ***die Krone des Lebens*** (die Offenbarung des Johannes, Kapitel 2, Vers 10c) in Empfang nehmen können.

Der Apostel Petrus bekundet:

__Wachst dagegen in der Gnade__ (mit der unabdingbaren Hilfe des Heiligen Geistes!) *__und in der Erkenntnis unseres Herrn und Retters Jesus Christus! Ihm sei die Ehre, sowohl jetzt als auch bis zum Tag der Ewigkeit! Amen.__* (2.Petrus, Kapitel 3, Vers 18).

Und der Heiland Jesus Christus spricht:

__Sei getreu bis in den Tod, so werde ich dir die Krone des Lebens geben!__ (die Offenbarung des Johannes, Kapitel 2, Vers 10c).

Vers 14: Die von dem Apostel Paulus im 4. Kapitel zitierten Verse 11 – 13 (siehe Auslegung!) schenken den Christen einen rundum gefestigten Glauben an den Herrn Jesus Christus, der sie in den Bereich *der himmlischen (Regionen)* – ja – *zur vollkommenen Mannesreife zum Maß der vollen Größe des Christus* (Epheser, Kapitel 4, Vers 13b – siehe Auslegung!) leiten wird.

Diese den Gläubigen aufgrund ihres tiefgründigen Glaubens in das Reich der Herrlichkeit führenden Maßnahmen aufgrund des ihnen zukommenden Heiligen Geistes wird den Glaubenden *erst dann zu Teil, wenn der Herr Jesus Christus sie bei Seiner Wiederkunft mit der* **Krone des Lebens** (die Offenbarung des Johannes, Kapitel 2, Vers 10c) *beschenken wird.*

Dieses gnadenreiche Resultat unsers Glaubens weist uns ferner daraufhin, dass wir *nicht mehr weiterhin* **Unmündige sind, welche hin und her geworfen und umhergetrieben von jedem Wind der Lehre durch das betrügerische Spiel der Menschen, durch die Schlauheit, mit der sie zum Irrtum verführen** (Epheser, Kapitel 4, Vers 14).

Ja – in der Tat – *unser Glaube hat die* **Unmündigkeit** *besiegt.*

Paulus schreibt über die Unmündigkeit:

Und ich, meine Brüder, (Glaubensgeschwister!*)* **konnte nicht zu euch reden als zu geistlichen,** (Glaubenden!) **sondern als zu fleischlichen** *(Menschen)* – sprich: zu Sündern!), **als zu Unmündigen in Christus. Milch habe ich euch zu trinken gegeben und nicht feste Speise; denn ihr konntet sie nicht vertragen, ja ihr könnt sie auch jetzt noch nicht vertragen, denn ihr seid noch fleischlich** (ihr hängt noch der Sünde an!). **Solange nämlich Eifersucht und Streit und Zwietracht unter euch sind, seid ihr da nicht fleischlich und wandelt nach Menschenweise?** (in Sünde?) – schreibt der Apostel in 1.Korinther, Kapitel 3, Verse 1 – 3.

Die einst uns durch Unglauben inhaftierten Gottlosigkeiten, welche sich bedingt durch unseren untergeordneten, geknechteten und ausgelieferten, ja – gottlos zu erachtenden Lebensstil erkenntlich zeigten, ließen uns einst **hin und her umhertreiben,** wie ein führerloses, ruderloses Schiff, das den Kurs zur Abtrünnigkeit genommen hat, welche durch das sich einst an uns angeeignete, *betrügerische Spiel der Menschen* verursacht wurde.

So waren wir die einst Abhängigen dieser hinterlistigen, betrügerischen, täuschenden und daher unehrenhaften Menschen – *diese haben unser Leben bestimmt, denn wir waren ihre einstigen Nachahmer ihrer durchweg verdunkelten Abtrünnigkeit.*

Ihre „angebliche **Schlauheit**" – welche sich jedoch vor Gott als grenzenlose Dummheit herauskristallisiert *[1] – **verführte** uns **zum Irrtum** *[2], ja – zu rundum falschen Trugschlüssen. Aufgrund unserer Nachahmung *waren wir die einst inhaftierten Sklaven dieser verruchten Menschen und katapultierten unser irdisches Dasein in gottlose Ferne* – wir waren in ihrem Widerklang in der Tat *die unmündig zu betrachtenden Inhaftierten des allmächtigen Gottes.*

*[1] In den Sprüchen Salomos lesen wir:

<u>*Die Furcht des Herrn*</u> (die Zucht, Unterweisung, Zurechtweisung bzw. Züchtigung Gottes!) <u>*ist der Anfang der Erkenntnis; nur Tore*</u> (nur die *Törichten*, bzw. nur die *Narren!*) <u>*verachten Weisheit und Zucht!*</u> (die Sprüche Salomos, Kapitel 1, Vers 7).

*[2] Über Irrtum erfahren wir von dem Apostel Paulus in seinem Brief an die Kolosser:

<u>*Habt acht, dass euch niemand beraubt*</u> (einfängt!) ***durch die Philosophie*** (denn diese ist geprägt von menschlichen und

daher sündigen Gedankengängen!) *und leeren Betrug, gemäß der Überlieferung der Menschen, gemäß den Grundsätzen der Welt und nicht Christus gemäß* (Kolosser, Kapitel 2, Vers 8).

Doch aufgrund unseres jetzigen tiefgründigen Glaubens haben wir die einstigen Fesseln der Verruchtheit *durchtrennt* und sind nunmehr:

__Mitbürger der Heiligen und Gottes Hausgenossen__ (Epheser, Kapitel 2, Vers 19b – siehe Auslegung!) – *__eine Einheit des Geistes durch das Band des Friedens__* (Epheser, Kapitel 4, Vers 3 – siehe Auslegung!) – *__zur Zurüstung der Heiligen, für das Werk des Dienstes, für die Erbauung des Leibes des Christus__* (Epheser, Kapitel 4, Vers 12 – siehe Auslegung) – *__bis wir alle zur Einheit des Glaubens und der Erkenntnis des Sohnes Gottes gelangen, zur vollkommenen Mannesreife, zum Maß der vollen Größe des Christus__* (Epheser, Kapitel 4, Vers 13 – siehe Auslegung!).

Der zu benötigende Kernpunkt dieses Heranwachsens an den Heiland Jesus Christus ist *die Liebe*, von der uns der 15.Vers wie folgt detailgenau unterrichtet…

Vers 15: Der fortan in uns wohnende Glaube, lässt die Gemeinschaft der Heiligen (Glaubenden!) an den Herrn Jesus Christus *heranwachsen.* Der alles bedeutende, rundum gewichtige Kernpunkt dieser stets zunehmenden Entwicklungsphase anhand unseres Glaubens an den Heiland ist *die Liebe*, *welche in allen Stücken zu ihm wahrhaftig heranwächst, der das Haupt ist, der Christus.*

Paulus will uns an dieser Stelle den gewichtig zu betrachtenden, sich stets weiterentwickelnden „Bau der Kirche Christi" verdeutlichen. Dieser fügt sich in einem starken, ja – gemeinsamen Zusammenhalt der von den Gläubigen ausgehenden, vom Heiligen Geist ummantelnden *Liebe* zusammen. Diese wächst förmlich Stück für Stück in den Bau, *der das Haupt ist, der Christus.*

Wie aber zeigen sich diese überaus bedeutungsvollen Charaktere der von den Christen ausgehenden *Liebe, welche zu Christus wahrhaftig heranwächst* erkenntlich?

Der Apostel Paulus gibt uns Auskunft in seinem 1.Brief an die Korinther:

<u>Die Liebe ist langmütig und gütig, die Liebe beneidet nicht, die Liebe prahlt nicht, sie bläht sich nicht auf;</u>
<u>sie ist nicht unanständig, sie sucht nicht das Ihre, sie lässt sich nicht erbittern, sie rechnet das Böse nicht zu;</u>
<u>sie freut sich nicht an der Ungerechtigkeit, sie freut sich aber an der Wahrheit; sie erträgt alles, sie glaubt alles, sie hofft alles, sie erduldet alles.</u>*
(1.Korinther, Kapitel 13, Verse 4 – 7).

Um die ganze voluminöse Vielfalt und ihre Wirksamkeit genauer zu verstehen, müssen wir an dieser Stelle die von Paulus genannten obligatorischen Kriterien der Liebe wie folgt definieren (die nun folgende Definition habe ich aus meinem Buch „Die Korintherbriefe – Eine Auslegung" aus den Seiten 275 – 277 übernommen):

Die Liebe ist langmütig und gütig:

Die Liebe ist beharrlich, von Geduld beseelt, tolerant, gnädig, mitfühlend, nachgiebig und anteilnehmend, beruhigend, rücksichtsvoll, wohlwollend, aufopfernd, verständnisvoll, menschengerecht, besorgt und nachgiebig.

die Liebe beneidet nicht:

Die Liebe missgönnt nicht, sie ist nicht neidvoll, sie verachtet niemanden, sie ist nicht eifersüchtig und nicht auf sich selbst bezogen.

die Liebe prahlt nicht:

Die Liebe rühmt sich nicht, sie gibt nicht an, sie brüstet sich nicht auf – und bildet sich nichts ein.

sie bläht sich nicht auf:

Die Liebe stolziert nicht, sie bauscht sich nicht auf, sie kennt keine Überheblichkeit, sie ist nicht von sich eingenommen, sie gibt freudig – anstelle zu nehmen und sie erhöht sich nicht.

sie ist nicht unanständig:

Die Liebe ist nicht lasterhaft, sie ist nicht sündhaft, sie ist nicht sittenlos, sie ist nicht ausschweifend, sie ist nicht zweideutig, sie ist nicht vulgär, sie ist nicht wankelmütig, sie ist nicht dreist, sie ist nicht zweifelhaft, sie ist nicht nachlässig, sie ist nicht genusssüchtig und die Liebe ist nicht primitiv.

sie sucht nicht das Ihre:

Die Liebe ist nicht anmaßend, sie ist nicht bizarr, sie ist nicht selbstgefällig, sie ist nicht herablassend, sie ist nicht frech und nicht falsch.

sie lässt sich nicht erbittern:

Die Liebe erbost nicht, sie verwundert nicht, sie greift nicht an, sie kränkt weder sich – noch andere, sie brüskiert nicht, sie provoziert nicht und die Liebe bedrückt nicht.

sie rechnet das Böse nicht zu:

die Liebe ist nicht aggressiv, sie ist nicht frevelhaft, sie ist nicht zornig, sie ist nicht übellaunig, sich ist nicht angriffslustig, sie ist nicht verderbend, sie ist nicht hinterhältig, sie ist nicht unbarmherzig, sie ist nicht abfällig, sie ist nicht mürrisch und sie ist nicht launisch.

sie freut sich nicht an der Ungerechtigkeit:

Die Liebe ist nicht beeinflussbar, sie ist nicht voreingenommen, sie ist nicht persönlich eingestellt, sie ist nicht undankbar, sie ist nicht hartherzig, sie ist nicht abweisend, sie ist nicht heimtückisch, sie ist nicht ungerecht, sie ist nicht unmotiviert, sie ist nicht rechtswidrig und sie schädigt nicht.

sie freut sich aber an der Wahrheit:

Die Liebe ermutigt sich der Aufrichtigkeit, sie erfreut sich an der Ehrlichkeit, sie ehrt die Wahrhaftigkeit, sie verfügt über einen ausgeprägten, zu Gott bezogenen Realitätssinn, sie gibt sich der Wahrhaftigkeit hin, die nur in Gott und Jesus Christus auffindbar ist – und sie vermeidet die Lüge als auch die Täuschung.

sie erträgt alles:

Die Liebe erleidet alles, sie duldet alles, sie nimmt alles in Kauf, sie ist sanftmütig, sie ist aufopferungsvoll, sie verkraftet alles, sie hält stand, sie ist beharrlich, sie ordnet sich unter, sie ist nachgiebig, sie ist von anhaltender Dauer geprägt, sie ist überaus strapazierfähig und überwindet folglich die Ungerechtigkeit.

sie glaubt alles:

Die Liebe lässt sich überzeugen, sie ist sicher, ist voller Erwartungen, sie ist aufrichtig und stets auf Gott bezogen (alle Kriterien in Bezug auf Gott und Jesus Christus!).

sie hofft alles:

Die Liebe fordert, sie wünscht, sie erhofft, sie erbittet, sie vertraut und erwartet alles (alle Kriterien in Bezug auf Gott und Jesus Christus!).

sie erduldet alles:

Die Liebe erleidet alles, sie nimmt alles hin, sie besteht Anschuldigungen jeglicher Art, sie ist beharrlich und überaus duldsam, sie toleriert alles (ebenfalls in Bezug auf den Glauben zu Gott und Jesus Christus zu betrachten!).

Die Liebe ist somit *das sich beständig fortwirkende Erkennungsmerkmal der Christen im hineinwachsenden Bau zu dem Haupt der Gemeinde – zu dem Herrn Jesus Christus, der ihr tragender Eckstein ist.* Somit gelangen wir erneut zur spezifischen Auslegung zu Epheser, Kapitel 4, Vers 15 zurück:

So spricht nun der Apostel Paulus über das sich mehr und mehr entwickelnde, nun zur Geltung gelangende, gnadenumwobene Erkennungsmerkmal der Christen:

Und um das bete ich, <u>dass eure Liebe noch mehr und mehr überströme in Erkenntnis und allem Urteilsvermögen, damit ihr prüfen könnt, worauf es ankommt, sodass ihr lauter und ohne Anstoß seid bis auf den Tag des Christus</u>
     (Philipper, Kapitel 1, Verse 9 + 10)

Gott, der Seinen Sohn *als Haupt über alles der Gemeinde gegeben hat*, (Epheser, Kapitel 1, Vers 22b – siehe Auslegung!) hat bedingt durch deren unerschütterlichen Glauben an Jesus Christus die vertrauensvollen Gemeindemitglieder in den Gnadenbereich Seiner Selbst wohlwollend „eingewiesen", weil die gnadenreiche Barmherzigkeit des Heiligen Geistes diese Christen in den von Gott stets gewollten Bau des Christus *zu einem Tempel des in ihnen wohnenden Heiligen Geistes* (1.Korinther, Kapitel 6, Vers 19b) schuf, *damit jeder, der an ihn* (Jesus Christus!) *glaubt, nicht verloren geht, sondern ewiges Leben hat* (Johannes, Kapitel 3, Vers 15).

Das Resümee dieses 15. Verses muss daher lauten:

Die Beschaffenheit der Kirche ist aufgrund der barmherzigen Liebe Gottes in dem Herrn Jesus Christus in die gläubigen Herzen der Beschenkten dank der wirkenden Kraft des ihnen von Gott offenbarten Heiligen Geistes eingezogen – und hat somit das stets vom Allmächtigen gewollte, nunmehr vollführte Geschehen in Christus Jesus gegenüber Seiner Kinder *tatkräftig in Vollendung verwirklicht*.

Vers 16: Diese von Gott *in* dem Herrn Jesus Christus zusammengefügte Kirche ist das ertragreiche Ergebnis der von den Christen ausgehenden Liebe, die ihnen jedoch vom gnadenumwobenen Heiligen Geist im Auftrag des Höchsten überaus wohlgesonnen in ausübender Erkenntnis gegeben wurde.

So schreibt nunmehr Paulus in Kapitel 4, Vers 16 des Epheserbriefes:

<u>Von Ihm</u> (Jesus Christus!)

<u>aus vollbringt der ganze Leib, zusammengefügt und verbunden durch alle Gelenke,</u> (bedingt durch die Amtsbefugnisse jedes einzelnen Christen im Auftrag des ewigen Gottes!)

<u>die einander Handreichung tun</u> (sich *mit* – und *in*einander ergänzend verhelfen, sodass der Bau an Christus wahrhaftig in der unverblümten Liebe eines jeden heranwächst – siehe Auslegung zu Epheser, Kapitel 4, Vers 15a! – ja – *sodass es keinen Zwiespalt im Leib gebe, sondern die Glieder gleichermaßen füreinander sorgen*, fügt Paulus in seinem 1.Brief an die Korinther in Kapitel 12, Vers 25 hinzu)

<u>nach dem Maß der Leistungsfähigkeit jedes einzelnen Gliedes,</u> (nach der von Gott den Christen gegebenen, individuell auf sie abgestimmten Befugnisse, welche sich an die einzelnen Personen gegebenen, zu leistenden Aufgabenbereiche der christlichen Tätigkeiten ersichtlich zeigen – siehe Auslegung zu Epheser, Kapitel 4, Verse 11 – 13!)

<u>das Wachstum des Leibes zur Auferbauung seiner Selbst in Liebe</u> (durch das Hineinwachsen des von Liebe umwobenen Glaubens *wird die innere Einheit Jesu Christi zu einem kooperativen Gesamtkonzept durch die an Ihn Glaubenden geformt, um somit in Ihm und durch Ihn zur vollendenden und daher vollkommenen Mannesreife, zum Maß der vollen Größe des Christus* – Epheser, Kapitel 4, Vers 13b – siehe Auslegung! zu gelangen, sodass den Christen am Tag des Herrn Wiederkunft *das Jawort* zum Eintritt in das Reich der Himmel geof-

fenbart werden kann, wenn ihnen der Heiland *die Krone des Lebens* – die Offenbarung des Johannes, Kapitel 2, Vers 10c – überreichen wird).

Diese *Gelenke* wurden von Gott zusammengefügt zu dem *ganzen Leib* Christi, da die gläubigen Gemeindemitglieder als die (*alle*) *Gelenke* des sich zusammengefügten, *verbundenen* Baus betitelt werden.

Sprich – die Gläubigen bilden die „strukturelle Statur der Leibesfülle Christi", *weil Christus in ihnen und sie in Ihm sind.* Die Christen *sind und bilden folglich* einen Teil (*die Gelenke!*) des Organismus der Herrn Jesus Christus.

Sie sind jene miteinander sich vereinende *Glieder*, welche die verschiedenartigen Amtsaufgaben Gottes in Jesus Christus bilden, (siehe Auslegung zu Epheser, Kapitel 4, Vers 11!) um den Bau zu einer *einander* vereinenden *Handreichung* zu absolvieren, denn *jedem Einzelnen von uns aber ist die Gnade* (Gottes!) *gegeben nach dem Maß der Gabe des Christus*, (siehe Auslegung unter Epheser, Kapitel 4, Vers 7!) um anhand ihrer von Gott ihnen offenbarten Vielschichtigkeit *nach dem Maß* dieser nunmehr den Glaubenden vom Höchsten erteilten, individuell auf jeden Einzelnen verteilte *Leistungsfähigkeiten jedes einzelnen Gliedes das Wachstum des Leibes* (Epheser, Kapitel 4, Vers 16b) Jesu Christi rundum zu vollenden – ganz im Sinnes des uns liebenden Gottes.

Dies bestätigt die Auferbauung des Leibes des Christus durch die an Ihn Glaubenden, aufgrund des barmherzigen Willens des uns liebenden, wunderbaren Gottes, *dessen ruhmreicher Voll-*

ender unser Herr Jesus Christus ist – ganz im stets gewollten Vorhaben des Allmächtigen.

Daher bekennt der Apostel Paulus, dass Jesus Christus das

<u>*Haupt*</u> ist,

<u>*von dem aus der ganze Leib,*</u> (der Leib des Christus!)

<u>*durch die Gelenke und Bänder*</u> (der Christen!)

<u>*unterstützt und zusammengehalten, heranwächst in dem von Gott gewirkten Wachstum*</u> (anhand der barmherzig zu erachtenden Verteilung der individuellen Aufgabengebiete Gottes an jeden einzelnen Christen!).

Folglich, so Paulus – <u>*seid ihr (der) Leib des Christus, und jeder ist ein Glied (daran) nach seinem Teil*</u> (1.Korinther, Kapitel 12, Vers 27).

Paulus betont *die Vielfältigkeit der von Gott den Gläubigen offenbarten Einheit in dem Herrn Jesus Christus* und weist die Christen folglich auf das uns liebende Werk des allmächtigen Gottes hin. Der aufgrund unseres Glaubens von Gott mit dem Heiligen Geist gesegnete, individuell verteilte Aufgabenbereich weist die Christen in die von den Gläubigen vollführte Auferbauung des Christus hin, welche selbst einen vom Höchsten verteilten Teil von einem jeden Christen prägt. Somit ist die an uns ersichtlich werdende Liebe *ein an und in uns zuteilwerden-*

des „Auferbauungsgeschenk" Gottes in dem Herrn Jesus Christus, der das feststehende, unerschütterliche Fundament der Kirche Christi rundum gewährleistet, als auch ausübt.

Folglich ist somit *die* Nächstenliebe als ein sich erweisender, nunmehr ersichtlicher Gewichtigkeitsfaktor zu betrachten, denn sie ermöglicht es, dass die Glieder sich untereinander in Liebe „gegenseitig *er* – und *ver*tragen", *dessen unantastbarer Amtsinhaber der Herr Jesus Christus selbst ist.*

Denn der Heiland Jesus Christus, so Paulus – prägt ***das Wachstum des Leibes zur Auferbauung seiner selbst in Liebe*** (Epheser, Kapitel 4, Vers 16b), um die Christen mit dem Haupt, welches den Herrn Jesus selbst darstellt, verwirklichend miteinander aufgrund der uns zuteilgewordenen Liebe *des allmächtigen Gottes im Heiligen Geist zu verbinden.*

Mit diesen Worten beschließt Paulus diesen lehrreichen 4.Kapitelabschnitt des Epheserbriefes.

Verse 17 - 24
*Die Abkehr vom sündigen Leben der Heiden –
Ablegen des alten Menschen
und Anziehen des neuen*

¹⁷*Das sage und bezeuge ich nun im Herrn, dass ihr nicht mehr so wandeln sollt, wie die übrigen Heiden wandeln in der Nichtigkeit ihres Sinnes,* ¹⁸*deren Verstand verfinstert ist und die entfremdet sind dem Leben Gottes, wegen der Unwissenheit, die in ihnen ist, wegen der Verhärtung ihres Herzens;* ¹⁹*die, nachdem sie alles Empfinden verloren haben, sich der Zügellosigkeit ergeben haben, um jede Art von Unreinheit zu verüben mit unersättlicher Gier.* ²⁰*Ihr aber habt Christus nicht so kennengelernt;* ²¹*wenn ihr wirklich auf ihn gehört habt und in ihm gelehrt worden seid – wie es auch Wahrheit ist in Jesus –,* ²²*dass ihr, was den früheren Wandel betrifft, den alten Menschen abgelegt habt, der sich wegen der betrügerischen Begierden verderbte,* ²³*dagegen erneuert werdet im Geist eurer Gesinnung* ²⁴*und den neuen Menschen angezogen habt, der Gott entsprechend geschaffen ist in wahrhafter Gerechtigkeit und Heiligkeit.*

Zwischenbemerkung:

Der vorletzte Kapitelabschnitt des 4.Kapitels weist die Angeschriebenen des Epheserbriefes noch einmal auf die heidnischen, schwerwiegenden Vergehen der von Gott Abtrünnigen hin, welche sich unwillkürlich – aufgrund ihrer maßlos vollbrachten Sünden – in einer von Gott entfremdenden, desolaten Dekadenz wiederfinden.

Sie, die Christen hingegen leben aufgrund ihres Wandels, den ihnen der allmächtige Gott aufgrund ihres Glaubens an den Herrn Jesus Christus mit der Schenkung des Heiligen Geistes offenbarte, fortan bedingt durch ihren standhaften Glauben in einer von Gott und Jesus Christus umgebenen, allgegenwärtigen Ära der wahrhaftigen, immerwährenden Gerechtigkeit...

Auslegung

Vers 17: Es folgt ein näher detailliertes Resümee auf die bereits von dem Apostel verfassten Worte aus den beiden vorherigen Kapitelabschnitten des 4.Kapitels.

So betont Paulus in Vers 17a mit ausdrucksvollen Worten, dass das, was er den Gläubigen nun mitteilt, eine „Bezeugung *im Herrn*" darstellt. Dies sagt aus, dass der Apostel abermals die ihm offenbarte, unwiderrufliche Stellung **bezeugt** – sprich – sein apostolisches Amt *im Herrn* bestätigt.

Seine innige Beziehung zu dem Herrn Jesus Christus wird von ihm als *das wichtigste Ziel seiner irdischen Existenz bezeichnet, denn diese allein schenkt ihm durch die Gnadengabe Gottes im Heiligen Geist das Erkennen der unabdingbaren Wahrheit des Allmächtigen in Jesus Christus.*

Unverblümt gibt ihnen der Apostel weiterhin in Vers 17b bekannt, dass die Angesprochenen *nicht mehr so wandeln sollen, wie die übrigen Heiden wandeln in der Nichtigkeit ihres Sinnes.*

Diese von Paulus verfasste Heidenbeschreibung blickt vakant auf das beschämende Benehmen der Heiden hin, welche die *Nichtigkeit ihres Sinnes* umschreibt. Es ist jene fatal zu erachtende Belanglosigkeit, welche sich – wie sie der Apostel Petrus in seinem 1.Brief detailliert – mit folgenden, von Gott und Christus entfernten Kennzeichen belastet sind:

<u>***Ausschweifungen, Begierden, Trunksucht, Belustigungen, Trinkgelagen und frevelhaftem Götzendienst***</u> (1.Petrus, Kapitel 4, Vers 3b).

Dies bezeugt, dass die Heiden in einem Leben wandeln, welches *ihren Verstand verdunkelt, ja – ihr innerlicher Wissensmangel entfernt sie von der Lehre Gottes und befördert sie somit in von Gott entfernte, verfinsternde Dekadenz.*

Da sich die angeschriebenen Glaubenden ebenfalls noch in einem „Wachstumsprozess in Christus" befinden, sollen sie somit den gewichtigen Unterschied zwischen ihren einstigen Vergehen *ohne Christus* und ihrem jetzigen Dasein *in Christus* vergleichend gegenüberstellen. Einst waren auch sie von Gott entfernte Individuen, doch durch ihren Glauben an Jesus Christus sind sie nunmehr *durch* die ihnen von Gott offenbarte Kraft des Heiligen Geistes „stetig Heranwachsende in Christus".

Paulus blickt an dieser Stelle zurück zu den bereits den Gläubigen von ihm benannten Versen 11 – 13 des 2.Kapitels des Epheserbriefes (siehe Auslegung!).

Diesen gewichtigen Unterschied zwischen ihrem einstigen, abtrünnigen, von Gott entfernten Benehmen *vor* ihrer Bekehrung und ihrem jetzigen Wandel *in* Christus will ihnen der Apostel *genauestens verdeutlichen*. Dieses Erkennen trägt dazu bei, dass die alten, von Gott entfernten Laster die unwiderrufliche Reinheit Gottes durch und durch anstößig befleckten. Diese von den Heiden vollführten, nichtigen Maßstäbe entfernten sie einst von der Herrlichkeit Gottes in Jesus Christus.

Kurzum: Der Apostel Paulus will den Angeschriebenen noch ein weiteres Mal die ihnen zuteilgewordene, heilende Kraft des Heiligen Geistes verdeutlichen, welche sie von ihrer Abtrünnigkeit in das Licht der Wahrheit Jesu Christi leitete.

Einzig und allein ihr Glaube an den himmlischen Vater und an dessen Sohn und die darauf folgende Zusendung des Heiligen Geistes *hat sie aus der Schlinge der Verdorbenheit befreit, damit sie tagtäglich mehr und mehr in die Reinheit Gottes in Jesus Christus hineinwachsen können,* sodass sie bei der Wiederkunft des Herrn Jesus als Seine Kinder benannt werden können.

So schreibt nun Paulus in seinem Brief an die Römer – denn diese Botschaft will er auch den Glaubenden des Epheserbriefes bekannt geben:

Und passt euch <u>nicht</u> diesem Weltlauf an, (dem abtrünnigen Benehmen der Gegner Gottes!) *<u>sondern lasst euch (in eurem Wesen) verwandeln durch die Erneuerung eures Sinnes,</u> damit <u>ihr prüfen könnt, was der gute und wohlgefällige und vollkommene Wille Gottes ist</u>* (Römer, Kapitel 12, Vers 2).

Denn der Heilige Geist, so Paulus, *verhilft* den Beschenkten, dass die ihnen von Gott offenbarte Erkenntnis auf das ihnen zuteilwerdende Heil des Höchsten in Jesus Christus *teilhaftig wird* – und sich folglich *rundum auf die gerechte Herrlichkeit Jesu Christi bezieht.*

Denn die stets in den bekehrten Herzen teilhaftig gewordene Kraft des Heiligen Geiste *bekämpft* die verderbende Ungerechtigkeit mit der *ganzen Waffenrüstung Gottes,* so der Apostel Paulus in Epheser, Kapitel 6, Vers 13 (Auslegung folgt!) *damit ihr am bösen Tag <u>widerstehen</u> und, nachdem ihr alles wohl ausgerichtet habt, euch <u>behaupten</u> könnt.*

Vers 18: Die *Nichtigkeit ihre Sinnes* (Epheser, Kapitel 4, Vers 17b) ist darauf zurückzuführen, fährt der Apostel fort, dass *ihr Verstand verfinstert ist* (Vers 18a).

Das Wesen der Heiden ist von einem dunklen, verunreinigten und daher „reduzierten Hintergrund" umgeben. Dieser desertierte „Abgrenzungsbereich" entfernt die Gemeinschaft mit Gott und dem Herrn Jesus Christus auf eine „nicht anpassungsfähige Basis". Ihre verdunkelten Herzen *sind glaubensuntüchtig und widersetzen sich folglich dem Willen des Allmächtigen.*

Sie sind, so der Apostel Paulus in Römer, Kapitel 1, Verse 21b + 22:

*... in ihren Gedanken **in nichtigen Wahn verfallen, und ihr unverständiges Herz*** (ein sich der Wahrheit nicht anschließend wollendes Herz!) ***wurde*** (von Gott!) ***verfinstert. Da sie sich für weise hielten, sind sie zu Narren geworden.***

Folglich sind diese ***übrigen Heiden*** (Epheser, Kapitel 4, Vers 17b) ***entfremdet** dem Leben Gottes, **wegen der Unwissenheit, die in ihnen ist, wegen der Verhärtung ihres Herzens*** (Vers 18b).

In der Tat *verbietet ihnen durch ihr Eigenverschulden verstocktes, isoliertes Herz die Nähe zu Gott und dem Herrn Jesus Christus.* Diese Menschen sind ***ausgeschlossen** von der Bürgerschaft Israels und **fremd** den Bündnissen der Verheißung* (Epheser, Kapitel 2, Vers 12b – siehe Auslegung!).

Somit beruht das Motiv ihrer Abtrünnigkeit auf reiner Unkenntnis. Ihre Herzen sind *steinern* und lassen folglich die Liebe Gottes *nicht* zu einer Umwandlung eines *fleischlichen* Herzens *gelangen*. Sie *wehren* sich der Gnade des Höchsten mit der *Verweigerung*, dass Seine Liebe zu ihnen eindringen darf.

Tatsächlich geschieht nun Folgendes:

Anstatt die von ganzer Wahrheit beseelte Liebe Gottes in dem Herrn Jesus Christus dankbar aufzunehmen, *verhärten sich ihre Herzen noch mehr zu unüberwindbaren, selbstverschuldeten Barrieren, welche die Zuneigung Gottes schlichtweg ausgrenzen und folglich strikt verweigern.*

So spricht Gott:

Immer gehen sie in ihrem Herzen in die Irre, und sie haben meine Wege nicht erkannt (Hebräer, Kapitel 3, Vers 10b).

Und in Psalm 78, Vers 32 (Lutherbibel 1984) schreibt der Psalmist Asaph (ein Anführer des Chors zur Zeit Davids):

***Zu dem allen sündigten sie noch mehr* und glaubten *nicht* an seine** (Gottes!) **Wunder.**

Vers 19: Die Abtrünnigen – führt Paulus fort – *verweigern strikt durch die ihre von Eigenregie inhaftierte, irrgläubige Gesetzlosigkeit die Einheit mit Gott und Jesus Christus.*

Folgende Auswirkungen treten nun an sie heran:

Nachdem sie alles Empfinden (der ganzen Erkenntnis Gottes!) **_verloren haben, sich der Zügellosigkeit ergeben haben, um jede Art von Unreinheit_** (Sünde!) **_zu verüben mit unersättlicher Gier_** (Vers 19).

Und gleichwie sie Gott <u>nicht</u> der Anerkennung würdigten, fährt Paulus in seinem Brief an die Römer in Kapitel 1, Vers 28 fort, **_hat Gott auch sie <u>dahingegeben in unwürdige Gesinnung, zu verüben, was sich nicht geziemt.</u>_**

Der Apostel weist den zu Gott Bekehrten Lesern die Folgen für die Gegner Gottes auf. Ihre lasterhaften, von Gott entfernten Sitten versinken in hemmungslose Übertreibung, welche schlicht und einfach in vulgärer Sündhaftigkeit entarten.

Dieses von Sünde umgebene Benehmen führt die Abtrünnigen in sexuelle Exzesse, in von Gott entfernte, isolierte Niederträchtigkeiten, welche von ihnen mit unstillbarer, ja – ganz und gar unbegrenzter und begehrlicher Habsucht ausgeübt werden.

Das wahrhaftige, von Gott bestimmte Leben hat *keinerlei* Chancen, in diese verstockten Herzen das Licht der Wahrheit – welches Jesus Christus ist – *eindringen zu lassen*. Diese Personen *verkommen* durch das an ihnen ersichtlich werdende, ruchlose Wirken in trostlose, von Gott isolierte Abgeschiedenheit.

Aufgrund des Glaubens der Bekehrten aber haben sie sich von diesen Sünden *entbunden, weil die Liebe Gottes in ihren Herzen bedingt durch die Gnadenwirkung des Heiligen Geistes immerwährenden Einzug gehalten hat.* Die an den Herrn Jesus Christus Glaubenden konnten sich infolge der von Gott offenbarten, barmherzigen Zusendung des Heiligen Geistes von diesen verruchten Exzessen *rundum befreien,* weil der Geist der Wahrheit sie zu dem unabdingbaren Licht der Herrlichkeit Christi aufgrund ihrer bußfertigen Herzen leitete.

Vers 20: Kraft der geistgewirkten Bekehrung Gottes konnten die Gläubigen die über allem stehende Wahrheit des Höchsten in Jesus Christus *beurteilen.* Die durch die Apostel ihnen zuteilwerdende Frohe Botschaft hat dafür Sorge getragen, dass sich das Evangelium Jesu Christi in ihren Herzen gewinnfördernd, bleibend und daher unerschütterlich im Glauben *entfaltete.*

Wenn der Heilige Geist der oberste Schlüsselwärter in unserem Herzen ist, so verschließt dieser die weltlich bösen Absichten in luftdichte Leere – lässt aber das uns von Gott in Jesus Christus gegebene allseits Gute stets bleibenden Einzug gewähren.

Der Apostel Johannes bekennt die Kraftauswirkung Gottes im Heiligen Geist bei Seinen glaubenden Kindern wie folgt:

Und daran erkennen wir, dass wir aus der Wahrheit sind, und damit werden wir unsere Herzen vor Ihm (Gott in Jesus Christus!) ***stillen, dass, wenn unser Herz uns verurteilt, Gott größer ist als unser Herz und alles weiß. Geliebte, wenn unser Herz uns nicht verurteilt, dann haben wir Freimütigkeit*** (unverhohlene Aufrichtigkeit!) ***zu Gott; und was immer wir bitten, das empfangen wir von ihm, weil wir seine Gebote halten***

und tun, was vor ihm wohlgefällig ist (1.Johannes, Kapitel 3, Verse 19 – 22).

Wiederum bestätigen sich abermals die vom Heiland erwähnten Worte, die da lauten:

Wenn ihr in meinem Wort (Jesu Worte!) ***bleibt, so seid ihr wahrhaftig meine Jünger, und ihr werdet die Wahrheit erkennen, und die Wahrheit wird euch frei machen!*** (Johannes, Kapitel 8, Verse 31b + 32).

Nehmt auf euch mein (Christi!) ***Joch und lernt von mir, denn ich bin sanftmütig und von Herzen demütig; so werdet ihr Ruhe finden für eure Seelen!*** (Matthäus, Kapitel 11, Vers 29).

Jene verantwortungsvolle, *in jeder* Hinsicht wahrhaftige Botschaft des Herrn Jesus Christus ist *die einzige, niemals versiegende Quelle, welche auf Ewigkeit bleibenden Bestand hat.*

Jesus Christus spricht:

Ich bin das A und das O, der Anfang und das Ende. Ich will dem Dürstenden geben aus dem Quell des Wassers des Lebens umsonst! (die Offenbarung des Johannes, Kapitel 21, Vers 6b).

Somit ist der Herr Jesus Christus die vollkommene Instanz der ganzen unwiderruflichen Wahrheit, welche vom Allerhöchsten ausgeht. Im Heiland ist das unumstößliche Fundament des allmächtigen Gottes auf Ewigkeit *be*gründet – als auch *ge*gründet – und daher *ist die Lehre in Jesus Christus* *gleichbedeutend mit der Person Jesu Christi,* wie es uns die nachfolgenden Verse bestätigen ...

Vers 21: Paulus vermittelt den Angeschriebenen eine weitere obligatorische Mitteilung, welche den Gläubigen zu erkennen gibt, dass die von ihm an sie übermittelte Botschaft des Evangeliums von Jesus Christus im Heiligen Geist, sie, die Beschenktem im Glauben *vereinnahmt hat.* Diese Heilbotschaft Christi wahrzunehmen, ja, auf ***Ihn gehört zu haben*** bedeutet *von und **in Ihm gelehrt worden zu sein.***

Der Apostel bezieht sich bei dieser seiner Aussage erneut auf das von ihm verfasste 1.Kapitel seines Epheserbriefes. Dort heißt es:

In ihm seid auch ihr, <u>nachdem ihr das Wort der Wahrheit, das Evangelium eurer Errettung, gehört habt – in ihm seid auch ihr, als ihr gläubig wurdet, versiegelt worden mit dem Heiligen Geist der Verheißung</u> (Epheser, Kapitel 1, Vers 13 – siehe Auslegung!).

Exakt in dieser Betätigung des Apostels Paulus findet sich die Lehre *in Jesus Christus gleichbedeutend mit der Person Jesu Christi* wieder.

Wer die Evangeliums – Worte der unabdingbaren Wahrheit Jesu Christi in seinem Herzen vernimmt (bedingt durch die von Gott gegebenen Prediger / Apostel!) – *und diese mit seinem*

Glauben an Ihn in seinem Herzen verwirklicht – *der vereint das Wort Christi vom Hören mit dem Glauben an den Heiland, als ob – bildlich betrachtet – Christus mit ihm sprechen würde.* Dies geschieht durch die Kraftauswirkung des Heiligen Geistes, der den beschenkten Herzen die Worte der vollkommenen Wahrheit rundum bestätigt und aufrichtig erkenntlich zeigt.

Denn der Herr Jesus Christus spricht:

<u>**Meine Schafe hören meine Stimme, und ich kenne sie, und sie folgen mir nach**</u> (Johannes, Kapitel 10, Vers 27).

Der Apostel Johannes bekennt diese Feststellung wie folgt:

<u>**Wir wissen aber, dass der Sohn Gottes gekommen ist und uns Verständnis gegeben hat, damit wir den Wahrhaftigen**</u> (Gott!) <u>**erkennen. Und wir sind in dem Wahrhaftigen,**</u> (durch das Annehmen der Heilbotschaft Jesu Christi bedingt durch unseren Glauben aufgrund der in den gläubigen Herzen wirkenden Kraftauswirkung des Heiligen Geistes!) <u>**in seinem Sohn Jesus Christus. Dieser ist der wahrhaftige Gott und das ewige Leben**</u> (1.Johannes, Kapitel 5, Vers 20).

In Psalm 45, Vers 18 (Lutherbibel 1984) können wir von den Söhnen Korachs Folgendes in Erfahrung bringen:

<u>**Ich will deinen Namen**</u> (Christi!) <u>**kundmachen von Kind zu Kindeskind; darum werden dir**</u> (Gott!) <u>**danken die Völker immer und ewig.**</u>

Dies ist die Wahrheit in Jesus, betont Paulus in Epheser, Kapitel 4, Vers 21b – denn unser Herr Jesus spricht im Evangelium des Lukas in Kapitel 10, Vers 16a diese Bestätigung mit Seinen eigenen unanfechtbaren Worten wie folgt aus:

<u>*Wer euch*</u> (Christi Jünger, als auch diejenigen, welche die alleinige Wahrheit Gottes in Jesus Christus predigen!) <u>***hört, der hört mich.***</u>

Nun wird allzu deutlich ersichtlich, dass die Evangeliums – Botschaft des Herrn Jesu Christi *im Heiland selbst* anhand der Verkünder verbreitet wird.

Die Frohe Botschaft ist *von dem Herrn Jesus dazu verfügt worden, in Ihm zu wirken – und folglich anhand des Glaubens an Ihn – die Gläubigen mit Ihm zu vereinen und in einer gemeinsamen Einheit* **mit dem Band des Friedens zu bewahren** (Epheser, Kapitel 4, Vers 3b – siehe Auslegung!).

Vers 22: Aufgrund dieser sich in den Herzen der Beschenkten verwirklichenden Botschaft des Evangeliums Jesu Christi dank der Kraft des Heiligen Geistes, so Paulus –

habt ihr, was den früheren Wandel betrifft, den altem Menschen <u>abgelegt</u>, der sich wegen der betrügerischen Begierden verderbte.

Der einst in ihnen ruhende, verderbende Wandel hat ihnen fortan in Jesus Christus das Licht der Wahrheit dank der Kraft des Heiligen Geistes vermittelt – und sie in die Herrlichkeit Gottes und Jesus Christus befördert.

Daraufhin haben sie – die nunmehr Beschenkten Gottes – *den alten Menschen*, der mit von Gott abgesonderten, verruchten Trugschlüssen aufgrund Eigenverschuldungen inhaftiert war – fortan *abgelegt, der sich wegen der betrügerischen Begierden verderbte.*

Denn:

Jeder Einzelne – so schreibt es der Halbbruder unseres Herrn Jesus, Jakobus in seinem Brief in Kapitel 1, Vers 14 – *wird versucht, wenn er von seiner eigenen Begierde gereizt und verlockt wird.*

So schreibt Paulus in seinem Brief an die Kolosser:

Tötet daher eure Glieder, die auf Erden sind: Unzucht, Unreinheit, Leidenschaft, böse Lust und die Habsucht, die Götzendienst ist; um dieser Dinge willen kommt der Zorn Gottes über die Söhne des Ungehorsams; unter ihnen seid auch ihr einst gewandelt, als ihr in diesen Dingen lebtet. Jetzt aber legt auch ihr das alles ab – Zorn, Wut, Bosheit, Lästerung, hässliche Redensarten aus eurem Mund. Lügt einander nicht an, da ihr ja den alten Menschen ausgezogen habt mit seinen Handlungen (Kolosser, Kapitel 3, Verse 5 – 9).

Der frühere, einst mit dem ewigen Tod von Gott bestrafte „Lebensstil" wurde durch ihren Glauben an den Heiland ad acta gelegt – ja – *gänzlich beendet.*

Denn nun wissen die ehemalig Abtrünnigen, nunmehr zu Gott bekehrten Glaubenden, so Paulus in seinem Brief an die Römer in Kapitel 6, Verse 6 + 23:

__Wir wissen ja dieses, dass unser alter Mensch mitgekreuzigt worden ist, damit der Leib der Sünde außer Wirksamkeit gesetzt sei, sodass wir der Sünde nicht mehr dienen; denn der Lohn der Sünde ist der Tod; aber die Gnadengabe Gottes ist das ewige Leben in Christus Jesus, unserem Herrn.__

Die von vollkommener Herrlichkeit Gottes umwobene Gnadengabe hat sie aus dem Sumpf der Verruchtheit – aufgrund ihres Glaubens an Jesus Christus – mit der barmherzigen Gnadengabe des Heiligen Geistes *befreit.*

In der Tat, *allein* der Heilige Geist hat ihre Herzen aufgrund ihres Glaubens hin zu Gott und Jesus Christus *geformt und umgewandelt, sodass sie fortan Kinder der Glückseligkeit genannt werden*, wie es uns der 23. Vers weitergehend bekundet...

Vers 23: Dieser von Gott vollführte Wandel im Heiligen Geist trägt mit dem Glauben an den himmlischen Vater und Jesus Christus dafür Sorge, dass ihr *dagegen erneuert werdet im Geist eurer Gesinnung*, so der Apostel Paulus.

Mit dem Ablegen *des alten Menschen* (Epheser, Kapitel 4, Vers 22b) beschenkt sie daraufhin der Allmächtige mit der *Gesinnung* (Epheser, Kapitel 4, Vers 23b). Diese neue, rein zu Gott und dem Herrn Jesus Christus bezogene Grundeinstellung bekehrt wiederum *das alte, desertierte Verhalten in ein neues Wesen mit der Unbeirrbarkeit des Glaubens zu Gott und Jesus Christus.*

Dieser neue vom Geist Gottes umgebene Standpunkt der christlichen Ethik *verweist* die verdorbene Charakterideologie des einst Vorhandenen *in die Einsicht der unwiderruflichen Wahrheit Gottes in dem Herrn Jesus Christus:*

Dieses „neue Dasein" wird vom Geist der absoluten Wahrheit Gottes in das Licht der Herrlichkeit Christi geleitet, ***damit ihr prüfen könnt, was der gute und wohlgefällige und vollkommene Wille Gottes ist***, komplettiert Paulus in seinem Brief an die Römer in Kapitel 12, Vers 2b :

Ja, – schreibt der Psalmist David in Psalm 18, Vers 29 (Lutherbibel 1984) – ***du*** (Gott!) ***machst hell meine Leuchte, der Herr, mein Gott, macht meine Finsternis licht.***

Vers 24: Der von Gottes barmherziger Gnade gesegnete ***neue Mensch***, den die Glaubenden nunmehr ***angezogen*** haben, bekundet die heilbringende Parallele zu dem ***alten Menschen***, (Epheser, Kapitel 4, Vers 22 – siehe Auslegung!) ***indem wir in einem neuen Leben wandeln***, so verfasst es Paulus in seinem Brief an die Römer in Kapitel 6, Vers 4b.

Dieser ***neue Mensch*** ist von ***Gott entsprechend geschaffen worden in wahrhafter Gerechtigkeit und Heiligkeit*** (Epheser, Kapitel 4, Vers 24).

Die fortan zu Gott Bekehrten und von Ihm durch den Heiligen Geist gesegneten Menschen *entsprechen nunmehr **dem Ebenbild dessen, der ihn** (den Menschen!) **geschaffen hat**,* betont Paulus in seinem Brief an die Kolosser in Kapitel 3, Vers 10b – ***in Heiligkeit und Gerechtigkeit vor ihm alle Tage unseres Lebens***, lautet des Weiteren der Lobpreis des Zacharias (des Vaters des Johannes des Täufers!) im Evangelium des Lukas in Kapitel 1, Vers 75.

Paulus will den Angeschriebenen noch einmal genauestens verdeutlichen, dass **der alte Mensch** (Epheser, Kapitel 4, Vers 22 – siehe Auslegung!) in selbstverurteilender Eigenregie ein Dasein von der Verlassenheit Gottes in Jesus Christus ausgeübt hat. **Der neue Mensch** (Epheser, Kapitel 4, Vers 24a) hingegen ist ein von der Liebe und Barmherzigkeit Gottes umwobenes Kind des Höchsten und hat die Wahrheit Gottes im Herzen mit dem immerwährenden Lichtglanz Christi vereinnahmt; *denn Gott und Christus sind zu ihm gekommen **und haben Wohnung** in diesem bekehrten Herzen **genommen*** (Johannes, Kapitel 14, Vers 23b).

Es ist *nicht* die eigene Kraft, welche zu dieser **wahrhaften Gerechtigkeit und Heiligkeit** (Epheser, Kapitel 4, Vers 24b) verhilft, *sondern die **seit Grundlegung der Welt*** (Matthäus, Kapitel 25, Vers 34b / Epheser, Kapitel 1, Vers 4a) *von Gott an den sich Beschenkten offenbarte Gnadentat im Heiligen Geist – bedingt und folglich ermöglicht durch den Glauben der Auserwählten an den Messias Jesus Christus.*

Zusammenfassend kann daher behauptet werden – so Paulus – dass der **alte Mensch** (Epheser, Kapitel 4, Vers 22 – siehe Auslegung!) in vernichtender Selbsttäuschung ein Dasein in verruchter Abgeschiedenheit von Gott und Jesus Christus führte – der *neue Mensch* (Epheser, Kapitel 4, Vers 24 a) hingegen ist ein von der barmherzigen Gnade Gottes gesegnetes *Ebenbild* (Kolosser, Kapitel 3, Vers 10b) des Höchsten in Jesus Christus – ein bleibender Anwärter der *himmlischen (Regionen)*, *um alles unter einem Haupt zusammenzufassen in dem Christus, sowohl was im Himmel als auch was auf Erden ist* (Epheser, Kapitel 1, Vers 10b – siehe Auslegung).

Weisungen des Apostels folgen, welche im letzten Kapitelabschnitt des 4. Kapitels des Epheserbriefes genannt werden, um aufgrund von diesen „gewichtig zu erachtenden Verhaltensregeln" das von Gott in Jesus Christus beschenkte Dasein stets nach dem Willen des Höchsten *standhaft* vollführen zu können...

Verse 25 – 32
Anweisungen für das neue Leben

^{25}*Darum legt die Lüge ab und „redet die Wahrheit, jeder mit seinem Nächsten", denn wir sind untereinander Glieder.* ^{26}*Zürnt ihr, so sündigt nicht; die Sonne gehe nicht unter über eurem Zorn!* ^{27}*Gebt auch nicht Raum dem Teufel!* ^{28}*Wer gestohlen hat, der stehle nicht mehr, sondern bemühe sich vielmehr, mit den Händen etwas Gutes zu erarbeiten, damit er dem Bedürftigen etwas zu geben habe.* ^{29}*Kein schlechtes Wort soll aus eurem Mund kommen, sondern was gut ist zur Erbauung, wo es nötig ist, damit es den Hörern Gnade brin-*

ge. ³⁰Und betrübt nicht den Heiligen Geist Gottes, mit dem ihr versiegelt worden seid für den Tag der Erlösung! ³¹Alle Bitterkeit und Wut und Zorn und Geschrei und Lästerung sei von euch weggetan samt aller Bosheit. ³²Seid aber gegeneinander freundlich und barmherzig und vergebt einander, gleichwie auch Gott euch vergeben hat in Christus.

Auslegung

Vers 25: Da sich das an die Angeschriebenen offenbarte, vom Heiligen Geist beseelte Geschenk Gottes in ihrem Leben verwirklicht hat, trägt fortan das vom Geist Gottes erwirkte Dasein dafür Sorge, dass – wie wir es aus dem vorherigen 24. Vers des 4.Kapitels des Epheserbriefes in Erfahrung bringen konnten – *der neue Mensch* von der Wahrheit in Christus mit der allseits benötigten Hilfe des Heiligen Geistes *angezogen wurde, der Gott entsprechend geschaffen ist in wahrhafter Gerechtigkeit und Heiligkeit* (siehe Auslegung!).

Der 25.Vers, der sich direkt an den 24.Vers anschmiegt, betont nunmehr, dass sie, die vom Heiligen Geist Gesegneten, die einst in ihrem Inneren vorhandene **Lüge ablegen** *sollen, der ihre Seelen und ihre Handlungen verfinsterte*. Dieses „Auskleiden des einst Verruchten" fordert weiterhin die von Christus durch Gott Beschenkten dazu auf, *dass sie fortan* **die Wahrheit reden sollen,** *jeder mit seinem Nächsten* (Epheser, Kapitel 4, Vers 25 / Sacharja 8, Vers 16), führt Paulus in Vers

25 fort. Diese unzweifelhafte Feststellung betont der Apostel Paulus ebenfalls in seinem Brief an die Kolosser. Dort schreibt er Folgendes:

Lügt einander nicht an, da ihr ja den alten Menschen ausgezogen habt mit seinen Handlungen (Kolosser, Kapitel 3, Vers 9 – in Bezug zu Epheser, Kapitel 4, Vers 22 – siehe Auslegung!).

Dieser alle Gläubigen betreffende, von Gott in Christus offenbarte Standpunkt verweist die Christen auf die von ihnen sich an ihren Nächsten vollführte *Nächstenliebe*. Sie ist das eindeutige, *von Gott gewollte Kennzeichen, in den Fußstapfen des Herrn Jesus Christus zu wandeln*. **Denn**, so Paulus in Vers 25b, **wir sind untereinander Glieder.**

Diese Glieder sind es letztlich, **die einander Handreichung tun nach dem Maß der Leistungsfähigkeit jedes einzelnen Gliedes, das Wachstum des Leibes zur Auferbauung seiner selbst in Liebe** (Epheser, Kapitel 4, Vers 16b / siehe hierzu insbesondere die Auslegung unter Epheser, Kapitel 4, Verse 14 – 16!).

So sind auch wir, die vielen, führt Paulus in seinem Brief an die Römer in Kapitel 12, Vers 5 fort, ***ein* Leib in Christus, und als Einzelne untereinander Glieder.**

Es ist jenes, von Gott offenbarte, „individuell auf alle Glaubenden abgestimmte Heilsverfahren" des Heiligen Geistes, *welcher sich in der vom Höchsten erkenntlich zeigenden Liebe des Herrn Jesus Christus in dem vom Lichtglanz der Herrlichkeit des Heilands schöpfenden Erkenntnis fortan von den Christen dankerfüllend im Glauben nachgeahmt wird.*

Denn: ***Die Liebe ist die größte unter ihnen***, schreibt der Apostel Paulus in seinem 1.Korinterbrief in Kapitel 13, Vers 13b (Lutherbibel 1984).

Diese von der Liebe Gottes in *dem Herrn Jesus Christus bedingt durch den Heiligen Geist getränkte und sich daraufhin ersichtlich zeigende Einheit in der Gemeinde ist das gewichtige Ziel des Epheserbriefes.*

Darum setzt der Apostel Paulus all seine gewichtig zu erachtenden Anweisungen, mit all den dazugehörenden Apostolaten auf dieses zu erarbeitende Ziel im Heiligen Geist hin.

Denn *nur* eine Einheit im Geist kann dieses von Gott in Christus offenbarte Heilgeschenk letztlich auch gewinnfördernd ausüben und dazu beitragen, dass die Glaubenden auf den ihnen vom Heiland bereiteten, geebneten Weg wandeln, der sie in die Herrlichkeit, ja – in das Reich Gottes leitet – ganz im stets beabsichtigten Sinne des allmächtigen Gottes.

Vers 26: Unzufriedenheit, welche nach menschlichem, unwillkürlichem Ermessen mit dem ***Zorn*** ausgelöst wird – denn auch ein Christ ist und bleibt ein Sünder – soll den Angeschriebenen ersichtlich zeigen, dass dieser humanitäre Schwachpunkt jedoch *nicht **in Sünde** ausarten soll*.

Es scheint, so die Auffassung des Autors, dass Paulus anhand den Glaubenden den ***Zorn*** zwar „duldet", jedoch wiederum diesem Defizit „einen Riegel vorschieben will", wie es uns der noch folgende Vers 31 des gleichnamigen Kapitels ersichtlich zeigt (siehe noch kommende Auslegung!).

Denn des Paulus' Aufforderung lautet:

Zürnt ihr, so sündigt nicht (Epheser, Kapitel 4, Vers 26a / Psalm 4, Vers 5a – ein Psalm Davids / Lutherbibel 1984).
Daher will Paulus – nach Meinung des Autors – den Gläubigen zu verstehen geben, dass sie sich *nicht* „im Zorn versündigen sollen".

Denn:

Jeder, der die Sünde tut, (bzw. ausübt!) ***der tut auch die Gesetzlosigkeit;*** (das Abhandenkommen von der Herrlichkeit Gottes in Christus!) ***und die Sünde ist die Gesetzlosigkeit*,** bekennt der Apostel Johannes in seinem 1.Brief in Kapitel 3, Vers 4.

Da *der Heilige Geist* der stets anwesende Hüter und Beschützer der den Christen von Gott offenbarten, wahrhaftigen und daher unumstößlichen Zielrichtungen in deren Herzen ist, *verweist* dieser *die Glaubenden auf die Spur der Liebe Gottes, welche die Beschenkten unwillkürlich darauf hinweist, dass sie eine sündige Bosheit begangen haben, bzw. noch begehen wollen. Der Heilige Geist jedoch besiegt den zürnenden Menschen aufgrund der im Herzen sich zur Wehr setzenden Erkenntnis, dass Sünde ein gegen Gott und Christus gerichtetes Werk **des Teufels*** (Epheser, Kapitel 4, Vers 27 – siehe noch kommende Auslegung!) *ist*.

Somit *soll*, so Paulus in Epheser, Kapitel 4, Vers 26 b, *die Sonne <u>nicht</u> über eurem Zorn untergehen.*

Denn noch bevor die Sonne den Tag verabschiedet, soll eine Versöhnung von dem Erzürnenden gewährleistet werden, *sodass, wenn der Tag sich zum Ende neigt, die Sünde das Ziel ihrer Verruchtheit weder ausüben, noch verwirklichen kann.* Die Heilsbotschaft Gottes in dem Herrn Jesus Christus muss stets gewährleistet sein – und darauf hinzielen, dass diese *konstant das Böse übertrumpft und rundum vernichtend besiegt.*

Daher bekennt der Halbbruder unsers Herrn Jesus Christus, Jakobus:

Darum, meine geliebten Brüder, (Glaubensgeschwister!) <u>*sei jeder Mensch schnell zum Hören, langsam zum Reden, langsam zum Zorn; denn der Zorn des Mannes vollbringt nicht Gottes Gerechtigkeit!*</u> (Jakobus, Kapitel 1, Verse 19 + 20).

Und aus den Sprüchen Salomos können wir in Kapitel 15, Vers 1 Folgendes entnehmen:

<u>*Eine sanfte Antwort wendet den Grimm ab, ein verletzendes Wort aber reizt zum Zorn.*</u>

Auch der Psalmist, König und Prophet David bekennt in seinem 37.Psalm in Vers 8 (Lutherbibel 1984):

<u>*Steh ab vom Zorn und lass den Grimm, entrüste dich nicht, damit du nicht Unrecht tust.*</u>

Vers 27: Mit Worten der Ernsthaftigkeit fügt Paulus zu Vers 26 in Vers 27 hinzu: *Gebt auch nicht Raum dem Teufel!*

Die Christen sollen, so der Apostel, *dem Teufel* mit dem ihnen von Gott offenbarten Heiligen Geist *keinerlei Chance, bzw. Macht geben, sodass das Böse letztlich das Gute besiegen würde.* Diesen zum Verderben führenden Vollzug sollen sie *von Anfang an tagtäglich vehement entgegenstreben.*

Denn wenn die Gläubigen *stets* dieses unanfechtbare zu Gott und Jesus Christus bezogene Ziel vor ihren Augen haben, dann werden sie zu folgendem Endresultat anhand ihres Glaubens im Geist der Wahrheit gelangen:

<u>So unterwerft euch nun Gott! Widersteht dem Teufel, so flieht er von euch; naht euch zu Gott, so naht er sich zu euch</u> (Jakobus, Kapitel 4, Verse 7 + 8a).

<u>Wer die Sünde tut, der ist aus dem Teufel; denn der Teufel sündigt von Anfang an. Dazu ist der Sohn Gottes erschienen, dass er die Werke des Teufels zerstöre</u>, bekennt Johannes weiterhin in seinem 1.Brief in Kapitel 3, Vers 8.

Denn *der Heilige Geist* hat unser Herz mit der lichthellen Wahrheitsausgießung Gottes in dem Herrn Jesus Christus *erfüllt*. Daraufhin bekennt der Apostel Johannes in seinem 1.Brief in Kapitel 4, Vers 16:

Und wir haben <u>die Liebe erkannt und geglaubt, die Gott zu uns hat. Gott ist Liebe, und wer in der Liebe bleibt, der bleibt in Gott und Gott in ihm</u>.

Vers 28: Folglich bekennt der Apostel Paulus nunmehr:

Dass, *wer gestohlen hat, fortan* **nicht mehr stehlen** *soll.* Denn *hinter und in* dieser Bosheit offenbart sich das Werk des Teufels. Das im 5.Buch Mose in Kapitel 5, Vers 19 von Gott an die Menschheit gegebene 8.Gebot: ***Du sollst nicht stehlen!*** – verweist Paulus bei der offensichtlichen Ausübung auf den Sündenanhang des Satans. Dem Apostel ist es daher überaus wichtig, den Angeschriebenen mahnend mitzuteilen, *dass sie diesen Weg der Verruchtheit vollends verlassen sollen.*

Vielmehr soll sich der einst Stehlende **bemühen,** *von den Werken des Bösen gänzlich abzusondern,* **um mit den Händen etwas Gutes zu erarbeiten, damit er dem Bedürftigen etwas zu geben habe.** Denn das ist der Wille Gottes in Jesus Christus. Dieses ehrlich zu erachtende Ziel soll die einst Stehelenden zu ehrlicher, von Gott gewollter Arbeit verhelfen – in einer vom Höchsten geforderten *Nächstenliebe zueinander.*

Daher bekennt Paulus in seinem 1.Brief an die Thessalonicher in Kapitel 4, Vers 11:

Und eure Ehre darin sucht, ein stilles (ein bedachtes, zu Gott gerichtetes Leben!) ***Leben zu führen, eure eigenen Angelegenheiten zu besorgen und mit euren eigenen Händen zu arbeiten, so wie wir es euch geboten haben.***

Die Nächstenliebe zeigt sich daran erkenntlich, dass der Arbeitende die Möglichkeit besitzt, dem Bedürftigen von seinem Lohn eine zuneigende Aufmerksamkeit in Form von Spenden zukommen zu lassen. Hier wird der Wille Gottes in den Vordergrund gestellt, den unser Herr Jesus wie folgt bekundet:

Wenn du aber Almosen gibst, so soll deine linke Hand nicht wissen, was deine rechte tut, damit dein Almosen im Verborgenen ist. Und dein Vater, (der himmlische Vater = Gott!) *der ins Verborgene sieht, er wird es dir öffentlich vergelten* (Matthäus, Kapitel 6, Verse 3 + 4).

Die von Gott gewollte Einstellung der Menschen betitelt Paulus bei seiner „Abschiedsrede an die Ältesten von Ephesus" an dieser Stelle wie folgt:

In allem habe ich euch gezeigt, dass man so arbeiten und sich der Schwachen (Hilfebedürftigen / Armen!) *annehmen soll, eingedenk der Worte des Herrn Jesus, der selbst gesagt hat: <u>Geben ist glückseliger als nehmen!</u>* (die Apostelgeschichte des Lukas, Kapitel 20, Vers 35).

Dies ist das von Paulus aufgerufene, von Gott in Jesus Christus sich erkenntlich zeigende Ziel der von der barmherzigen Liebe des Höchsten beschenkten, stets nachzuahmenden Geistauswirkung:

Die von Gott und dem Herrn Jesus Christus geforderte Einhaltung der sich von nun an erkenntlich zeigenden Nächstenliebe – bedingt durch die unabdingbare, gewichtige und allumfassende Hilfe ihres Förderers: *Des Heiligen Geistes.*

Vers 29: Anhand der Ausgießung des Heiligen Geistes *soll nunmehr **kein schlechtes Wort aus eurem Mund kommen**,* betont der Apostel in Vers 29a.

Denn, so Salomo:

<u>*Die Worte aus dem Mund eines Weisen sind anmutig, aber die Lippen eines Toren*</u> (eines Narren!) <u>*verschlingen ihn selbst*</u> (der Prediger Salomo, Kapitel 10, Vers 12).

Dies sagt unmissverständlich aus, dass *kein weiteres Wort* der Verletzung, der Beschämung, ja – der vernichtenden Schadhaftigkeit gegenüber dem Nächsten *ausgesprochen werden soll.*

Jesus Christus spricht:

<u>*Nicht das, was zum Mund hineinkommt, verunreinigt den Menschen, sondern was aus dem Mund herauskommt, das verunreinigt den Menschen*</u> (Matthäus, Kapitel 15, Vers 11).

Vielmehr sollen die vom Geist der Wahrheit geleiteten und unterstützten Worte der Seligkeit aus den Mündern der Beschenkten *das Wohl der anderen fördern,* um sie mit diesen Worten der Glückseligkeit *rundum in Nächstenliebe gewinnfördernd und ertragreich,* sprich *– zu Gott und Jesus Christus bezogen zu erbauen.*

Der Apostel Paulus schreibt:

Euer Wort sei allezeit in Gnade, mit Salz gewürzt, damit ihr wisst, wie ihr jedem Einzelnen antworten sollt (Kolosser, Kapitel 4, Vers 6).

Ja, so Paulus in Epheser, Kapitel 4, Vers 29b, **was gut ist zur Erbauung, wo es nötig ist, damit es den Hörern Gnade** (Wohltat! /Quelle: Schlachter – Bibel 2000!) **bringe.**

Denn das ist die stets von Gott gewollte, sich erfüllende Botschaft an Seine Kinder in dem Herrn Jesus Christus, so der Apostel Paulus zu den angeschriebenen Christen.

Vers 30: *Und betrübt nicht den Heiligen Geist Gottes,* führt Paulus in Vers 30 fort, *mit dem ihr versiegelt worden seid für den Tag der Erlösung.*

Der Apostel will den Angeschrieben zu verstehen geben, dass sie den ihnen von Gott in Jesus Christus offenbarten Heiligen Geist **nicht betrüben**, bzw. durch Arglist zerstören sollen. Dieser gewichtige Helfer, so Paulus, mit welchem sie vom Allmächtigen **versiegelt wurden**, verhilft ihnen das Erreichen zur *Ankunft im Reich Gottes für den Tag der Erlösung.*

Der Heilige Geist ist es, der sie auf das ihnen zuteilwerdende, an ihnen offenbarte Wohl in Gott und Jesus Christus hinweist. *Er ist ihr ständiger Begleiter, der sie mit der fühlbaren Gemeinschaft Gottes und Jesu Christi unentwegt umgibt.* Dieser sie versiegelnde *Tröster* ist ihre *stetige Zuversicht, in der Zusammenkunft mit Gott und dem Herrn Jesus Christus das irdi-*

sche Dasein zu bestreiten – und folglich *gegen* die Mächte des Bösen *erfolgreich zu bestehen.*

Die von Gott in Jesus Christus mit dem Geist versiegelten Gläubigen sollen diesen unbeirrbaren Tröster *nicht* mit Unstimmigkeit *betrüben.*

Alles, so Paulus, was innerhalb der Gemeinde Gottes *in Uneinigkeit verfällt,* das ist es letztlich, was den Heiligen Geist in ihrer Gemeinde mit Melancholie *schwerwiegend belastet.*

Auch durch die Auslösung *der verschiedenartigen Äußerungen* (siehe Auslegung zu Epheser, Kapitel 4, Verse 25, 26 + 29!) wird die Uneinigkeit mit dem ihnen von Gott offenbarten Heiligen Geist *hervorgerufen.*

Ein prägnantes Beispiel finden wir bereits im Alten Testament im Buch des Propheten Jesaja. Dort heißt es:

Sie (das jüdische Volk!) *aber waren <u>widerspenstig und betrübten</u> seinen* (Gottes!) *heiligen Geist; da wurde er ihnen zum Feind und kämpfte selbst gegen sie* (Jesaja, Kapitel 63, Vers 10).

Das Zeugnis des ersten christlichen Märtyrers, Stephanus, vor dem Hohen Rat weist uns auf Folgendes hin:

Ihr Halsstarrigen und Unbeschnittenen an Herz und Ohren! Ihr <u>widerstrebt allezeit</u> dem Heiligen Geist; wie eure Väter, so auch ihr! (die Apostelgeschichte des Lukas, Kapitel 7, Vers 51).

Darum, führt Paulus mahnend, jedoch wohlgesinnt fort, *vermeidet* diese abtrünnigen Handlungen der Betrübnisse und genießt fortan das euch zuteilgewordene Heil Gottes in Jesus Christus, der mit dem Licht der Wahrheit des Heiligen Geistes eure Herzen erhellt. Denn dieser allein ist euer beständiger, euch wohlwollende Leiter, der euch für und bis zu **dem Tag der Erlösung** mit der Liebe des Höchsten **versiegelt,** *damit* ihr die von Gott *seit der Grundlegung der Welt* (Matthäus, Kapitel 25, Vers 34b / Epheser, Kapitel 1, Vers 4a) gesegneten Anwärter im Reich der Himmel werdet.

Denn, so Paulus in seinem 2.Brief an die Korinther in Kapitel 1, Verse 21 + 22:

Gott aber, der uns zusammen mit euch in Christus fest gegründet und uns gesalbt hat, er hat uns auch versiegelt und das Unterpfand des Geistes in unsere Herzen gegeben.

Vers 31: Der Apostel geht nun über zu definierten Aufzählungen, welche innerhalb christlicher Gemeinden *keinesfalls ausgeübt und daher strengstens vermieden werden müssen.*

(Ähnliche Aufzählungen finden wir in den Briefen des Paulus ebenfalls in seinem Brief an die Galater, Kapitel 5, Verse 19 + 20, als auch in seinem Brief an die Kolosser in Kapitel 3, Vers 8!).

Diese von Sünde umgebenen, sich von Gott und Jesus Christus absetzenden Unzulänglichkeiten lauten in seinem Epheserbrief in Kapitel 4, Vers 31 wie folgt:

Bitterkeit: Unwille, Zorn, Verärgerung, Missstimmung, Unmut und Erbitterung

Wut: Streit, Unzufriedenheit, Jähzorn, Ärger und üble Laune

Zorn: Verbitterung, Hass, Ärger, Unmut, Sorgen, schlechte Laune und Hader

Geschrei: Wehklagen, Jammer, Gebrüll, üble Ausrufe und eine daraus verursachte Unruhe

Lästerung: Erniedrigungen, Beleidigungen, Schmähungen und ein daraufhin resultierendes Unheil.

Im Brief an die Hebräer können wir dazu folgende Botschaft von seinem Verfasser in Erfahrung bringen:

<u>***Ohne Glauben aber ist es unmöglich, ihm***</u> (Gott!) <u>***wohlzugefallen; denn wer zu Gott kommt, muss glauben, dass er ist und dass er die belohnen wird, welche ihn suchen***</u> (Hebräer, Kapitel 11, Vers 6).

Diese aufgezählten Laster, um erneut zu Vers 31 zurückzukehren, *sollen vollkommen aus ihrem Wortschatz, als auch aus ihren Handlungen verschwinden, um die Einheit mit Gott und dem Herrn Jesus Christus aufrecht zu erhalten.* Der Apostel Paulus erwähnt am Ende seiner *eindringlich zu vermeidenden, ins Verderben führenden Aufzählungen ganz bewusst:* <u>**Aller Bosheiten**</u>.

Damit will er den Angeschriebenen unmissverständlich zu verstehen geben, *dass restlos alles, was in Uneinigkeit mit Gott* verfällt, in verheerende, von Gott und Christus entfremdende Sünde ausartet.

Denn: **_Alles aber, was nicht aus Glauben geschieht, ist Sünde_**, so Paulus in seinem Brief an die Römer in Kapitel 14, Vers 23 b.

Vers 32: Paulus geht nun über zu den von Gott gewollten Kriterien, *die aus – und anhand des Heiligen Geistes in bleibender Gemeinschaft mit dem Höchsten in Jesus Christus bei den Auserwählten prägend hervortreten.* Diese zeigen sich wie folgt erkenntlich:

Seid aber gegeneinander freundlich und barmherzig und vergebt einander, gleichwie auch Gott euch vergeben hat in Christus.

Das stets von Gott und Jesus Christus geforderte *Gebot der Nächstenliebe* wird anhand dieser gegenseitig besänftigenden Aspekte *mehr als nur sicht-, als auch erkennbar.* Diese miteinander auszuübenden, von der Liebe Gottes umwobenen Tätigkeiten verbinden sich ***zu einer Einheit Gottes im Geist, der das Band des Friedens fördert*** (siehe abermals Auslegung zu Epheser, Kapitel 4, Vers 3!).

Diese unmissverständlichen „Erfolgskriterien" der Liebe Gottes *erweisen sich als äußerst mitfühlende, stets auf den anderen bezogene Liebesbeweise, welche vom Heiligen Geist ihre erkennbaren Strukturen in der Nachahmung Jesu Christi erhalten. In ihnen* wird das von Gott und Jesus Christus geforderte, stets sich barmherzig erweisende Mitgefühl zu den Mitmenschen *überaus deutlich erkennbar.*

Der Apostel Paulus will den angeschriebenen Gläubigen die an ihnen vollbrachte Liebestat Gottes in Jesus Christus anhand dieser von ihm benannten, von den Glaubenden auszuübenden und den von Gott geforderten Maßnahmen *vergleichend gegenüberstellen.*

Anhand dieser Metapher sollen die von Gott Beschenkten ihre gedanklichen Blicke auf das Holz von Golgatha schweifen lassen – dort – wo Gottes Liebestat ihr einst verdunkeltes Herz – bedingt durch den Glauben an den Allmächtigen und Jesus Christus – auf Ewigkeit durch die Gnadengabe des erlösenden, reinigenden Blutes des Heilands mit dem Heiligen Geistes erhellte, um einst als Gottes angenommenen Kinder in das Reich Seiner Herrlichkeit einziehen zu dürfen.

Ja, in der Tat – so Paulus – die an euch vollbrachte Gnadentat des allmächtigen Gottes in dem Herrn Jesus Christus sollt ihr *in gleicher Weise auch eurem Gegenüber anhand eures von Gott gegebenen Heiligen Geistes zur Verfügung stellen, sodass euer Glaube stets die von Gott und Jesus Christus geforderten Früchte des Heils hervorbringt.* Dieses untereinander vollbringende, überaus heilsame gemeinschaftliche Handeln in der Gnade Gottes in Christus *ist das wahre Erkennungsmerkmal* eines vom Höchsten Beschenkten.

Anhand dieser Handlungsweisen seid ihr die wahrhaftigen Kinder des allmächtigen Gottes in dem Herrn Jesus Christus, *weil ihr die Anforderungen des Höchsten mit diesen Seinen Liebestaten rundum bekundet* – ganz im stets gewollten Sinne Gottes in dem Herrn und Erlöser Jesus Christus, so der Apostel.

Mit der Wandlung in der Liebe Gottes setzt nun das 5.Kapitel seinen überaus bedeutenden Schwerpunkt fort...

Kapitel 5

Verse 1 – 21
Wandel in Liebe und Licht bedeutet,
alles Böse zu meiden

¹Werdet nun Gottes Nachahmer als geliebte Kinder ²und wandelt in der Liebe, gleichwie auch Christus uns geliebt und sich selbst für uns gegeben hat als Darbringung und Schlachtopfer, zu einem lieblichen Geruch für Gott. ³Unzucht aber und alle Unreinheit oder Habsucht soll nicht einmal bei euch erwähnt werden, wie es Heiligen geziemt; ⁴auch nicht Schändlichkeit und albernes Geschwätz oder Witzeleien, die sich nicht gehören, sondern vielmehr Danksagung. ⁵Denn das sollt ihr wissen, dass kein Unzüchtiger oder Unreiner oder Habsüchtiger (der ein Götzendiener ist), ein Erbteil hat im Reich des Christus und Gottes. ⁶Lasst euch von niemand mit leeren Worten verführen! Denn um dieser Dinge willen kommt der Zorn Gottes über die Söhne des Ungehorsams. ⁷So werdet nun nicht ihre Mitteilhaber! ⁸Denn ihr wart einst Finsternis; jetzt aber seid ihr Licht in dem Herrn. Wandelt als Kinder des Lichts! ⁹Die Frucht des Geistes besteht nämlich in lauter Güte und Gerechtigkeit und Wahrheit. ¹⁰Prüft also, was dem Herrn wohlgefällig ist, ¹¹und habt keine Gemeinschaft mit den unfruchtbaren Werken der Finsternis, deckt sie vielmehr auf; ¹²denn was heimlich von ihnen getan wird, ist schändlich auch nur zu sagen. ¹³Das alles aber wird *offenbar, wenn es vom Licht aufgedeckt wird; denn alles, was offenbar wird, das ist Licht. ^{14}Darum heißt es: Wache auf, der du schläfst, und stehe auf aus den Toten, so wird Christus dich erleuchten! ^{15}Seht nun darauf, wie ihr mit Sorgfalt wandelt, nicht als Unweise, sondern als Weise; ^{16}und kauft die Zeit aus, denn die Tage sind böse. ^{17}Darum seid nicht unverständig, sondern seid verständig, was der Wille des Herrn ist! ^{18}Und berauscht euch nicht mit Wein, was Ausschweifung ist, sondern werdet voll Geistes; ^{19}redet zueinander mit Psalmen und Lobgesängen und geistlichen Liedern; singt und spielt dem Herrn in eurem Herzen; ^{20}sagt allezeit Gott, dem Vater, Dank für alles, in dem Namen unseres Herrn Jesus Christus; ^{21}ordnet euch einander unter in der Furcht Gottes!*

Zwischenbemerkung:

Die ersten beiden Verse des 5.Kapitels fügen sich direkt an das 4.Kapitel, Vers 32 (siehe Auslegung!) an. Verse 3 – 14 klären die Angeschriebenen über die Unreinheit und die Habsucht auf, wobei der 14. Vers als eine Art „ rundum zusammenfassende Fundierung" von dem Apostel Paulus betrachtet werden kann.

Verse 15 – 21 schenken den Gläubigen den gewichtigen Unterschied zwischen der abtrünnigen Finsternis der Söhne des Ungehorsams – und das sich an ihnen offenbarte Heil im Lichtglanz Gottes in dem Herrn Jesus Christus, an welchem sie sich mit vollkommener Zuneigung der ihnen zuteilwerdenden Gnadengabe Gottes hingeben sollen, um fortan diesem von Gott erwählten, ihnen zuteilwerdenden, gewichtigen und alleserrettenden Schritt ewige Dankbarkeit zu bekunden.

Auslegung

Verse 1 + 2: Wie bereits erwähnt, „schmiegen" sich die ersten beiden Verse des 5.Kapitels direkt an den 32. Vers des 4.Kapitels (siehe Auslegung!) an.

So folgt nun in Vers 1 ein Aufruf, dass die von Gott Beschenkten *Gottes Nachahmer als dessen geliebte Kinder werden sollen.* Paulus will den Angeschriebenen die Nähe zu Gott in ihren Handlungen betont erkenntlich zeigen. Diese vom Höchsten in Jesus Christus an uns vollbrachte Gnadentat soll auch unser Handeln mit Gott vereinen, *sodass auch wir einander vergeben, gleichwie auch Gott uns vergeben hat in Christus* (Epheser, Kapitel 4, Vers 32 – siehe Auslegung!).

Aufgrund der uns zuteilwerdenden Gnadengabe Gottes in Jesus Christus sind wir dazu vom Höchsten *auserkoren und bemächtigt worden, als Seine Kinder diese Ausübung gemäß Seinem Willen zu vollbringen.* Denn die Liebe des Höchsten wurde uns zuteil (Epheser, Kapitel 2, Vers 4 – siehe Auslegung!), *weil wir durch Gottes Selbstverwirklichung in Seinen*

*Sohn Jesus Christus **Zutritt zu dem Vater in einem Geist haben*** (Epheser, Kapitel 2, Vers 18 – siehe Auslegung!).

In seinem 1.Brief an die Thessalonicher bekundet der Apostel Paulus in Kapitel 1, Vers 6:

<u>***Und ihr seid unsere und des Herrn Nachahmer geworden, indem ihr das Wort unter viel Bedrängnis aufgenommen habt mit Freude des Heiligen Geistes.***</u>

Und unser Herr Jesus Christus bekundet:

<u>***Wenn jemand mir dienen will, so folge er mir nach; und wo ich bin, da soll auch mein Diener sein; und wenn jemand mir dient, so wird ihn (mein) Vater ehren***</u> (Johannes, Kapitel 12, Vers 26).

Wir, die geliebten Kinder Gottes, fährt Paulus in Vers 2 des 5.Kapitels des Epheserbriefes fort, *sollen in der Liebe wandeln, gleichwie auch Christus uns geliebt und sich selbst für uns gegeben hat als Darbringung und Schlachtopfer, zu einem lieblichen Geruch für Gott.*

Wir, die geliebten Kinder des allmächtigen Gottes, *sollen unsere Mitmenschen in gleicher Weise behandeln, wie Christus Seine Nächsten behandelt hat.* Denn auch der Herr Jesus Christus hat uns mit Seiner uns zu Gute dienenden Sündenvergebung am Holz von Golgatha unsere Sünden erlassen, indem er sich für alle an Ihn Glaubenden dahingab, um die Gläubigen in das Reich Seiner Herrlichkeit leiten zu können.

So sind wir *in Ihm wahrhaftig in der Liebe herangewachsen, in allen Stücken zu ihm hin* (Epheser, Kapitel 4, Vers 15 – siehe Auslegung!).

Unser Heiland spricht in Johannes, Kapitel 13, Vers 34:

<u>Ein neues Gebot gebe ich euch, dass ihr einander lieben sollt, damit, wie ich euch geliebt habe, auch ihr einander liebt.</u> –

und fährt im gleichnamigen Evangelium in Kapitel 15, in den Versen 9 + 10 fort:

<u>Gleichwie mich der Vater liebt, so liebe ich euch; bleibt in meiner Liebe! Wenn ihr meine Gebote haltet, so bleibt ihr in meiner Liebe, gleichwie ich die Gebote meines Vaters gehalten habe und in seiner Liebe geblieben bin.</u>

Der Heiland hat sich für die Auserwählten Gottes selbst *als Schlachtopfer dargebracht, zu einem lieblichen Geruch für Gott* (Epheser, Kapitel 5, Vers 2).

Sprich – Gott hat das Opfer Jesu Christi *für alle Sünden der an Ihn und an Jesus Christus Glaubenden auf Ewigkeit angenommen* – dieses vollkommen schuldlose Opfer, Jesus Christus – hatte bei Gott Wohlgefallen, um anhand dieser Seiner blutvergießenden Handlung am Kreuz die Sünden aller Gläubigen zu vergeben und zu vertilgen, um sie somit in das Reich Seiner Herrlichkeit zu leiten.

An dieser Stelle ist jedoch darauf hinzuweisen, dass Paulus hier von *einem lieblichen Wohlgeruch* für Gott spricht. Dieser aber ist jedoch „bildlich" zu verstehen, denn im 3.Buch Mose, Kapitel 1, Vers 9 heißt es:

Seine (das junge Rind!) *Eingeweide aber und seine Schenkel soll er mit Wasser waschen; und der Priester soll das Ganze auf dem Altar in Rauch aufgehen lassen als ein Brandopfer, ein Feueropfer <u>zum lieblichen Geruch</u> für den Herrn.*

Jesus Christus aber ist <u>kein</u> vergängliches Opfer, der – wie das Brand- oder Feueropfer eines Viehs, Gott dem Herrn ausschließlich *zum lieblichen Geruch dient* –

sondern ein auf Ewigkeit sich mit Gott verbündendes, rundum heilendes Opfer, welches alle Sünden der Gläubigen durch das Vergießen Seines teuren Blutes am Holz auf Golgatha restlos vertilgt – und daraufhin *ein lieblicher Wohlgeruch* für den allmächtigen Gott auf Ewigkeit ist und auch bleibt.

Vers 3: Der Apostel kommt nun auf das anrüchige Benehmen in Form von **Unzucht, Unreinheit** und **Habsucht** zu sprechen. Diese Form von sexueller Sünde *soll nicht einmal bei euch erwähnt werden*, mahnt Paulus die angeschriebenen Christen. Auch die von Sünde belastete Ausübung der **Habsucht**, bzw. die Habgier reiht sich in diese von Schande belasteten Vergehen ein, welche die Christen *stets vermeiden* sollen. Denn diese von Sünde umgebenen Tätigkeiten sind *gegen* Gott und Jesus Christus gerichtete Abscheulichkeiten, welche die vollkommene Reinheit Gottes und Jesu Christi *mit großer Schande beflecken.*

In seinem Brief an die Kolosser mahnt daher Paulus ausdrücklich:

Tötet daher eure Glieder, die auf Erden sind: Unzucht, Unreinheit, Leidenschaft, böse Lust und die Habsucht, die Götzendienst ist (Kolosser, Kapitel 3, Vers 5)

– und führt diese Belehrung weiterhin in seinem 1.Thessalonicherbrief in Kapitel 4 in den Versen 3 + 7 wie folgt fort:

Denn das ist der Wille Gottes, eure Heiligung, dass ihr euch der Unzucht enthaltet; denn Gott hat uns nicht zur Unreinheit berufen, sondern zur Heiligung.

Folglich sollen diese verruchten Praktiken *weder praktiziert, noch benannt, bzw. in dem mit ihnen verbundenen abscheulichen Sprachgebrauch verwendet werden*, **wie es Heiligen** (Gläubigen!) ***geziemt,*** (Epheser, Kapitel 5, Vers 3b) denn *sie* sind die von Gott gesegneten Auserwählten im Heiligen Geist.

Auch das 10.Gebot Gottes schreibt den Gläubigen Folgendes vor:

Du sollst nicht begehren die Frau deines Nächsten (2.Mose, Kapitel 20, Vers 17b).

Die Christen aber gleichen ihren geistlichen Wandel im Heiligen Geist Gottes wie folgt an; so schreibt es der Apostel Petrus in seinem 1.Brief in Kapitel 1, Vers 15:

Sondern wie der, welcher euch berufen hat, heilig ist, sollt auch ihr heilig sein in eurem ganzen Wandel.

Vers 4: Der 4.Vers schließt sich direkt den 3.Vers an. So betont Paulus weiterhin, dass zu den von Vers 3 benannten Abscheulichkeiten ***auch nicht Schändlichkeit und albernes Geschwätz oder Witzeleien*** (Epheser, Kapitel 5, Vers 4a) hinzugefügt werden sollen.

Der Autor vermutet einerseits, dass **Schändlichkeiten** (verwerfliche Abscheulichkeiten!), ***albernes Geschwätz*** (absurdes Gerede!) ***oder Witzeleien*** sich auf die anstößigen Äußerungen von Epheser, Kapitel 5, Vers 3 (siehe Auslegung!) beziehen, welche die Art „geistloser Witze" besitzen.

Diese von Verdorbenheit beseelten Kriterien, ***die sich nicht gehören***, so der Apostel in Vers 4b, sollen aus dem Sprachgebrauch der von Gott Beschenkten *vollends entschwinden*.

Unser Herr Jesus Christus spricht:

Ich sage euch aber, dass die Menschen am Tag des Gerichts Rechenschaft geben müssen von jedem unnützen Wort, das sie geredet haben (Matthäus, Kapitel 12, Vers 36).

An dieser Stelle wäre ebenfalls andererseits zu vermuten, um zu Vers 4 des 5. Kapitels des Epheserbriefs zurückzukehren, dass Paulus diese 3 Arten der anstößigen Äußerungen ebenfalls *auf das Reden über Gott bezieht*, wenn er am Ende dieses 4.Verses die Worte hinzufügt:

Sondern erwähnt *vielmehr Danksagung.*

Welche Vermutung von den beiden vom Autor erwähnten gedanklichen Erwägungen auch immer den Vorzug erhält – diese nun folgende Aussage will der Apostel Paulus den angeschriebenen Christen mahnend, jedoch wohlgesinnt mitteilen:

Anstelle geistloser Worte, welche in ihrem Wortschatz eine abtrünnige Stellungnahme finden könnten, sollen die vom Geist beseelten Christen vielmehr die ***Danksagung*** Gottes fördern, der sie mit der von Ihm ausgehenden Liebe Seines Sohnes Jesus Christus überaus reich an barmherziger Gnade im Heiligen Geist beschenkte.

Denn der von den Christen gebührende Dank dieses von der Gnade Gottes umwobenen Geschenkes *ist das Resultat der christlichen, von Gott gewollten, reinen Tugend, die der Allmächtige ihnen rundum wohlwollend in Jesus Christus mit dem Heiligen Geist offenbarte.*

So betont Paulus in seinem 1.Brief an die Thessalonicher in Kapitel 5, Vers 18:

Seid in allem dankbar; denn das ist der Wille Gottes in Christus Jesus für euch.

Vers 5: Eine unmissverständliche Belehrung des Apostels folgt:

*Weder **Unzüchtige**, noch **Unreine**, noch **ein Habsüchtiger** (der ein Götzendiener ist) haben Erbteil im Reich des Christus und Gottes.*

Die von Paulus in Vers 3 des gleichnamigen Kapitels erwähnten, schändlich zu betrachtenden Auswirkungen dieser verruchten Personen, welche diese letztlich ausüben, (siehe Auslegung!) werden <u>**kein** Erbteil am Reich des Christus und Gottes haben</u> (Epheser, Kapitel 5, Vers 5).

In seinem 1.Korintherbrief in Kapitel 6, Verse 9 + 10 bekennt Paulus:

*<u>Wisst ihr denn nicht, dass Ungerechte das Reich Gottes **nicht** erben werden? Irrt euch nicht: Weder Unzüchtige noch Götzendiener, weder Ehebrecher noch Weichlinge, noch Knabenschänder, weder Diebe noch Habsüchtige, noch Trunkenbolde, noch Lästerer, noch Räuber werden das Reich Gottes erben.</u>*

Auch anhand der Offenbarung des Johannes können wir Folgendes in Erfahrung bringen:

<u>Die Feiglinge aber und die Ungläubigen und mit Gräueln Befleckten und Mördern und Unzüchtigen und Zauberer und Götzendiener und alle Lügner – ihr Teil wird in dem See sein, der von Feuer und Schwefel brennt; das ist der zweite Tod. Und es wird niemals jemand in sie</u> (in das neue Jerusalem!) *<u>hineingehen, der verunreinigt, noch jemand, der Gräu-</u>*

el und Lüge verübt, sondern nur die, welche geschrieben stehen im Buch des Lebens des Lammes (die Offenbarung des Johannes, Kapitel 21, Verse 8 + 27).

Der Herrschaftsbereich Gottes und Jesu Christi bleibt diesen Sündern *allezeit versperrt* – sowohl in ihrem *jetzigen, irdischen Dasein*, als auch in dem noch zukünftig Kommenden im *Reich der Himmel*, so der Apostel Paulus.

Vers 6: Folglich sollen die von Gott Beschenkten stets wachsam sein, *damit sie sich von niemand mit leeren Worten verführen lassen!*

Den auf die Christen zukommenden, weltlichen Einfluss der Abtrünnigen sollen die Christen mit der gewichtigen Hilfe ihres ihnen von Gott offenbarten Heiligen Geistes *erkennen* und somit *erfolgreich abwehren*.

Denn, so der Apostel Johannes:

Kinder, lasst euch von niemand verführen! Wer die Gerechtigkeit übt, der ist gerecht, gleichwie Er gerecht ist (1.Johannes, Kapitel 3, Vers 7).

Aufgrund der verruchten Taten und Reden der Abtrünnigen, welche anstelle die Wahrheit Gottes zu bekunden, nur bedeutungslose, gegen Gott und Jesus Christus gerichtete Reden aufgrund ihrer Missetaten halten – ja – *um dieser Dinge wil-*

len kommt der Zorn Gottes über die Söhne des Ungehorsams (Epheser, Kapitel 5, Vers 6b).

Vor diesen „Verführungsversuchen" warnt Paulus die angeschriebenen Christen eindringlich, *denn wenn die Gesegneten Gottes ebenfalls in deren gottlose Entfremdung verfallen, so beteiligen* sich die Auserwählten *an diesen schändlichen Auswirkungen – und müssen sich somit vor dem Richterstuhl Gottes als schuldig bekennen lassen.*

In der Tat – **_denn es wird geoffenbart Gottes Zorn vom Himmel her über alle Gottlosigkeit_** (die Missachtung der göttlichen Gebote! – Quelle: Schlachter – Bibel 2000!) **_und Ungerechtigkeit der Menschen, welche die Wahrheit durch Ungerechtigkeit aufhalten_**, so der Apostel Paulus in seinem Brief an die Römer in Kapitel 1, Vers 18.

So bekennt Paulus weiterhin:

Lasst euch von niemand in irgendeiner Weise verführen! Denn es muss unbedingt zuerst der Abfall (die Abtrünnigkeit / bzw. die bewusste Abkehr von Christus! – Quelle: Schlachter – Bibel 2000!) **_kommen und der Mensch der Sünde geoffenbart werden, der Sohn des Verderbens_** (2.Thessalonicher, Kapitel 2, Vers 3).

Gott aber ruft den gerechten, von Ihm auserwählten Kindern des Heils dank Seines liebenden, vollkommenen Charakters zu:

Mit ewiger Liebe habe ich dich geliebt; darum habe ich dich zu mir gezogen aus lauter Gnade (Jeremia, Kapitel 31, Vers 3b).

Vers 7: Daher kennzeichnet Paulus mit dem nun folgenden „mahnenden Ausruf" seine tiefgründig zu erachtende Liebe zu den von ihm angeschriebenen Christen in Ephesus:

So werdet nun <u>nicht</u> ihre Mitteilhaber!

Mit dieser seiner Aussage will der Apostel Paulus den Christen noch einmal verwarnend mitteilen, dass, *wenn sie* **Sünder** *überreden wollen, <u>nicht</u> einwilligen sollen* (die Sprüche Salomo, Kapitel 1, Vers 10).

Denn:

Wohl dem, der nicht wandelt im Rat der Gottlosen – bekennt der Psalmist in Psalm 1, Vers 1 (Lutherbibel 1984).

Der Apostel Paulus, der anhand seines eigenen Lebenswandels (siehe die Apostelgeschichte des Lukas, Kapitel 9!) in dem Herrn Jesus Christus das Heil der unabdingbaren Wahrheit Gottes in bleibende Erfahrung – bedingt durch seinen tiefgründigen Glauben an den Messias Jesus Christus – bringen konnte – weiß allzu genau, wie herrlich und errettend sich die Gnade des Höchsten in seinem ab diesem Zeitpunkt beginnenden Heiloffenbarung erkenntlich gezeigt hat.

Selbst Bedrängnisse jeglicher Art (siehe 2.Korinther, Kapitel 11, Verse 16 – 33!) konnten ihn *niemals* von der Liebe Christi trennen, denn für Paulus galt, so schrieb er:

<u>***Denn für mich gilt: Leben heißt Christus, und Sterben ist für mich Gewinn***</u> (Philipper, Kapitel 1, Vers 21 / Zürcher – Bibel).

Weil der Apostel Paulus bis zu seiner Bekehrung selbst in fataler Ungerechtigkeit vor Gott verharrte – denn er verfolgte die Gemeinde Jesu Christi und folglich auch den Herrn Jesus Christus selbst – so kann er nunmehr auch die in Christus fortan von Gott Gesegneten *ganz bewusst* wie im folgenden Vers 8 mit weiterführenden, mahnhaften Worten belehren…

Vers 8: Aufgrund dieser sich an dem Apostel Paulus vollzogenen Erfahrung, kann er nunmehr behaupten, dass auch die angeschriebenen Christen ***einst* Finsternis waren. *Jetzt aber*,** nachdem sie ihren Glauben voll und ganz auf den Herrn Jesus Christus gerichtet haben, **seid ihr Licht in dem Herrn**, betont der Apostel in Epheser, Kapitel 5, Vers 8a.

So bekennt Paulus in seinem Brief an die Römer in Kapitel 13, Vers 12:

Die Nacht ist vorgerückt, der Tag aber ist nahe. **So lasst uns nun ablegen die Werke der Finsternis und anlegen die Waffen des Lichts** –

und führt in Epheser, Kapitel 6, Vers 16b – (siehe noch kommende Auslegung!) fort:

… mit dem ihr alle feurigen Pfeile des Bösen auslöschen könnt.

Die einstige *Verhärtung ihres Herzens* (siehe hierzu Auslegung unter Epheser, Kapitel 4, Vers 18!) *ist durch* das **Licht in dem Herrn** (Jesus! / Epheser, Kapitel 5, Vers 8) bekehrt worden. Sprich – bedingt durch die Wahrheitsausgießung des Heiligen Geistes durch Gottes barmherzige Gnade in der Person des Herrn Jesu Christi *leben sie fortan als* **Gottes Hausgenossen** (Epheser, Kapitel 2, Vers 19b – siehe Auslegung!) *in deren beider Gemeinschaft* als Anwärter für das Reich der Himmel.

In ihren Herzen *haben* Gott und der Herr Jesus Christus *eine bleibende Wohnung genommen* (Johannes, Kapitel 14, Vers 23b), denn *der von Christus erbetene Geist Gottes* (Johannes, Kapitel 14, Vers 16) *reinigt* ihre Herzen von der unanfechtbaren Wahrheit Ihrer beider vollkommenen, vom Licht der Wahrhaftigkeit umhüllten Reinheit, *denn Gott kann unmöglich lügen* (Hebräer, Kapitel 6, Vers 18a). Nunmehr sind die Gläubigen *bedingt durch Gottes unnachahmliche Gnadentat* **das Licht der Welt** (Matthäus, Kapitel 5, Vers 14a) *in* dem Herrn Jesus Christus.

Der Herr Jesus Christus spricht im Evangelium des Johannes in Kapitel 12, Vers 36:

<u>Solange ihr das Licht habt, glaubt an das Licht, damit Ihr Kinder des Lichtes werdet!</u>

Und Paulus fügt hinzu:

<u>Denn Gott, der dem Licht gebot, aus der Finsternis hervorzuleuchten, er hat es auch in unseren Herzen Licht werden lassen, damit wir erleuchtet werden mit der Erkenntnis der</u>

__Herrlichkeit Gottes im Angesicht Jesu Christi__ (2.Korinther, Kapitel 4, Vers 6) – *__damit ihr unsträflich und lauter seid, untadelige Kinder Gottes inmitten eines verdrehten und verkehrten Geschlechts,__* (inmitten von Gott Abtrünniger!) *__unter welchem ihr leuchtet als Lichter in der Welt__* (Philipper, Kapitel 2, Vers 15).

__Ihr alle seid Söhne__ (Gottes angenommene Kinder!) *__des Lichts und Söhne des Tages. Wir gehören nicht der Nacht an, noch der Finsternis__* (1.Thessalonicher, Kapitel 5, Vers 5).

Folglich sind die bekehrten Glaubenden *eine Einheit* mit Gott und dem Herrn Jesus Christus. Die in den ungläubigen Herzen der Menschen einst herrschende *Finsternis* wurde durch das Licht der Wahrheit Gottes in Christus *restlos vertilgt.*

Einst lebten die Menschen *aufgrund der in ihnen herrschenden, verruchten Finsternis in einer ihr angehörenden Abgeschiedenheit* von Gott und Jesus Christus.

Somit kann der Apostel Paulus nunmehr von ganzem Herzen behaupten:

__Darum: Ist jemand in Christus, so ist er eine neue Schöpfung; das Alte ist vergangen; siehe, es ist alles neu geworden!__ (2.Korinther, Kapitel 5, Vers 17).

Wiederum handelt es sich an dieser Stelle abermals um ein an den bekehrten Menschen vollbrachtes Werk Gottes *in* dem Herrn Jesus Christus, welches *nicht* aus Eigeninitiative, sprich

– aus humanitären Kraftquellen entspringt, *sondern* dies ist das gnadenreiche und barmherzige Geschenk des Höchsten in Seinem Sohn, *welches den Menschen von Grund auf erneuert.*

Hier müssen wir abermals zu den bereits ausgelegten Versen des Epheserbriefes zurückblicken. In Kapitel 2 in den Versen 8 + 9 (siehe Auslegung!) macht Paulus die Angeschriebenen auf diese ihnen zuteilwerdende, gewichtige Botschaft wie folgt aufmerksam:

Denn aus Gnade** seid ihr errettet **durch den Glauben, und das nicht aus euch** – **Gottes Gabe ist es; nicht aus Werken, damit niemand sich rühme.

Aufgrund ihrer von Gott ihnen zuteilgewordenen Zuordnung Seiner und Christi Herrlichkeit gehören sie dem Lichtganz Christi an.

Ein unmissverständlicher Ausruf des Paulus folgt:

Wandelt als Kinder des Lichts! (Epheser, Kapitel 5, Vers 8b).

Gleich, wie Gott Seine Kinder in den Lichtglanz Seiner selbstoffenbarten Herrlichkeit in Jesus Christus berufen hat, *so* sollen fortan die Christen in *diesem ihnen* geschenkten Wandel ihr Leben ausrichten, denn sie sind die Kinder des Heils.

Vers 9: Nun schenkt ihnen Paulus eine nähere Einsicht in das ihnen von Gott offenbarte Licht im Glanz der Herrlichkeit Jesu Christi.

Die Frucht des Geistes, so der Apostel, *besteht nämlich in lauter Güte* (Entgegenkommen, Wohlwollen, Freundlichkeit) *und Gerechtigkeit* (Vorurteilslosigkeit, Neutralität, Objektivität, Fairness) *und Wahrheit* (Aufrichtigkeit, Wahrhaftigkeit, Richtigkeit, Reinheit, Unanfechtbarkeit).

Ihre exakten, unmissverständlichen, *herzerhellenden Kennzeichen* erwähnt der Apostel in seinem Galaterbrief in Kapitel 5, Vers 22. Sie lauten wie folgt:

<u>*Die Frucht des Geistes aber ist*</u>

<u>*Liebe,*</u> (Hingabe, Leidenschaft, Verbundenheit, Hilfsbereitschaft, Zärtlichkeit und die gewichtige *Nächstenliebe*)

<u>*Freude,*</u> (Behagen, Wohlgefallen, Begeisterung, die Faszination, dem anderen behilflich zu sein in *Nächstenliebe*)

<u>*Friede,*</u> (Harmonie, Einklang, eine sich gegenseitig auswirkende Besonnenheit, bedachtes Handeln in Form der *Nächstenliebe*)

<u>*Langmut,*</u> (Geduld, Ausdauer, Beharrlichkeit – die Kennzeichen eines wahrhaftigen Christen, *der seinen Nächsten ehrt*)

Freundlichkeit, (Herzensgüte, Mildtätigkeit, Sanftmut, gegenseitiges Achten in Form der *Nächstenliebe*)

Güte, (Aufgeschlossenheit, Wohlwollen, Herzensgüte, rundum die Vorzüge, die sich in der *Nächstenliebe* ersichtlich zeigen)

Treue, (konstante Loyalität, Gewissenhaftigkeit, rundum das gegenseitig zu erachtende Verantwortungsgefühl gegenüber *seinem Nächsten*)

Sanftmut, (Herzensgüte, Hilfebereitschaft, eine anschmiegsame Anteilnahme in Form der *Nächstenliebe*)

Selbstbeherrschung. (innere Haltung der Ruhe, Selbstdisziplin, Unterordnung und die daraus resulticrcndc Achtung gegenüber dem Nächten als ein unverkennbares Anzeichen der von Selbstbeherrschung ausgeübten *Nächstenliebe*).

Güte, Gerechtigkeit und Wahrheit (Epheser, Kapitel 5, Vers 9b) kennzeichnen die Lebensart christlicher Ethik – und zeigen exakt die uns liebenden Charaktere des allmächtigen Gottes in dem Herrn Jesus Christus auf. Aus diesen bedeutenden Indizien besteht **die Frucht des Geistes** (Epheser, Kapitel 5, Vers 9a). Jene sind es folglich, welche die Kennzeichen Gottes in Christus Jesus prägend hervorheben.

Der Heilige Geist bekehrt die von Gott Auserwählten in die Ära Seiner selbst, indem Er ihnen die von Ihm ausgehende Frohe Botschaft Christi in deren Herzen in das Licht des Herrn (Epheser, Kapitel 5, Vers 8b – siehe Auslegung!) legt, welche von dem Glauben der Beschenkten folglich in *das Band des Friedens* (Epheser, Kapitel 4, Vers 3b – siehe Auslegung!)) übergeht, um in die *himmlischen (Regionen) in Christus* vor- und eindringen zu können (siehe Auslegung zu Epheser, Kapitel 1, Vers 3b).

Allein der uns liebende, wunderbare himmlische Vater kann uns dieses barmherzige Gnadengeschenk wohlwollend in all Seinen von Ihm in Christus offenbarten, rundum reinen Kriterien voller Sanftmut in unsere Herzen legen.

Vers 10: Paulus fordert nunmehr die Beschenkten *zu einer penibel genauen Prüfung im Heiligen Geist auf*. Er schreibt:

Prüft also, was dem Herrn wohlgefällig ist.

Diese Aufforderung sagt aus, so der Apostel Paulus:

Und passt euch nicht diesem Weltlauf an, sondern lasst euch (in eurem Wesen) verwandeln durch die Erneuerung eures Sinnes, (mit der unabdingbaren Hilfe des Trösters, des Heiligen Geistes!), **damit ihr prüfen könnt, was der gute und wohlgefällige und vollkommene Wille Gottes ist** (Römer, Kapitel 12, Vers 2).

Anhand dieser Definierung des Paulus erkennen wir allzu deutlich die *humanitären Schwachpunkte, welche sich auf die weltlichen, vergänglichen und folglich von Gott und Christus entfernten* „Manieren" *beziehen* (siehe Auslegung zu Epheser, Kapitel 5, Verse 3 – 5!).

Diese sind *die vergänglichen Objekte der von Gott entfremdenden Finsternis*, (Epheser, Kapitel 5, Vers 8a – siehe Auslegung!) denn in ihnen wird die Sünde *ausgeweidet und schonungslos vom Höchsten aufgedeckt* – hin – zu einem Dasein in *Gott sinnwidriger, entlegener und daher abgeschiedener Leere*.

Dieses Prüfen, so der Apostel, ist folglich eine sehr bedeutungsvolle Aufforderung, um dass wir uns *nicht „in den verruchten Schlingen" der Gottesgegner verfangen,* um an ihren ausübenden Abscheulichkeiten teilzunehmen (siehe hierzu abermals die Auslegung zu Epheser, Kapitel 5, Vers 6!).

Es ist jene, nun folgende, gewichtige Gegenüberstellung, *die uns stets zum Prüfen der Wahrheit auffordern muss*. Der Apostel Johannes benennt sie in seinem 1.Brief wie folgt:

Einerseits das unmissverständliche „Aufdecken" der weltlich – verderbenden und daher vergänglichen Missetaten:

Sie (die Abtrünnigen!) **_sind aus der Welt; darum reden sie von der Welt, und die Welt hört auf sie_** (1.Johannes, Kapitel 4, Vers 5).

Habt nicht lieb die Welt, noch was in der Welt ist! Wenn jemand die Welt lieb hat, so ist die Liebe des Vaters (Gottes!) **_nicht in ihm_** (1.Johannes, Kapitel 2, Vers 15).

Andererseits die zu Gott und Jesus Christus bezogene, vollkommene, wahrheitsgetreue Beziehung in dem von Gott uns offenbarten Heiligen Geist der unabdingbaren Wahrheit Seiner selbst, der die Gedanken und Absichten der anderen mahnend mit einer zu Gott und Christus bezogenen Reinheit prüft. *Dieser Tröster ist es letztlich, der uns in den von Makellosigkeit umwobenen Lichtglanz der Herrlichkeit Jesu Christi leitet:*

<u>*Wir sind aus Gott. Wer Gott erkennt, hört auf uns; wer nicht aus Gott ist, hört nicht auf uns. Daran erkennen wir den Geist der Wahrheit und den Geist des Irrtums*</u> (1.Johannes, Kapitel 4, Vers 6).

Vers 11: *Und habt <u>keine</u> Gemeinschaft mit den unfruchtbaren Werken der Finsternis,* führt Paulus in Vers 11 fort, *deckt sie vielmehr auf.*

Der sich nah an den 7. Vers des gleichnamigen Kapitels (siehe Auslegung!) sich anschmiegende 11.Vers weist die Angeschriebenen noch ein weiteres Mal darauf hin, mit den von Gott abgesonderten Menschen *keinerlei Gemeinsamkeiten* zu pflegen.

Während sich das **Licht** (Epheser, Kapitel 5, Vers 8 – siehe Auslegung!) *als eine reine, zu Gott und Jesus Christus bezogene Quelle der unabdingbaren Wahrheit herauskristallisiert,*

so ist die **Finsternis** *als eine ausgedörrte und geistlos zu betrachtende, auf Ewigkeit versiegende Quelle der Falschheit zu* *betiteln. Sie entleert sich aufgrund ihrer von ganzer Schwachheit umgebenen, humanitär-weltlichen Vorzüge in eine von Gott und Jesus Christus entfremdende Abgeschiedenheit.*

Diese gilt es, schonungslos zu „enttarnen", um diese irdisch-vergängliche Leere *gänzlich ad acta zu legen.* Anhand dieser Enttarnung zeigt sich die von Gott den Christen *offenbarte Kraftauswirkung des Heiligen Geistes* ersichtlich – denn diese wiederum *erkennt* die Kriterien der wahrheitsgetreuen Liebe, mit welcher uns der Allmächtige in Jesus Christus *Tag für Tag segnet.* Diese sind es, welche uns aus unserer einstigen Finsternis hinausleiteten in die Ära Gottes und Jesu Christi – ja, in denen wir fortan den uns zugutekommenden Neuanfang im Herrn in wohlwollende, bleibende Erfahrung bringen dürfen.

In der Tat – der Geist der Wahrheit hat uns zusammen anhand unseres unerschütterlichen Glaubens auf *den schmalen Weg* geleitet, der sich von *dem breiten, zum Verderben führenden Weg* maßgeblich unterscheidet:

Denn *der schmale Weg,* auf dem wir, die Christen wandeln, *wurde von dem Herrn Jesus Christus für uns im Auftrag Gottes geebnet* – der breite, humanitäre und daher weltlich einfache Weg jedoch führt in die Abgeschiedenheit Gottes in trostlose, vergängliche Finsternis.

Dies ist das eindeutige, unmissverständliche Erkennungszeichen, dass wir in der Liebe Gottes eine bleibende, auf immer währende Heimat unter der uns erlösenden Obhut Jesu Christi im Heiligen Geist gefunden und erreicht haben – ganz im Sinne des uns liebenden, herrlichen Gottes, der dieses Vorhaben **seit Grundlegung der Welt** (Matthäus, Kapitel 25, Vers

34b / Epheser, Kapitel 1, Vers 4a) für uns Gläubigen voller Wohlwollen vorgesehen hat.

Vers 12: Was nunmehr *heimlich* von den Abtrünnigen *getan wird, ist schändlich auch nur zu sagen*, betont der Apostel in Vers 12.

Paulus fasst an dieser Stelle erneut eine Art „Resümee" zusammen, welches noch ein weiteres Mal bekundet, dass selbst *heimliche* – sprich – *kaum vernehmbare Äußerungen, sowohl im Wortschatz, als auch aus mentaler Betrachtungsweise schändlich*, sprich – *mit lasterhaften Sünden befleckt sind.* Diese verfinsterten Anmerkungen *sollen nicht einmal* von den Bekehrten *erwähnt, sondern von ihnen gänzlich aufgedeckt werden* (Epheser, Kapitel 5, Vers 11 – siehe Auslegung!).

Und der Herr Jesus Christus mahnt:

Denn nichts ist verborgen, das nicht offenbar gemacht wird, und nichts geschieht so heimlich, dass es nicht an den Tag kommt (Markus, Kapitel 4, Vers 22).

Der Apostel will den Angeschriebenen eindeutig zu verstehen geben, *dass diese Schuldenlaster schonungslos von den Christen „enttarnt" werden sollen, um den Sünden keinerlei freien Raum zu gewährleisten, sodass diese letztlich gänzlich verhindert werden und daher nicht zum Vorschein gelangen können.* Des Christen stetiger Begleiter – der Heilige Geist –

ist jener Förderer, der die Sünden der Abtrünnigen *erkennt, um diese letztlich mit der Wahrheit Gottes in dem Herrn Jesus Christus restlos zu besiegen.*

Der anschließende Vers 13 schenkt uns eine noch nähere Definierung...

Vers 13: So führt Paulus fort: ***Das <u>alles</u> aber wird offenbar, <u>wenn es vom Licht aufgedeckt wird</u>; denn alles, was offenbar wird, das ist Licht.***

*Alles sich erweisende, erkennbare und ersichtlich Werdende wird daher **vom Licht** der Wahrheit Gottes in Jesus Christus **aufgedeckt werden**.*

So bekennt Johannes in seinem Evangelium:

<u>*Wer* aber die Wahrheit tut, *der kommt zum Licht,*</u> (Jesus Christus!) <u>*damit seine Werke offenbar werden, dass sie in Gott getan sind*</u> (Johannes, Kapitel 3, Vers 21).

Und der Prediger Salomo bekennt unverblümt die vollkommene Wahrheit Gottes wie folgt:

<u>*Denn Gott wird jedes Werk vor ein Gericht bringen, samt allen Verborgenen, es sei gut oder böse*</u> (der Prediger Salomo, Kapitel 12, Vers 14).

Der Apostel schenkt den angeschriebenen Christen noch einmal Gottes ihnen zuteilgewordene, herrliche Berufung in dem Herrn Jesus Christus, der das *Licht* der Herrlichkeit rundum verkörpert.

Dieses **Licht***, welches den vollkommenen, von Wahrhaftigkeit beseelten Lichtganz des Heilands besiegelt, erhellt durch den stetigen Begleiter in Form des in uns ruhenden Heiligen Geistes die Worte Gottes, welche uns eindeutig zu erkennen geben, dass die konsistente Wahrheit in unseren Herzen eine auf Ewigkeit bleibende Stätte gefunden hat.*

Der Apostel Johannes bekennt daher in seinem 1.Brief in Kapitel 4, Vers 2:

<u>***Daran* erkennt ihr den Geist Gottes: Jeder Geist, der bekennt, dass Jesus Christus im Fleisch gekommen ist, der ist aus Gott***.</u>

In der Tat, so Paulus, wir **sind *Licht* in dem Herrn** (Epheser, Kapitel 5, Vers 8b – siehe Auslegung!), und somit die Auserwählten im Lichtglanz Gottes, welche durch den **Geistbraus** (Heiligen Geist! / Martin Buber!) des Allmächtigen die Wahrheit in Christus Jesus ***aufdecken****,* um anhand mit diesem uns geoffenbarten Gottesgeschenk *das Böse vom Guten wohlgesinnt zu unterscheiden – demzufolge zu trennen – und letztlich restlos zu vertilgen.*

Vers 14: Folglich sollen, so der Apostel Paulus, *sie aufwachen, diejenigen, die da schlafen und aus den Toten auferstehen, sodass Christus sie erleuchtet.*

Einerseits kann der Aufruf des Paulus als eine *gegenseitig aufgeforderte Belehrung in Form der Nächstenliebe betrachtet werden,* indem das christliche Verständnis mit der unabdingbaren Hilfe des Heiligen Geistes seinem Nächsten erneut auf den Weg der von Christus geebneten Wahrheit leitet.

Andererseits will der Apostel den Angeschriebenen mitteilen, *dass die schonungslose Aufdeckung der Sünde die Abtrünnigen zu einem Dasein im Lichtglanz Jesu Christi aufruft,* um somit anhand missionierender Tätigkeiten das Böse in ihnen zu vertilgen, damit auch die einst sich von Gott Abwendenden Kinder des Lichtes Christi werden.

<u>So lasst uns auch nicht schlafen wie die anderen, sondern lasst uns wachen und nüchtern sein!</u> – betont Paulus in seinem 1.Thessalonicherbrief in Kapitel 5, Vers 6.

Wiederum kann man anhand der Worte des 14.Verses in Erfahrung bringen,

dass generell die vor unserer Bekehrung existierende Menschheit als eine von Sünde belastete Wesensart in Form des alten Adams die Kennzeichen der Finsternis *ohne Glauben darstellt,* welche von Schlaf und Tod umgeben ist, *jedoch mit dem Lichtglanz des neuen Adam* (Jesus Christus!) *in Verbindung mit dem Glauben an Ihn in die Ära Gottes geleitet wird.*

Im Buch des Propheten Jesaja heißt es:

__Mache dich auf, werde Licht! Denn dein Licht kommt, und die Herrlichkeit des Herrn geht auf über dir!__ (Jesaja, Kapitel 60, Vers1).

Daher sollen die noch Schlafenden aufwachen,

den vergänglichen Tod mit Hilfe ihres Glaubens an den Heiland durch die Kraftauswirkung des ihnen geoffenbarten Heiligen Geistes *besiegen* – und folglich von Gott in dem Herrn Jesus Christus zu deren standhaften Nachfolgern in deren beider Ära mit dem Lichtglanz der unabdingbaren Wahrheit Christi *zu einem **Licht in dem Herrn*** (Epheser, Kapitel 5, Vers 8b – siehe Auslegung!) *erleuchtet werden.*

Der allmächtige Gott wird im Lichtglanz Seines Sohnes Jesus Christus durch den Glauben an den Messias mit Hilfe des Heiligen Geistes die an Christus glaubende Menschheit in die errettende Ära Seiner selbst leiten, sodass Christus sie als ***das Licht der Welt*** (Matthäus, Kapitel 5, Vers 14) benennt, denn sie sind nunmehr die Auserwählten Gottes, ***welche geschrieben stehen im Buch des Lebens des Lammes*** (Jesu Christi! – die Offenbarung des Johannes, Kapitel 21, Vers 27b).

__Denn Gott__, so der Apostel Paulus in seinem 2.Korintherbrief in Kapitel 4, Vers 6, *__der dem Licht gebot, aus der Finsternis hervorzuleuchten, er hat es auch in unserem Herzen licht werden lassen, damit wir erleuchtet werden mit der Erkenntnis der Herrlichkeit Gottes im Angesicht Jesu Christi.__*

Folglich betont der Psalmist Asaf in Psalm 80, Vers 4 (Lutherbibel 1984):

Gott, tröste uns wieder <u>und lass leuchten dein Antlitz, so genesen wir</u>.

Vers 15: Diese fortan uns von der Wahrheit Gottes in Jesus Christus ummantelnde, im Heiligen Geist zuteilgewordene Erkenntnis soll dafür Sorge tragen, führt der Apostel in Vers 15 fort, dass wir *stets bedacht* sein sollen, **mit Sorgfalt zu wandeln, nicht als Unweise, sondern als Weise.**

Das an uns vollbrachte Erkennungszeichen Gottes in dem unverkennbaren Lichtglanz Jesu Christi *ist die Gewissheit für einen weisen,* vom Höchsten anvertrauten *Lebenswandel, der das unweise Dasein* in der von uns angenommenen Liebe Christi im Glauben an Ihn *restlos vertilgt hat*. Diese uns zum Heil der Herrlichkeit leitende Devise ist umgeben von dem Lichtglanz Jesu Christi, welche den Glaubenden *die unabdingbare Wahrheit* in deren Herzen legt, um diese letztlich auszuleben, *sodass der uns einst inhaftierende, befleckende Grauschleier der verruchten Sünde endgültig ad acta gelegt werden kann*.

So verfasst nun Salomo in seinen Sprüchen in Kapitel 14, Vers 8 Folgendes:

<u>**Die Weisheit lässt den Klugen erkennen, welchen Weg er gehen soll, aber die Torheit der Narren betrügt sie selbst.**</u>

Und Paulus bekundet in seinem 2.Korintherbrief in Kapitel 5, Vers 17 das entscheidende, nunmehr ersichtlich werdende Merkmal christlicher Ethik:

__Ist jemand in Christus, so ist er eine neue Schöpfung; das Alte ist vergangen; siehe, es ist alles neu geworden!__

Vers 16: So führt der Apostel seine Mahnung in Vers 16 aus, indem er weiterhin den Angeschriebenen verdeutlicht, dass sie *die Zeit auskaufen sollen, denn die Tage sind böse.*

So sollen *wir denjenigen gegenüber in Weisheit wandeln, die außerhalb (der Gemeinde) sind*, fügt der Apostel Paulus im Kolosserbrief in Kapitel 4, Vers 5a hinzu.

Und der Prediger Salomo komplettiert in Kapitel 12, Vers 1:

Und gedenke an deinen Schöpfer in den Tagen deiner Jugend, ehe die Bösen Tage kommen und die Jahre herannahen, von denen du sagen wirst: „Sie gefallen mir nicht".

Die uns verbleibende, irdische, ja – gänzlich ruchlose Zeit soll gewinnfördernd im Heiligen Geist „ausgesondert" werden, um die Werke des auf uns zukommenden, gegenwärtigen Bösen *zwar in Andacht zu gedenken, jedoch zu unterscheiden, um diese Sünden letztlich schonungslos aufzudecken.*

Somit werden den Christen die von Gott entfernten, nachdenklich machenden, sündigen Geschehen sicht- und erkennbar

– jedoch dank des gnadenreichen Segens des uns liebenden Gottes *__mit dem Schild des Glaubens ausgelöscht__* (Epheser, Kapitel 6, Vers 16 – siehe kommende Auslegung!).

Vers 17: Die ganze Aufmerksamkeit der von Gott Beschenkten soll sich an der ihnen offenbarte Weisheit im Heiligen Geist erkenntlich zeigen, der die Glaubenden *nicht als **Unverständige*** herauskristallisiert, *sondern als **Verständige*** – zu Gott und dem Herrn Jesus Christus angehörende Kinder des ewigen Heils in deren bleibender Obhut.

Die angehörenden Kinder des allmächtigen Gottes gehören unmissverständlich dem ihnen zuteilwerdenden Lichtglanz der Herrlichkeit Jesu Christi an – *__in aller geistlichen Weisheit und Einsicht__*, betont Paulus in seinem Brief an die Kolosser in Kapitel 1, Vers 9b – sprich – *im Verständnis **Erwachsene** im Herrn* (1.Korinther, Kapitel 14, Vers 20b).

Vers 18: Diese rein zu Gott und Jesus Christus bezogenen, vom Geist der Reinheit beseelten Handlungsweisen sind eindeutige Indizien, *sich **nicht** mit Wein zu berauschen, was Ausschweifung ist*, bzw. – *welche* zügellose, von Gott und Christus entfernte Verhalten der Sünde hervorheben und folglich bewirken.

Denn, so bekennt es Salomo in seinen Sprüchen in Kapitel 23 in den Verse 31 – 34:

Schau nicht darauf, wie der Wein rötlich schimmert, wie er im Becher perlt! Er gleitet leicht (die Kehle!)

hinunter; zuletzt aber beißt er wie eine Schlange und sticht wie eine Otter! Deine Augen werden (durch die Berauschung des Weines!)

seltsame Dinge sehen, und dein Herz (deine Zunge, welche vom Herz dazu bewegt wird!)

wird verworrenes Zeug reden; du wirst sein wie einer, der auf hoher See schläft und wie einer, der oben (in einem Schiff!)

im Mastkorb liegt (denn Betrunkenheit löst Schwindel und Geistesabwesenheit aus!).

Der Apostel Paulus will an dieser Stelle *vor überschwänglichem Weingenuss warnen*. Denn Wein *in gezügelten Maßen kann durchaus die Gesundheit fördern*. Folglich schenkt Paulus *seinem echtem Kind im Glauben* (1.Timotheus, Kapitel 1, Vers 2a) *folgenden Ratschlag:*

Trinke nicht mehr nur Wasser, sondern gebrauche <u>ein wenig Wein um deines Magens willen und wegen deines häufigen Unwohlseins</u> (1.Timotheus, Kapitel 5, Vers 23).

Vielmehr jedoch soll sich die Gnade im Geist des Höchsten wie folgt erkenntlich zeigen,
...<u>denn der Vater im Himmel wird denen den Heiligen Geist geben, die ihn bitten</u>, betont unser Herr Jesus Christus im Evangelium des Lukas in Kapitel 11, Vers 13.

Die vom Höchsten Beschenkten *sollen sich vielmehr im Heiligen Geist von dem himmlischen Vater beschenken lassen.* Denn dies ist das größte Glück im Leben eines Christen, dass er von Tag zu Tag an der Weisheit Gottes vom Höchsten *gewinnfördernd beschenkt wird,* um folglich mehr und mehr in die Wahrheit Jesu Christi hineinzuwachsen.

Diese rundum geisterfüllende Hingabe ist eine Suche nach der *Vollendung des Glaubens, der nur mit geistlicher Förderung* an das Ziel des uns geoffenbarten Lichts in Jesus Christus *herannahen kann.*

Nur ein von Gottes Geist erfüllter Mensch steht unter der wahrhaftigen Effektivität und der daraus resultierenden Kraftauswirkung des Heiligen Geistes, der uns in die Weisheit Gottes in Jesus Christus leitet. Diese vom Geist Gottes unterstützte Belehrung ist eine rundum geförderte Erkenntnis der vollkommenen Wahrheit des in uns ruhenden Lichtes, ja – der unverkennbaren Signifikanz der unantastbaren Herrlichkeit Gottes in dem Herrn Jesus Christus.

Allein dieser Erkenntnis gilt es, so Paulus, die volle Aufmerksamkeit im Glauben an den Heiland zu bekunden.

Vers 19: Das darauf folgende miteinander und zueinander resultierende Reden (bzw. singen!) *mit Psalmen und das Singen von Lobgesängen und geistlichen Liedern* bekennt fortan, dass der Geist der Wahrheit in unseren Herzen die Früchte des

Heils hervorgebracht – und bleibenden Einklang mit Gott und Jesus Christus gefunden hat.

Die Psalmen und das Singen von Lobgesängen und geistlichen Liedern ist ein Kennzeichen in Form *der Nächstenliebe* und des *gemeinsamen Glaubens*. Ja – noch mehr:

Denn das von Gott mehr und mehr beschenkte Herz im Heiligen Geist *richtet die Herzen mit diesen lobpreisenden Worten zu der Herrlichkeit Gottes in Jesus Christus hervor.* Dies sind die unbeirrbaren Kennzeichen in der Herrlichkeit Gottes *in dem Herrn Jesus angelangt zu sein, um mit ganzer von Herzen kommender Dankbarkeit dem Höchsten im Namen Jesu Christi im Gebet zu danken.*

Ja, in der Tat – so Paulus, *wir singen und spielen* mit unseren vom Heiligen Geist beschenkten Herzen dem Herrn Dankgebete, dass Seine Vollkommenheit auch in unserem Dasein bleibenden Einzug in der Herrlichkeit Jesu Christi genommen hat.

So kann nunmehr der von Gott in Christus Beschenkte fortan von ganzem Herzen behaupten:

<u>Ich will den Herrn loben allezeit; sein Lob soll immerdar in meinem Munde sein</u> (Psalm 34, ein Psalm Davids, Vers 2 / Lutherbibel 1984).

Vers 20: Die alles in allem resultierende Antwort lautet nunmehr in Vers 20:

Sagt <u>allezeit</u> Gott, dem Vater, <u>Dank für alles, in dem Namen unseres Herrn Jesus Christus.</u>

Die sich in den christlichen Herzen erkenntlich zeigende Kraftausgießung des Heiligen Geistes *im Licht des Herrn* (Epheser, Kapitel 5, Vers 8b – siehe Auslegung!) hat fortan den Beschenkten offenbart, dass *die feurigen Pfeile des Bösen* mit dem von Gott geschenkten *Schild des Glaubens* erfolgreich und bleibend bekämpft, ja – gänzlich *ausgelöscht* werden können (Epheser, Kapitel 6, Vers 16 – siehe noch kommende Auslegung!).

Diese mehr als beschützende, ja – zum Heil befördernde Erkenntnis trägt – bzw. soll, so Paulus, dazu beitragen, dass das *Danken im Gebet im Namen Jesu Christi zu Gott eine bleibende, beständige und vor allem fortwährenden Wertschätzung erhält.*

Vor allen Dingen, so der Apostel, *aber sollen wir dem allmächtigen Gott immerdar im Gebet große Dankbarkeit bekunden,* der sich für uns in die Person des Erlösers Jesus Christus verwirklichte, um uns Gläubige aus den Schlingen des ewigen Todes restlos zu befreien, damit wir durch den Glauben an den Messias zum Ewigen Leben in das Reich Seiner Herrlichkeit gelangen werden.

So bekennt Paulus nunmehr:

<u>Freut euch allezeit! Betet ohne Unterlass! Seid in allem dankbar; denn das ist der Wille Gottes in Christus Jesus für euch</u> (1.Thessalonicher, Kapitel 5, Verse 16 – 18), denn:

Groß sind die Werke des Herrn; wer sie erforscht, der hat Freude daran, betont der Psalmist in Psalm 111, Vers 2 (Lutherbibel 1984).

Vers 21: So mahnt der Apostel in Vers 21:

Ordnet euch einander unter in der Furcht Gottes!

Paulus fordert an dieser Stelle *ein gegenseitiges Unterordnen* unter die gnadenreiche Herrschaft des allmächtigen Gottes, denn:

Die Furcht des Herrn ist der Weisheit Anfang. Klug sind alle, die danach tun. Sein Lob bleibet ewiglich, bekundet der Psalmist in seinem 111. Psalm in Vers 10 (Lutherbibel 1984).

Auch der Apostel Petrus bekennt in seinem 1.Brief in Kapitel 5, Vers 5b:

Ihr alle sollt euch gegenseitig unterordnen und mit Demut bekleiden! Denn „Gott widersteht den Hochmütigen; den Demütigen aber gibt er Gnade".

Darum, so Paulus, *besteht keinerlei Grund*, im Geist Gottes *überheblich zu wirken*, denn der Heilige Geist ist eine besänftigende, von ganzer Demut ummantelnde Geistausgießung des allmächtigen Gottes. Die vom Ewigen umhüllten Gesegneten zeigen folglich *immer eine sich selbst unterordnende Aufge-*

schlossenheit christlicher Nächstenliebe auf, die abermals bestätigt, dass das Wirken des Heiligen Geistes *auf nährbaren Boden* der vom Höchsten gewollten Bescheidenheit folglich die Früchte des von Ihm geforderten, bleibenden Heils tragen.

Jesus Christus spricht:

Der Größte aber unter euch soll euer Diener sein. Wer sich aber selbst erhöht, der wird erniedrigt werden; und wer sich selbst erniedrigt, der wird erhöht werden (Matthäus, Kapitel 23, Verse 11 + 12).

Somit tritt *die Furcht vor Gott*, (Epheser, Kapitel 5, Vers 21b) bzw. die von Demut umgebene *Achtung* in den Vordergrund rundum geistgewirkter Erkenntnis.

Die in uns wirkende, gegenseitige Harmonisierung wird vom Heiligen Geist mit der Erkenntnis der Wahrheit *dazu bewegt, dieses Ziel beständig im Glauben zu fördern,* um folglich der uns zuteilgewordenen Barmherzigkeit Gottes *stets* Folge zu leisten zu können.

Denn die Frucht des Geistes wiederum ist *die Liebe,* welche sich als *das Kennzeichen christlicher Nächstenliebe* durch das Wirken des Heiligen Geistes mehr als nur deutlich herauskristallisiert. Denn die Liebe ist der gewichtige Bestandteil der rundum beschützenden Allmacht Gottes – ganz dem Willen des Höchsten entsprechend.

Verse 22 – 33
Mann und Frau in Gottes Lebensordnung.
Christus und die Gemeinde

²²*Ihr Frauen, ordnet euch euren eigenen Männern unter als dem Herrn;* ²³*denn der Mann ist das Haupt der Frau, wie auch der Christus das Haupt der Gemeinde ist; und er ist der Retter des Leibes.* ²⁴*Wie nun die Gemeinde sich dem Christus unterordnet, so auch die Frauen ihren eigenen Männern in allem.* ²⁵*Ihr Männer, liebt eure Frauen, gleichwie auch der Christus die Gemeinde geliebt und sich selbst für sie hingegeben hat,* ²⁶*damit er sie heilige, nachdem er sie gereinigt hat durch das Wasserbad im Wort,* ²⁷*damit er sie sich selbst darstelle als eine Gemeinde, die herrlich sei, sodass sie weder Flecken noch Runzeln noch etwas Ähnliches habe, sondern dass sie heilig und tadellos sei.* ²⁸*Ebenso sind die Männer verpflichtet, ihre eigenen Frauen zu lieben wie ihre eigenen Leiber; wer seine Frau liebt, der liebt sich selbst.* ²⁹*Denn niemand hat je sein eigenes Fleisch gehasst, sondern er nährt und pflegt es, gleichwie der Herr die Gemeinde.* ³⁰*Denn wir sind Glieder seines Leibes, von seinem Fleisch und von seinem Gebein.* ³¹*„Deshalb wird ein Mann seinen Vater und seine Mutter verlassen, und seiner Frau anhängen, und die zwei werden ein Fleisch sein".* ³²*Dieses Geheimnis ist groß; ich aber deute es auf Christus und die Gemeinde.* ³³*Doch auch ihr – jeder von euch liebe seine Frau so wie sich selbst; die Frau aber erweise dem Mann Ehrfurcht!*

Zwischenbemerkung:

Der Apostel Paulus geht nun in eine detailgenaue Beschreibung über, welche das Verhalten von Mann und Frau innerhalb der christlichen Gemeinde darstellt. Es handelt sich hierbei um eine Detailierung in der Lebensordnung Gottes von Mann und Frau, welche den angeschriebenen Glaubenden den Umgang zueinander in ihrer Gruppierung darstellt.

So schenkt Paulus den Christen ein genaues „Verhaltens – Schema", inwiefern sich die einzelnen Gruppierungen von Männern und Frauen den Lebensordnungen Gottes unterzuordnen haben, bzw. in welchem Umfang sie den Anweisungen des Allmächtigen Folge leisten müssen. Diese Organisation kennzeichnet die exakt von Gott geforderte Berufung der Männer und Frauen – und weist diese beiden Gruppierungen auf ihre unterschiedlich auszuführenden Stellungen in der Gemeinde Gottes hin.

Jene „Verhaltens – Schemen" weisen die differenziert geprägten, von Gott geforderten und einzuhaltenden „Verhaltens – Muster" von Männern und Frauen in der Gemeinde Gottes auf.

Die Endphase dieses Kapitelabschnittes, welche zugleich das Ende des 5.Kapitel des Epheserbriefes einläutet, weist auf die Reichweite christlicher Lebensführung beider Geschlechter hin, die in beiderseitiger, ihnen vom Höchsten zukommender, liebender Harmonie die ertragreichen Grundzüge des von Gott geforderten christlichen Daseins wohlwollend ummanteln – ganz im Sinnes des allmächtigen Gottes.

Auslegung

Vers 22: Der Apostel beginnt nunmehr mit von Gott geforderten „Verhaltens – Mustern" der Frauen – indem er betont, *dass die Frauen sich ihren eigenen Männern unterzuordnen haben.*

Diese in der Antike übliche Verhaltensregel wird auch für die christliche Lebenseinstellung übernommen. Paulus betont an dieser Stelle *die Anerkennung bzw. die ehrerbietende Wertschätzung anhand der Schöpfungsgeschichte Gottes,* welche aussagt, *dass der (Ehe!-)Mann das Haupt der Frau ist.*

Weiterhin will der Apostel den Angeschriebenen verdeutlichen, dass der Ehemann nach der persönlichen Meinung des Paulus *die Rolle unseres Herrn Jesus Christus als ihr Haupt übernimmt.*

Der Brief des Paulus an die Kolosser schenkt uns in Kapitel 3, Vers 18 eine detaillierte Einsicht in seine Behauptung. Dort schreibt der Apostel:

Ihr Frauen, ordnet euch euren Männern unter, <u>wie sich `s gebührt im Herrn</u>! (Jesus Christus!)

Auch der Apostel Petrus bekundet:

<u>*Gleicherweise sollen auch die Frauen sich ihren eigenen Männern unterordnen, damit, wenn auch etliche sich weigern, dem Wort zu glauben, sie durch den Wandel der Frauen ohne Wort gewonnen werden*</u> (1.Petrus, Kapitel 3, Vers 1).

Dieses Zitat des Petrus sagt abermals aus, *dass selbst wenn der Ehepartner nicht* gläubig ist, sich dessen Frau *trotzdem ihrem Ehemann unterzuordnen hat!* Selbst der Unglaube *verbietet den Ehefrauen, sich über den Mann zu erheben, weil durch einen geheiligten Wandel eine beständige Glaubensauswirkung auf die einst ungläubigen Männer ausgehen kann.*

Der Apostel Paulus bezieht diese seine persönliche Feststellung – um erneut auf die spezifische Auslegung zu Epheser, Kapitel 5, Vers 22 zurückzukommen – aus (so nach der persönlichem Meinung des Autors!) der gewichtigen Grundlage der Schöpfungsgeschichte aus 1.Mose, Kapitel 2:
Der Mann ist folglich das Haupt der Frau. Diese Tatsache ist unumstritten. Paulus führt diese seine Behauptung in seinem 1.Korintherbrief in Kapitel 11, Vers 3 wie folgt aus:

Ich will aber, dass ihr wisst, <u>dass Christus das Haupt jedes Mannes ist, der Mann aber das Haupt der Frau, Gott aber das Haupt des Christus</u> –

und führt im gleichnamigen Kapitel in Vers 8 fort:

Denn der Mann kommt nicht von der Frau, sondern die Frau vom Mann.

Anhand der Schöpfungsgeschichte in 1.Mose können wir ersehen, dass Gott in Kapitel 2, Vers 7 zuerst wie folgt den Mann bildete. Dort steht geschrieben:

Da bildete Gott der Herr den Menschen, (den Mann!) ***Staub von der Erde, und blies den Odem*** (Atem / Hauch des Lebens! / Quelle: Schlachter – Bibel 2000!) ***des Lebens in seine Nase, und so wurde der Mensch eine lebendige Seele.***

Weiterhin können wir aus der Schöpfungsgeschichte fortan die von Gott gewirkte Bildung der Frau in Erfahrung bringen, welche Gott *nach* der Bildung des Mannes wie folgt erschuf:

Und Gott der Herr sprach: Es ist nicht gut, dass der Mensch allein sein; ich will ihm (dem Mann!) ***eine Gehilfin*** (einen Beistand / eine Hilfe als des Mannes Gegenüber! / Quelle: Schlachter – Bibel 2000!) ***machen, die ihm entspricht*** (1.Mose, Kapitel 2, Vers 18) –

und Gott führt nunmehr die Entstehung der Frau wie folgt aus:

Da ließ Gott der Herr einen tiefen Schlaf auf den Menschen (den Mann!) ***fallen; und während er schlief, nahm er eine seiner*** (des Mannes!) ***Rippen und verschloss ihre Stelle mit Fleisch. Und Gott der Herr bildete die Rippe,*** (die Entstehung der Frau!) ***die er von dem Menschen*** (von dem Mann!)

genommen hatte, zu einer __Frau__ und brachte sie zu __dem Menschen__ (zu dem Mann! / 1.Mose, Kapitel 2, Verse 21 + 22).

Vers 23: Der Apostel benutzt die von Gott bestimmte „positionierte Ranggliederung" *abermals auf die bereits festgestellte Rangordnung von Mann zu Frau, als auch die gewichtig zu erachtende Rangeingliederung von Gott zu Jesus Christus –*

indem er in Vers 23 betont:

Denn der Mann ist das Haupt der Frau, wie auch der Christus das Haupt der Gemeinde ist, und er ist der Retter des Leibes.

Bei dieser Definierung handelt es sich um eine eindeutige Feststellung, *welche eine unmissverständliche Hierarchieeinstufung des allmächtigen Gottes – sowohl im Vergleich zu Mann und Frau – als auch auf das Oberhaupt der Gemeinde, welches unser Herr Jesus Christus rundum verkörpert –* darstellt.

Diese bekundet *das Verhältnis zwischen Mann und Frau, als auch das Verhältnis von Gott zu Seinem Sohn Jesus Christus.*

Folglich argumentiert der Apostel Paulus diese Hierarchieeinstufung wie folgt:

So, wie unser Herr Jesus Christus **_als das Haupt über alles der Gemeinde_** (von Gott!) **_gegeben wurde_**, (siehe Auslegung zu Epheser, Kapitel 1, Vers 22b! – im Vergleich zu Epheser, Kapitel 5, Vers 23b!) *so ist auch die Frau dem Mann untergeordnet* (bezogen auf die Rangeinstufung Christi!).

Paulus bekundet unmissverständlich unseren Erlöser Jesus Christus als den uns von Gott gegebenen, aus reiner barmherzigen Gnade des Allmächtigen zuteilgewordenen **Retter des** (bzw. unseres!) **Leibes** (Epheser, Kapitel 5, Vers 23c), welcher aus uns Sündern reine zu Gott und dem Heiland bezogene **Mitbürger der Heiligen und Gottes Hausgenossen** (siehe Auslegung zu Epheser, Kapitel 2, Vers 19b) aufgrund des Christus` uns reinigenden Blutes am Kreuz von Golgatha formt.

So bekennt der Apostel Paulus in seinem 2.Brief an Timotheus in Kapitel 1 in den Versen 9 + 10:

_Er_ (Gott!) **_hat uns ja errettet und berufen mit einem heiligen Ruf, nicht aufgrund unserer Werke, sondern aufgrund seines eigenen Vorsatzes und der Gnade, die uns in Christus Jesus vor ewigen Zeiten gegeben wurde, die jetzt aber offenbar geworden ist durch die Erscheinung unseres Retters Jesus Christus, der dem Tod die Macht genommen hat und Leben und Unvergänglichkeit ans Licht gebracht hat durch das Evangelium._**

Folglich muss daher **das Haupt der Gemeinde** (Epheser, Kapitel 1, Vers 22b / Epheser, Kapitel 5, Vers 23c), welches unseren Herrn und Erlöser *Jesus Christus* darstellt, als der von

Gott gesandten *Messias, ja – den Erlöser der gläubigen Menschheit* betrachtet werden.

Vers 24: Paulus weitet seine an Vers 23 des gleichnamigen Kapitels sich anschmiegende Definierung wie folgt aus:

In gleicher Art und Weise, <u>**wie sich die Gemeinde dem Herrn Jesus Christus unterordnet, so sollen sich auch die Frauen ihren eigenen Männern in allem unterordnen.**</u>

Dieses von Paulus geforderte, einseitig zu betrachtende Verhältnis der Fügsamkeit der Frauen gegenüber den Männern wird in diesem 24. Vers des 5.Kapitels des Epheserbriefes noch einmal von dem Apostel hervorgehoben, welche er wiederum *in Bezug* zum Heiland Jesus Christus als der Oberhaupt der Gemeinde in eine prägende und somit geltende Gemeinsamkeit zieht – und folglich anhand dieser Behauptung rundum rechtfertigt.

Bereits im Alten Testament bekundet Gott der Frau:

<u>*...und dein Verlangen* (das Verlangen der Frau!) **wird auf deinen Mann gerichtet sein, er aber soll über dich herrschen!**</u> (1.Mose, Kapitel 3, Vers 16b).

Diese Beweisgrundlage des Apostels Paulus scheint sich nach der Auffassung des Autors im noch folgenden Vers 33 (siehe noch kommende Auslegung!) des gleichnamigen Kapitels zu „besänftigen" – und abermals mit dem 21.Vers des 4.Kapitels (siehe Auslegung!) in realisierende Verbindung zu rücken, indem er die Gleichberechtigung der Frauen wieder näher zu den kirchlichen Aspekten der Gleichberechtigung zwischen Mann und Frau rückt, doch dazu später mehr...

Vers 25: Nach den von Gott geforderten „Verhaltens – Mustern" der Frauen geht Paulus nun zu denen der Männer innerhalb der christlichen Gemeinden über – und betont vehement, *dass die Männer ihre Frauen lieben sollen.*

Wiederum bezieht sich der Apostel auf das über allem stehende, die Gläubigen errettende Oberhaupt der Gemeinde, welches der Herr Jesus Christus ist, wenn er abermals in Vers 25b bekennt:

...wie auch der Christus die Gemeinde geliebt hat und sich selbst für sie hingegeben hat.

Auch die Männer *sind verpflichtet, ihre Frauen in gleicher Art und Weise zu lieben, so wie der Herr Jesus Christus Seine Gemeinde geliebt hat,* **der sich selbst für uns hingegeben hat, um uns von aller Gesetzlosigkeit zu erlösen und für sich selbst ein Volk zum besonderen Eigentum zu reinigen,** (bedingt durch des Herrn Jesus Christus` für uns vergossenen Blutes Seines uns von unseren Sünden reinigenden Kreuzestodes!) **das eifrig ist, gute Werke zu tun,** komplettiert der Apostel Paulus weiterhin in seinem Brief an Titus in Kapitel 2, Vers 14.

Daher lässt der Apostel die Gemeinde der Kolosser in Kapitel 3, Vers 19 wissen:

Ihr Männer, liebt eure Frauen und seid <u>nicht</u> bitter gegen sie!

Folglich ruft Paulus auch die „über den Frauen stehende Positionierung" der Männer *zu einem bedachtsam, präsenten – ja – zu einem effektiven und daher einem repräsentativ geprägten Vorgehen gegenüber ihren Frauen auf*, denn diese Verhaltensregel *ist ebenfalls gekennzeichnet von dem über allem stehenden Willen Gottes in dem Herrn Jesus Christus.*

Wenn man an dieser Stelle die Verse 22 – 24 des 5.Kapitels des Epheserbriefes genauer betrachtet, so kann man wiederum *keine* sich ersichtlich zeigende „Überordnung der Männer" herausfinden, *sondern kann eher ein* „von Gott gewolltes Sichtbarwerden einer gegenseitig von Nächstenliebe ummantelnden Dienstbereitschaft" feststellen, *welche selbst in den dienstbereiten, von Jesus Christus geforderten Hintergrund tritt, um dem Gegenüber – sprich – seinem Nächsten den von Gott geforderten Respekt der überaus bedeutenden Nächstenliebe zu erweisen. Dies allein stellt den gewichtigen Willen Gottes in Jesus Christus dar.*

Denn so lauten die Worte Jesu Christi im Evangelium des Lukas in Kapitel 10, Vers 27b:

"<u>Du sollst deinen Nächsten Lieben wie dich selbst</u>".

Vers 26: Das unverkennbare Zeichen der uns liebenden Selbsthingabe unseres Herrn Jesus Christus weist die angeschriebenen Christen in Vers 26 darauf hin, so Paulus, dass die Aktivitätsausübung des Herrn Jesus uns zu gute dienenden Selbstaufopferung uns – die an Ihn Glaubenden – ***heiligt, nachdem er sie durch das Wasserbad im Wort gereinigt hat.***

Somit ist die weitere Existenz der Gemeinde Gottes (der Kirche!) von Jesus Christus durch den uns zugute dienenden Willen des allmächtigen Gottes gewährleistet.

Das Wasserbad*, welches nach Meinung des Autors die Taufe als solche darstellt, ist wiederum als eine reinigende und zugleich segnende Weihe zu verstehen, die sich mit der Herrlichkeit des Lichtglanzes Gottes in dem Herrn Jesus Christus versöhnend miteinander verbindet und zugleich bekundet, dem Herrn voll und ganz anzugehören.*

Folglich ist das Gemeindeglied durch die Taufe jedes Einzelnen in der Beziehung zu Gott und Jesus Christus gefestigt – und somit haben sich die Worte Christi, welche die vollkommene Reinheit ummanteln als Ganze im Glauben an Ihn *bestätigt.*

Denn der Heiland bekennt die reinigende Effektivität des Heils *in Seinen Worten,* welche die Gläubigen in ihren Herzen dankbar im gewinnfördernden Glauben an Ihn annehmen:

Ihr seid schon rein um des Wortes willen, das ich zu euch geredet habe (Johannes, Kapitel 15, Vers 3).

Vers 27: Diese sich an uns vollführte Effektivität der Liebe Christi bekundet, so Paulus, *dass sich die Gemeinde* (Kirche!) *als eine von ganzer Reinheit erweisende Gemeinschaft des Herrn Jesus Christus darstellt.*

Ihre von **Flecken, Runzeln oder Ähnlichem** *befreiten* Unreinheiten wurden durch „das Bad der Reinigung" (der Taufe!) in der gewichtigen Verbindung mit dem unerschütterlichen Glauben an den Heiland mit Hilfe des Geistes Gottes *gänzlich abgelegt,* sodass die Gemeinde *letztlich* **heilig und tadellos sei.**

So betont der Apostel weiterhin in einer bildlichen Betrachtungsweise, dass einzig und allein der Herr Jesus Christus uns von den einst verruchten Sünden anhand Seines reinigenden Blutes rein gewaschen hat, *zu unbefleckten Anwärtern im Reich der Himmel.*

Denn, so Paulus in seinem Brief an die Kolosser in Kapitel 1, Vers 21:

<u>*Auch euch, die ihr einst entfremdet und feindlich gesinnt wart in den bösen Werken, hat er jetzt versöhnt*</u> –

ganz im wohlwollenden Sinne des uns liebenden, allmächtigen Gottes.

Der Brief des Judas erteilt uns hierzu folgende, weiterführende Erkenntnis:

<u>*Dem aber, der mächtig genug ist, euch ohne Straucheln*</u> (ohne unpassende Verhalten!) <u>*zu bewahren und euch unsträflich, mit Freuden vor das Angesicht seiner Herrlichkeit zu stellen, dem allein weisen Gott, unserem Retter, gebührt*</u>

__Herrlichkeit und Majestät, Macht und Herrschaft jetzt und in alle Ewigkeit! Amen.__ (der Brief des Judas, Verse 24 + 25).

Vers 28: Die bereits in Vers 25 des gleichnamigen Kapitels verwendeten Worte (siehe Auslegung!) finden in diesem 28.Vers erneute Aufmerksamkeit.

Zum näheren Verständnis müsste man „eine Parallele" zu dem 25. Vers einfügen, sodass des Paulus` Aussage folgendermaßen lauten würde:

__Ihr Männer, liebt eure Frauen, gleichwie auch der Christus die Gemeinde geliebt hat und sich selbst für sie hingegeben hat__ (Epheser, Kapitel 5, Vers 25 – siehe Auslegung!). *__Ebenso sind die Männer verpflichtet, ihre eigenen Frauen zu lieben wie ihre eigenen Leiber; wer seine Frau liebt, der liebt sich selbst__* (Epheser, Kapitel 5, Vers 28).

Die *von* dem Herrn Jesus Christus einfühlsam ausgehende, sich erkenntlich zeigende *Liebe an der Gemeinde* (Kirche!) *soll in identischer Art und Weise auch von den Männern übernommen werden.* Anhand dieser von Christi uns zuteilwerdender „Liebeskundgebung in Form der Nächstenliebe" *sollen somit auch die Männer ihre Frauen lieben, indem sie in den Fußstapfen Christi wandeln.*

Dies wiederum ist ein eindeutiges Indiz der von Gott und Jesus Christus geforderten *Nächstenliebe.* Denn die überaus bedeutsamen Kriterien der Nächstenliebe, welche vom Höchsten und dessen Sohn Jesus Christus unentwegt an die Kinder des Heils im Heiligen Geist weitergegeben werden, prägen rundum diese in Ihnen ruhenden Eigenschaften der Liebe, **_welche zu der Bewahrung der Einheit durch das Band des Friedens_** (siehe Auslegung zu Epheser, Kapitel 4, Vers 3!) *konstant* gefördert werden.

Diese von Jesus Christus eingeleitete, sich an der gläubigen Menschheit bedingt durch ihren Glauben an Ihn fortan erkenntlich zeigende *Nachahmung der Liebe ist geprägt von den stets gewollten Absichten des uns liebenden Gottes.* Denn anhand dieser Kriterien wird *die Nächstenliebe kontinuierlich gefördert, ertragreich weitergegeben und führt folglich direkt in die Verbindung der Herrlichkeit Gottes in dem Herrn Jesus Christus, unserem Heil.*

Die Nächstenliebe bestätigt daher wiederum:

Wenn die Männer ihre Frauen exakt so lieben sollen, *wie sie ihre(n) eigenen Leib(er)* lieben, denn **wer seine Frau liebt, der liebt sich selbst** (Epheser, Kapitel 5, Vers 28b) – der tritt in die von Gott stets beabsichtigten und nachzufolgenden Fußstapfen Jesu Christi.

Diese in Jesus Christus ruhende, signifikante Liebe, welche der Herr an die Gemeinde (Kirche!) stets wohlgesinnt preisgibt, ist ein eindeutiges Indiz, dass *Jesus Christus wiederum die Gemeinde* (Kirche!) *liebt, gleichwie der Heiland seinen eigenen Leib liebt.*

Diese unmissverständliche Handlungsweise soll somit auch in den von Nächstenliebe umgebenen Charakteren der Männer gegenüber ihren eigenen Frauen auffindbar werden, indem sie ihre Frauen *exakt mit der gleichen von Gott geforderten Nächstenliebe* wohlwollend im Geist der ihnen zuteilwerdenden, unmissverständlichen Wahrheit Jesu Christi beschenken.

Folglich *be*stehen, bzw. *ent*stehen die überaus eindeutigen Kennzeichen der barmherzigen Nächstenliebe der an Christus glaubenden Männer darin, bzw. daraus, dass **wer seine Frau liebt,** *sich somit* **selbst liebt.**

Vers 29: Paulus zieht nun eine daraufhin resultierende Resonanz aus den vergangenen Versen indem er unmissverständlich bekennt, ***dass niemand je sein eigenes Fleisch gehasst hat, sondern er nährt und pflegt es, gleichwie der Herr die Gemeinde.***

Denn:

Ein barmherziger Mensch tut seiner eigenen Seele Gutes, bekennt Salomo in seinen Sprüchen in Kapitel 11, Vers 17a.

Der Mensch, so will es der Apostel Paulus den angeschriebenen Christen bekannt geben, *liebt seinen eigenen, ihm von Gott gegebenen Körper*. Diesen nährt und pflegt er als ein unmissverständliches Kennzeichen *seiner Liebe zu seinem eigenen Körper*. Da nun der Mann mit seiner Frau in einem ehelichen, von Gott offenbarten Statuts lebt, sind diese beiden vom Höchsten zusammengefügten Menschen folglich *ein Fleisch im Herrn*.

Diese Tatsache ist unumstritten, denn in 1.Mose, Kapitel 2, Vers 24 heißt es:

Darum wird ein Mann seinen Vater und seine Mutter verlassen <u>und seiner Frau anhängen, und sie werden ein Fleisch sein.</u>

Dieser nunmehr von Gott zusammengefügte, eheliche Status bewirkt, dass das fortan *einheitliche, bzw. eine Fleisch die Gemeinsamkeit dieses gläubigen Ehepaares untereinander bekundet.* Wenn nun der Mensch, so Paulus, seinen eigenen Körper pflegt und hegt, *so fügt er die gewichtige Rolle der Nächstenliebe gefühlsbetont gegenüber seiner Frau mit ein.*

Exakt in gleicher Vorgehensweise hat sich auch die von Gott in Jesus Christus ausströmende, besänftigende *Nächstenliebe gegenüber der Gemeinde* (Kirche!) *erkenntlich gezeigt* – und beweist zugleich, *dass der von Gott geförderte Ehestatus in die Fußstapfen Seiner selbst tritt.*

Denn Gott, der Herr spricht:

<u>*Ich selbst*</u> *will meine Schafe weiden und sie lagern* (Hesekiel, Kapitel 34, Vers 15).

Vers 30: Ab dem 30.Vers beginnt der Apostel mit einer Schlussfolgerung aus den bisher von ihm verfassten Lebensordnungen aus Kapitel 5, Verse 22 – 29 (siehe Auslegung!). Somit bekennt Paulus in Vers 30:

In gleicher Art und Weise, wie Jesus Christus die Gemeinde (Kirche!) mit Seiner unnachahmlichen Nächstenliebe versorgt, denn diese ist Sein Leib, so liebt auch der Mann seine eigene Frau mit den sich an seinem Körper erkennbaren Eigenschaften *der Nächstenliebe, weil dieser nunmehr ein Leib – zusammen mit seiner Frau – im Herrn Jesus Christus darstellt.*

Aufgrund dessen, so der Apostel, ***sind wir Glieder seines*** (Christi!) ***Leibes von seinem Fleisch und von seinem Gebein.***

In Folge dessen enthüllt Paulus eine weitere Botschaft in seinem 1.Korintherbrief in Kapitel 12, Vers 27, die da lautet:

Ihr aber seid (der) Leib des Christus, und jeder ist ein Glied daran nach seinem Teil.

Folglich, so der Apostel, ist der Mann mit der Frau *als eine Einheit in Jesu Christi* zu betrachten. Bedingt durch ihren Glauben an den Heiland sind sie somit *die von Gott in Christus geförderten Auserwählten im Heiligen Geist, welche den Anordnungen des allmächtigen Gottes Folge leisten.*

Diese Gehorsamkeit wiederum führt dazu, *dass die Nächstenliebe in eine von Gott gewollte Einheit mit Seinem Sohn leitet, die abermals bekundet, dass der Mensch in die Ära Gottes und Jesu Christ allumfassend angelangt ist.*

Diese rundum gehorsamen, durch ihren Glauben geförderten, zu Gott und dem Herrn Jesus Christus bezogenen Handlungen *weisen sie in die unnachahmliche Mitgliedschaft des Höchsten* ein, *welche sie wiederum als* **Gottes Hausgenossen** (Epheser, Kapitel 2, Vers 19b – siehe Auslegung!) *wohlgesinnt aufnimmt.*

Die überaus bedeutend zu betrachtende, zustimmende *Anerkennung Gottes* schenkt ihnen fortan die Gewissheit, dass sie **<u>die Glieder des Leibes des Christus sind</u>**, welche **<u>von seinem Fleisch und von seinem Gebein</u>** (Epheser, Kapitel 5, Vers 30) *her im Heiligen Geist von Gott gesegnet wurden.*

Vers 31: Daraufhin bekennt der Apostel Paulus die von 1.Mose, Kapitel 2, Vers 24 von Gott zitierten Worte, die da lauten:

„**Deshalb wird ein Mann seinen Vater und seine Mutter verlassen und seiner Frau anhängen,** (und sich mit ihr unauflöslich verbinden / Quelle: Schlachter – Bibel 2000!) **und die zwei werden <u>ein Fleisch</u> sein**".

Die von Gott zusammengefügte, eheliche Partnerschaft von Mann und Frau weist folglich das Ehepaar in die Gemeinsamkeit des *einen Fleisches* im Glauben ein. Wie wir es anhand der bereits ausgelegten Verse in Erfahrung bringen konnten, sind die Gläubigen *als eine Einheit in Christus* bedingt durch ihren Glauben an den Messias wahrzunehmen.

Der eheliche Status aber „befördert" und fügt somit den Mann und die Frau dem Willen Gottes gemäß zu *einem Fleisch* und kennzeichnet folglich die von Gott geforderte *Nächstenliebe in dem Herrn Jesus Christus.*

Ja – in der Tat – die Ehe entwickelt sich *zu einer gemeinsamen Einheit im Fleisch des Herrn Jesus Christus* und wird hervorgehoben und folglich gekennzeichnet *von der Einheit des Fleisches in dem Erlöser Jesus Christus* anhand der segensreichen, gnadenumwobenen Ehe des gläubigen Paares, dem Willen Gottes entsprechend, so Paulus.

Vers 32: Der Apostel schenkt nun den Gläubigen eine nähere Einsicht in dieses *große Geheimnis.*

Paulus bekennt den angeschriebenen Christen, dass diese von Vers 31 bezogenen Worte der Ehe *für ihn persönlich* als eine Deutung auf ***den Herrn Jesus Christus mit der Gemeinde*** (Kirche!) hinweisen – und folglich auch exakt *so* gedeutet werden sollten (siehe hierzu Auslegung zu Epheser, Kapitel 5, Vers 31!).

Infolge der Meinung des Apostels Paulus weist ihn diese von ihm abermals zitierte Feststellung Gottes aus 1.Mose, Kapitel 2, Vers 24 (siehe erneut Auslegung unter Epheser, Kapitel 5, Vers 31!) darauf hin, dass sich in diesen Worten ein ***großes Geheimnis*** (Epheser, Kapitel 5, Vers 32) verbirgt, welches Paulus *rundum auf den Herrn Jesus Christus und Seine Gemeinde* (Kirche!) *bezieht.*

So deutet der Apostel diese Worte Gottes *nicht* auf den Mann und die Frau als solche, *sondern auf Christus und die Gemeinde* (Kirche!).

Der Apostel Paulus bekennt mit dieser seiner persönlichen Meinung, *dass für ihn ausschließlich* die von Gott geforderte, gewichtige Einheit im Fleisch des Christus in den Mittelpunkt des letzten Kapitelabschnittes dieses 5. Kapitels des Epheserbriefes rückt.

Für den Apostel steht letztlich *die Verheißung der Einheit des Fleisches in dem rundum gewichtigen Vordergrund.* Diese allgegenwärtige Tatsache der von Gott zusammengefügten Gemeinde im Heiligen Geist *bildet schließlich die Gemeinde selbst – und resultiert folglich aus dem gnadenbringenden, errettenden Leib des Herrn Jesus Christus.*

Dieses *große Geheimnis* hinterlegt sich für den Apostel Paulus wie folgt:

Diese sich gegenwärtig, allgültig offenbarende Herrlichkeit Gottes in dem Herrn Jesus Christus *fördert* die von Gott stets gewollte, nunmehr sich erfüllende *Nächstenliebe* in die Herzen der von Christus beschenkten Gläubigen, weil diese fortan Teil an *der Einheit* des Fleisches Christi wurden.

Generell ist es der Glaube an Gott und den Herrn Jesus Christus, so Paulus, *der alle Gläubigen* in diese vom Höchsten offenbarte Einheit in Christus befördert, *nicht nur* der vom Allmächtigen gesegnete *Ehestatus,* der den Mann und die Frau zu einem gemeinsamen Fleisch bildet.

Vers 33: Mit den Worten:

Doch auch ihr – jeder von euch liebe seine Frau so wie sich selbst; die Frau aber erweise dem Mann Ehrfurcht! (dem Mann Achtung!) –

beschließt der Apostel Paulus das 5.Kapitel seines Epheserbriefes.

Diese signifikante Zusammenfassung der Verse 22 – 32 des 5.Kapitels des Epheserbriefes will den Ehepartnern noch ein weiteres Mal bekunden:

Jeder Mann liebe seine eigene Frau wie sich selbst! (siehe hierzu abermals die spezifische Auslegung unter Epheser, Kapitel 5, Vers 28!).

Im Gegenzug zu dieser seiner Aussage erteilt Paulus den ehelichen Frauen noch ein weiteres Mal folgende Botschaft:

Ordnet euch einander unter in der Furcht Gottes! (siehe Auslegung zu Epheser, Kapitel 5, Vers 21!).

Ihr Frauen, ordnet euch euren eigenen Männern unter als dem Herrn (siehe Auslegung zu Epheser, Kapitel 5, Vers 22!).

Die Ehepaare sollen sich folglich *untereinander* mit der ihnen zuteilwerdenden Achtung des ihnen von Gott in Christus offenbarten *einem Fleisches* gegenseitigen Respekt der in ihren Herzen wirkenden Nächstenliebe bekunden.

Denn dies ist die gewollte Lebensordnung Gottes *aller* Gläubigen bei Seiner Selbstverwirklichung *in die fleischliche Hülle des Herrn Jesus Christus:*

Dass *alle* Gläubigen sich als *eine von Nächstenliebe erfüllte Gemeinde* (Kirche!) *in Jesus Christus darstellen, die in gemeinschaftlicher Nächstenliebe* **das Band des Friedens bewahrt**, (Epheser, Kapitel 4, Vers 3b – siehe Auslegung!) *und daraufhin* **einen Leib und einen Geist** (Epheser, Kapitel 4, Vers 4a – siehe Auslegung!) *im Herrn bildet* –

ganz im stets gewollten Sinnes des sie liebenden, allmächtigen Gottes in dem Herrn Jesus Christus.

Kapitel 6

Verse 1 – 4
Der Wille Gottes für Kinder und Eltern

¹Ihr Kinder, seid gehorsam euren Eltern in dem Herrn; denn das ist recht. ² „Du sollst deinen Vater und deine Mutter ehren", das ist das erste Gebot mit einer Verheißung: ³ „damit es dir gut geht und du lange lebst auf Erden". ⁴Und ihr Väter, reizt eure Kinder nicht zum Zorn, sondern zieht sie auf in der Zucht und Ermahnung des Herrn.

Zwischenbemerkung:

Von den Lebensordnungen Gottes, welche sich auf den Mann und die Frau in dem Herrn Jesus Christus beziehen (Epheser, Kapitel 5, Verse 22 – 33), geht Paulus nun in dem abschließenden 6.Kapitel seines Epheserbriefes über zu dem Willen Gottes für die Kinder und die Eltern.

Folglich kommt der Apostel somit auf *alle* Gemeindemitglieder zu sprechen, und bezieht die Kinder der Eltern mit in das sich an ihnen *allen* offenbargewordenem Heilgeschehen Gottes in dem Herrn Jesus Christus.

Diese gewichtigen Hinweise geben den Lesern des Epheserbriefes abermals den Beweis, dass die Worte Christi, die der Heiland gegenüber den Kindern in Form von Nächstenliebe aussprach, (siehe hierzu insbesondere die Reden des Herrn Jesus Christus unter Markus, Kapitel 10, Vers 14, als auch unter Matthäus, Kapitel 18, Vers 5!) einen bleibenden und zugleich ernstzunehmenden Einklang in der Gemeinde in Ephesus gefunden hatten – und folglich von dem Apostel Paulus als eine bedeutende Wichtigkeit der Lehre der Schriftauslegung anhand dieses 1.Kapitelabschnittes des 6.Kapitels zum eindeutigen Verständnis der Heiligen Schrift voller Wohlwollen mit eingefügt wurden.

Anmerkung zu den Versen 1 - 6:

In dem Evangelium des Matthäus können wir unseren Herrn Jesus Christus folgende mahnende Worte sprechen hören:

Wahrlich, ich sage euch: <u>Wenn</u> ihr nicht umkehrt und werdet wie die Kinder, so werdet ihr <u>nicht</u> in das Reich der Himmel kommen! (Matthäus, Kapitel 18, Vers 3).

Mit dieser überaus bedeutsamen Warnung will uns der Herr Jesus mahnend zu erkennen geben, dass die Erwachsenen sich anhand der unterordnenden Positionierung der Kinder *ein Beispiel nehmen sollen.*

Der Heiland bezieht die untergeordnete Stellung der Kinder *auf ihren von Demut geprägten, selbstgenügsamen Anstand.*

Dieses „unscheinbare Verhalten" sollen die Erwachsenen von den Kindern *übernehmen,* um anhand dieser demütigen Verhaltensregeln **in das Reich der Himmel zu kommen.**

Ihre (den Kindern!) von Sanftmut ummantelte Herzen sind somit *ein erkennbares Anzeichen,* dass die Kinder den Erwachsenen die ihnen übermittelnden Botschaften in ihrem Inneren *wahrnehmen und ohne jegliche Zweifel glauben.*

Diese Nachahmung sollen – bildlich betrachtet – *auch die Erwachsenen* – auf den Glauben in Bezug auf die Worte der Heiligen Schrift – vollen Dankes und Demut in ihren Herzen übernehmen, sodass sich aus ihren versteinerten Herzen dankbare, entgegenkommende, einfühlsame und folglich fleischliche Herzen entwickeln, welche sich voller Demut und Glauben an die Worte der unabdingbaren Wahrheit fügen, um exakt wie die Kinderherzen erfolgreiche, ja – ertragreiche, voller Glauben an den Sohn Gottes erfüllte Anwärter im Reich der Himmel zu werden.

Auslegung

Vers 1: In Bezug auf die soeben von dem Herrn Jesus Christus gesprochenen Worte mahnt nunmehr auch der Apostel Paulus *die Kinder, dass sie gegenüber ihren Eltern gehorsam sein sollen.*

Diese sich unterordnende Rolle der Kinder zeigt auf, *dass die Kinder die lehrreichen Worte der Heiligen Schrift,* welche sie von den Eltern *im Heiligen Geist übermittelt bekommen, vollen Dankes in ihren Herzen aufnehmen und bewahren sollen, um selbst erfolgreiche Teilnehmer im Reich der Himmel zu werden.*

Dies sagt zugleich aus, dass die Eltern – als diese selbst im Kindesalter waren – wiederum *in übereinstimmender Art und Weise ihren vom Geist Gottes erfüllten Eltern mahnend gehorchten,* sodass sie nunmehr auch ihren eigenen Kindern über die Herrlichkeit Gottes in dem Herrn Jesus Christus die Heilbotschaft des Höchsten voller Wohlwollen im Heiligen Geist übermitteln können, damit ihre Kinder *ebenso die identischen, ertragreiche Früchte des Heils in deren Herzen immerwährend bewahren* – exakt in gleicher Modalität, wie sie es einst in ihrer Jugend von ihren Eltern übernahmen.

Die Gehorsamkeit der Kinder gegenüber ihren Eltern ist somit, so Paulus, *eine sehr gewichtige, von Disziplin erfüllte Förderungsmaßnahme, sodass die Kinder selbst mit dem Heiligen Geist erfüllte Anwärter im Reich der Herrlichkeit Gottes und Jesu Christi werden* – **denn das**, so der Apostel – *ist* ***recht*** *in den Augen Gottes.*

Denn in den Sprüchen Salomos heißt es:

Höre, mein Sohn, auf die Unterweisung deines Vaters, und verwirf nicht die Lehre deiner Mutter! (die Sprüche Salomos, Kapitel 1, Vers 8).

Es handelt sich hierbei nach der Meinung des Autors um eine:

„Vom Heiligen Geist geleitete Weitervererbung der Glückseligkeit des Höchsten in dem Herrn Jesus Christus von Generation zu Generation", um die Worte der Wahrheit Gottes in dem Herrn Jesus Christus auf eine *beständige Ebene der Seligkeit gelangen zu lassen,* welche folglich in die Herrlichkeit des allmächtigen Gottes und unseres Herrn Jesus Christus führt.

Vers 2: Diese biblisch zu betrachtende, aus jeder Hinsicht zu Gott und Christus leitende Gehorsamkeit gegenüber den Eltern weist somit den Kindern auf, dass sie ***ihren Vater und ihre Mutter ehren sollen*** (Epheser, Kapitel 6, Vers 2a / Matthäus, Kapitel 15, Vers 4 a / 5.Mose, Kapitel 5, Vers 16a).

Der Apostel Paulus betitelt dieses Gebot **als das erste Gebot mit einer Verheißung** (Epheser, Kapitel 6, Vers 2b).

Diese fortan vom Heiligen Geist erfüllte, von den Eltern den Kindern weitervermittelte Heilbotschaft Gottes in dem Herrn Jesus Christus soll somit von den Kindern von ganzer Dankbarkeit umhüllt sein.

Infolge dessen ist das Ehren von Vater und Mutter, welche den Kindern die Heilbotschaft Gottes in dem Erlöser Jesus Christus im Geist der Wahrheit vermittelten, als eine „bleibende und immerwährende Förderungsstruktur" zu betrachten, als auch wahrzunehmen, *welche von der Ehre der Autorität des Allmächtigen die belehrten Kinder in den gnadenumwobenen Herrschaftsbereich Gottes und in die Herrlichkeit Jesu Christi leitet.*

Folglich sollen die Angeschriebenen – die Kinder – das Ehren von Vater und Mutter als eine „im Geist Gottes vermittelnde Gehorsamkeit" *be*trachten, als auch *er*achten. Diese unsere fortan von Glauben erfüllten, nunmehr zu Gott und dem Herrn Jesus Christus bezogenen Herzen erweisen folglich Liebe und Hochachtung gegenüber beiden Elternteilen, die von den belehrten Kindern mit großer Dankbarkeit in Ehrerbietung im Namen des allmächtigen Gottes in Jesus Christus rundum bestätigt wird.

Auch diese Gehorsamkeit, so der Apostel Paulus, prägt bereits die Herzen der Kinder in die von Gott und Jesus Christus geforderte, nunmehr auch in ihren Herzen sich ausbreitende *Nächstenliebe,* die fortan mit rundum christlichen Tugenden dafür Sorge tragen, dass diese Forderung Gottes und Jesu Christi das geistliche Wachstum bereits von „den Kinderschuhen aus" fördert – und es folglich in ihrem weiteren, humanitären Dasein voller Wohlwollen in eine fortwährende, unentwegte Kontinuität des Heils leitet.

Vers 3: *„Damit es dir gut geht und die lange lebst auf Erden"* – fügt Paulus in diesem 3. Vers hinzu, der in identischer Ausdrucksweise ebenfalls im 2.Buch Mose in Kapitel 20, Vers 12 – als auch im 5.Buch Mose in Kapitel 4, Vers 40b nachzulesen ist.

Dieses Gebot, bzw. diese Anweisung, so will es der Apostel den angeschriebenen gläubigen Kindern wohlgesinnt vermitteln,

ist eine von Gott in dem Jesus Christus gegebene, einzuhaltende Gehorsamsanweisung, *welche unter dem gewinnfördernden und daher einzuhaltenden Standpunkt des allmächtigen Gottes steht.*

Vers 4: Eine weitere Anweisung des Apostel Paulus gegenüber den Vätern folgt, indem er sie mahnend, jedoch wohlgesinnt in Vers 4 wissen lässt:

Und ihr Väter, reizt eure Kinder nicht zum Zorn, (treibt eure Kinder nicht zu Unmut oder zur Verärgerung!)

sondern zieht sie auf in der Zucht (in der Unterweisung / Erziehung / Disziplin und Züchtigung / Quelle: Schlachter – Bibel 2000!)

und Ermahnung des Herrn (*so*, wie der Herr ermahnt und erzieht, sprich – wie es dem Herrn Jesus Christus entspricht!).

Paulus will den Vätern die gewichtige Mitteilung hinterlegen, dass sie ihre Kinder *christlich erziehen sollen*. Um diese von dem Apostel geforderte Erziehungsmethode gewinnfördernd, sprich – zu Jesus Christus bezogen – erfolgreich ausüben zu können, müssen die Väter die vor allem stehenden Tugenden Jesu Christi übernehmen, indem sie in den Fußstapfen des Heilands wandeln.

Unser Herr Jesus Christus lässt uns im Evangelium des Matthäus in Kapitel 11, Vers 29 Folgendes über Seine stets nachzuahmenden, zur Seligkeit leitenden Tugenden wissen, *die folglich die Väter ihren Kindern wohlgesonnen weitervermitteln sollen*. Denn diese nun folgenden Tugenden Jesu Christi führen die Väter beharrlich in eine zum Heil dienende Erziehungsmethode gegenüber ihren Kindern, *und verhindern somit, dass die Kinder zum Zorn gereizt werden* (Epheser, Kapitel 6, Vers 4a).

Die Worte des Heilands lauten wie folgt:

Nehmt auf euch mein Joch und lernt von mir, denn ich bin sanftmütig und von Herzen demütig; so werdet ihr Ruhe finden für eure Seelen!

(Eine nähere Detaillierung dieser Worte Jesu Christi aus dem Evangelium des Matthäus in Kapitel 11, Vers 29 wurde bereits in dieser Auslegung unter Epheser, Kapitel 4, Vers 2 – siehe Auslegung hinterlegt!).

Weiterhin wäre an dieser Stelle anzumerken, dass bereits von dem Apostel Paulus unter Epheser, Kapitel 4, Vers 2 (siehe dort die spezifische Auslegung!) die Angeschriebenen aufgerufen wurden, diese von Jesus Christus ausgesprochenen Tugenden in ihrem Leben *umzusetzen,* um mit diesen in den überaus ertragreichen Fußstapfen des Heilands zu wandeln, welche letztlich für diejenigen in den Fußstapfen Christi Wandelnden das Ewige Leben bereithält.

Der Apostel Paulus forderte die von ihm angeschriebenen Christen an dieser Stelle mahnend auf:

...indem ihr mit <u>aller Demut und Sanftmut, mit Langmut einander in Liebe ertragt</u> (Epheser, Kapitel 4, Vers 2).

Die zum Heil des Nächsten dienenden Vorkehrungen welche von **Demut, Sanftmut und Langmut** (Epheser, Kapitel 2, Vers 4 / Matthäus, Kapitel 11, Vers 19) ummantelt sind, *bezeugen alle* von unserem Herrn Jesus Christus *vollbrachten Heilmaßnahmen,* die von der Ihm ausgehenden Nächstenliebe sorgsam ummantelt wurden.

Anhand dieser vorbildlichen Tugenden werden wir bei deren Übernahme in unseren Herzen – dank unseres Glaubens durch die Kraftauswirkung des Heiligen Geistes in den Fußstapfen des Heilands wandeln – und folglich *jede Art von Zorn* (Epheser, Kapitel 6, Vers 4a) *unserem Gegenüber aufgrund der von uns ausgehenden Nächstenliebe wohlgesinnt ersparen.*

Denn in diesen zur Herrlichkeit Gottes leitenden Tugenden *ist allezeit* das uns vorgelebte Heil des Herrn Jesus Christus *sicht- als auch erkenn- und wahrnehmbar.*

Verse 5 – 9
Der Wille Gottes für Knechte und Herren

⁵Ihr Knechte, gehorcht euren leiblichen Herren mit Furcht und Zittern, in Einfalt eures Herzens, als dem Christus; ⁶nicht mit Augendienerei, um Menschen zu gefallen, sondern als Knechte des Christus, die den Willen Gottes von Herzen tun; ⁷dient mit gutem Willen dem Herrn und nicht dem Menschen, ⁸da ihr wisst: Was ein jeder Gutes tun wird, das wird er von dem Herrn empfangen, er sei ein Sklave oder ein Freier. ⁹Und ihr Herren, tut dasselbe ihnen gegenüber und lasst das Drohen, da ihr wisst, dass auch euer eigener Herr im Himmel ist und dass es bei ihm kein Ansehen der Person gibt.

Zwischenbemerkung:

Von den definierten Lebensordnungen Gottes für die Männer und Frauen (Epheser, Kapitel 5, Verse 22 – 33) als auch über die spezifische Erklärung, welche den Willen Gottes für die Kinder und deren Eltern umfasst, (Epheser, Kapitel 6, Verse 1 – 4) geht der Apostel Paulus nunmehr zu einer weiteren Erklärung über, welche den Willen Gottes für die Knechte und deren Herren deklariert (Epheser, Kapitel 6, Verse 5 – 9).

Mit wohlwollenden Weisungen gegenüber den untertänigen Knechten (Sklaven!) schenkt Paulus der unterdrückten Menschheit dennoch einen beruhigenden Einblick, *inwiefern sich Gott und der Herr Jesus Christus um deren Wohl* – trotz ihrer Unterdrückung – kümmern.

Auch wenn ihre Stellung zu ihren Herren eine „eher gering zu erachtende Basis" bildet, so ist – ungeachtet dessen – ihr Ansehen bei Gott und dem Herrn Jesus Christus *nicht von ihrer Positionierung zu betrachten, sondern* einzig und allein von *ihrem Glauben an den Schöpfer des Himmels und der Erde und an den Heiland Jesus Christus* – **denn bei Gott gibt es kein Ansehen der Person** (Epheser, Kapitel 6, Vers 9b).

Ebenfalls wird die in den Augen der Freien „emporzuhebende Stellung", – die, der „Herren", – von dem Apostel gemahnt, sich *nicht* als „in Gott und in Christus Gefestigte" zu betrachten, denn Gott und der Herr Jesus Christus werden *nach gerechtem Maß Ihrer unanfechtbaren, in Ihnen ruhenden, unumstößlichen Gerechtigkeit messen* – **und folglich jedem**

Menschen nach seinem Tun und Handeln gerecht richten, sowohl die Sklaven, als auch die Freien (Epheser, Kapitel 6, Vers 8).

Somit ist die immerdar gegebene Gerechtigkeit Gottes unter *allen Menschen gleichbleibend, unanfechtbar und allgegenwärtig,* ganz nach den unwiderruflichen, von ganzer Reinheit beseelten Kriterien des allmächtigen, stets fehlerfreien, weisen Gottes.

Auslegung

Vers 5: Paulus ruft die untertänigen Knechte (Sklaven!) zur gesitteten Folgsamkeit im Namen des Herrn auf auf. Diese sollen *ihren leiblichen Herren mit Furcht und Zittern in der Einfalt ihres Herzens gehorchen, sowie sie dem Herrn Jesus Christus bedingungslosem Gehorsam leisten.*

Auch der Apostel Petrus bekennt in seinem 1.Brief in Kapitel 2 in Vers 18:

Ihr Hausknechte, ordnet euch in aller Furcht euren Herren unter, nicht nur den guten und milden, sondern auch den verkehrten! (denen, welchen man nichts recht, bzw. richtig machen kann!)

Petrus ruft an dieser Stelle die untertänigen Knechte dazu auf, sich *in aller Furcht* vor Gott und dem Herrn Jesus Christus *nicht nur den guten und milden Herren unterzuordnen, sondern ebenfalls auch den verkehrten*, sprich – denjenigen Herren, *welche launische Gene besitzen*.

Der Apostel Petrus, als auch der Apostel Paulus fordern die Knechte auf, *stets ihren untertänigen Dienst auf die Furcht vor Gott und dem Herrn Jesus Christus bezogen, auszuüben*. Mit einem vom Herzen beseelten Glauben soll ihr ehrfürchtiger Blick sich zu einem von Gott und dem Herrn Jesus Christus verbundenen Verantwortungsgefühl richten.

Dieser vom Heil der vollkommenen Wahrheit ummantelte Blick trägt unmissverständlich dazu bei, *dass sie mit der unabdingbaren Hilfe des Heiligen Geistes sich selbst ungerechten Schmähungen der über ihnen stehenden „Herren" fügen sollen*. In jener Art und Weise, nämlich: mit *einem dazugehörenden, ausharrenden, ehrsamen und zugleich standhaftem Herzen, als würden sie ihren ehrbaren Dienst ihrem Erlöser Jesus Christus widmen*.

In dem Sohn Gottes sollen die Knechte den wahren, zu ihnen bezogenen, himmlischen, auf Ewigkeit herrschenden Herren erkennen. Die irdischen, über sie in dieser vergänglichen Weltzeit „herrschenden Herren" sind „nur fleischliche Herrschaftsausüber" von zeitlichem, begrenztem und daher von fleischlich-sündigem und fehlerhaftem Ruhm beseelte Menschen.

Denn *Ausharren* im Namen Gottes und des Herrn Jesu Christi *bewirkt, selbst in schwierigsten Situationen den untersten Weg zu begehen – mit einem innerlichen vom Geist der Wahrheit Gottes sich einstellenden Aufruf – dass Gott jede noch so „geringe" Ungerechtigkeit genauestens wahrnimmt, welche an einem jeden Menschen mit Unrecht vollbracht wird.*

Es ist ein Ertragen, ja – ein sich nicht widersetzendes Bestehen von bösen zugefügten Dingen, welche mit einer hoffnungsvollen, geduldigen und willigen Bereitschaft in die Sphären der Herrlichkeit Gottes und Jesu Christi leiten. Dieses Standhalten bewirkt zugleich, dass der unmissverständliche Glaube an Gott und Jesus Christus die Herzen der Beschenkten vollkommen mit der zu benötigenden Kraft des Heiligen Geistes eingenommen hat.

Folglich schreibt Paulus in seinem 1.Brief an Timotheus in Kapitel 6, Vers 1:

Diejenigen, die als Knechte unter dem Joch sind, sollen ihre eigenen Herren aller Ehre wert halten, damit nicht der Name Gottes und die Lehre verlästert werden –

und bekennt daher weiterhin in seinem Brief an die Kolosser in Kapitel 3 in Vers 17 – als auch in seinem Brief an Titus in Kapitel 2 in den Verse 9 + 10:

Und was immer ihr tut in Wort oder Werk, das tut alles im Namen des Herrn Jesus und dankt Gott, dem Vater, durch ihn.

Die Knechte (ermahne), dass sie sich ihren eigenen Herren unterordnen, in allem gern gefällig sind, nicht widersprechen, nichts entwenden, sondern alle gute Treue beweisen,

damit sie der Lehre Gottes, unseres Retters, in jeder Hinsicht Ehre machen.

Wiederum sind es jene Prüfungen Gottes, welche Seine Auserwählten mit beständigem Ausharren – dank ihres Glaubens an Ihn und den Herrn Jesus Christus – in das Reich Ihrer Herrlichkeit führen.

Der Halbbruder unseres Herrn Jesus Christus, Jakobus, bekennt:

__Das standhafte Ausharren aber soll ein vollkommenes Werk haben, damit ihr vollkommen und vollständig seid und es euch an nichts mangelt__ (Jakobus, Kapitel 1, Vers 4).

*Die Propheten, (Matthäus, Kapitel 5, Vers 12b) als auch die Apostel konnten *nur* mit einem zu Gott gerichteten Blick des unmissverständlichen Vertrauens anhand ihres unerschütterlichen Glaubens an den Allmächtigen *die von Ungerechtigkeit umgebenen Schmähungen der anderen wohlgesinnt ertragen – und somit erfolgreich bestehen, selbst wenn diese beleidigenden, von irdischer Sünde umgebenen Verleumdungen zum Tod dieser von Gott gesandten Knechte Gottes beitrugen.*

Diese unmissverständliche Glaubensnachahmung der Propheten und Apostel gilt es, *anzunehmen und folglich zu bestehen,* so Paulus zu den angeschriebenen Gläubigen.

Denn ihr Reich war *nicht von vergänglichem, irdischem Ausmaß, sondern von der umfassenden Größe des himmlischen, ewig Bleibenden.*

Auch unser Herr Jesus bekennt gegenüber den von Ungerechtigkeit unterdrückten Glaubenden:

<u>Glückselig sind, die um der Gerechtigkeit willen verfolgt werden, denn ihrer ist das Reich der Himmel! Glückselig seid ihr, wenn sie euch schmähen und verfolgen und lügnerisch jegliches böse Wort gegen euch reden um meinetwillen! Freut euch und jubelt, denn euer Lohn ist groß im Himmel; denn ebenso haben sie *die Propheten verfolgt, die vor euch gewesen sind.</u> (Matthäus, Kapitel 5, Verse 10 – 12).

Dies alles sind die unmissverständlichen, vom Heiligen Geist beschenkten Gnadengaben Gottes in dem Herrn Jesus Christus, welche die Herzen der Beschenkten zu deren angenommenen Kindern formen. Die in den Herzen der Auserwählten sich ausbreitende *Liebe ist der gewichtige Bestandteil, um die Prüfungen des Ausharrens erfolgreich bestehen zu können.*

Der Apostel Paulus betitelt die sich von Gott in Jesus Christus im Heiligen Geist erkenntlich zeigende Liebe der Beschenkten wie folgt:

<u>Die Liebe ist langmütig und gütig, die Liebe beneidet nicht, die Liebe prahlt nicht, sie bläht sich nicht auf; sie ist nicht unanständig, sie sucht nicht das Ihre, sie lässt sich nicht er-</u>

bittern, sie rechnet das Böse nicht zu; sie freut sich nicht an der Ungerechtigkeit, sie freut sich aber an der Wahrheit; sie erträgt alles, sie glaubt alles, sie hofft alles, sie erduldet alles. (1.Korinther, Kapitel 13, Verse 4 – 7 / siehe abermals die spezifisch genaue Definierung der von Paulus detaillierten „Liebesbeschreibungen" in dieser Auslegung unter Epheser, Kapitel 4, Vers 15!).

Vers 6: Die soeben ausgelegten Kriterien des 5.Verses weisen folglich die Knechte unwillkürlich darauf hin, dass die Untertänigen „diese über ihnen stehenden Herren" *nicht mit Augendienerei* dienen und somit besänftigend *gefallen* sollen, *sondern ihre vom Heiligen Geist ummantelten Herzen sollen sich auf das Werk Gottes in dem Herrn Jesus Christus als dessen Knechte beziehen* – denn von *dort aus* haben sie die zum Heil leitenden Kriterien des Höchsten – Dank Seiner barmherzigen Gnade im Heiligen Geist – *erhalten.*

Augendienerei ist, so Paulus, *eine von Schwachheit umgebene Substanz frevelhafter, irdischer Selbsttäuschung.*

Sie aber, die vom Geist Gottes Beschenkten sollen sich *nicht* von dieser „vergänglichen Schwäche" beeinflussen oder gar einnehmen lassen, *sondern* sie sollen die Kraftauswirkung des in ihnen ruhenden und tätigen Heiligen Geistes stets dazu nutzen, **um den Willen Gottes von Herzen zu tun.**

Denn, so Paulus in seinem Brief an die Kolosser in Kapitel 1 in den Versen 21 – 23:

Auch euch, die ihr einst entfremdet und feindlich gesinnt wart in den Bösen Werken, (an dieser Stelle auf die *Augendienerei* / Epheser, Kapitel 6, Vers 6a bezogen!) *hat er* (Jesus Christus!) *hat er jetzt versöhnt in dem Leib seines Fleisches durch den Tod, um euch heilig und tadellos und unverklagbar* (sündenfrei!) *darzustellen vor seinem Angesicht, wenn ihr nämlich im Glauben gegründet* (ausgehend vom Heiligen Geist!) *und festbleibt und euch nicht abbringen lasst von der Hoffnung des Evangeliums, das ihr gehört habt, das verkündigt worden ist in der ganzen Schöpfung, die unter dem Himmel ist, und dessen Diener ich, Paulus, geworden bin.*

Daher bekennt Paulus weiterhin unmissverständlich in seinem Brief an die Galater in Kapitel 1, Vers 10:

Wenn ich allerdings den Menschen noch gefällig wäre, so wäre ich nicht ein Knecht des Christus.

Somit ist die *Augendienerei* (Epheser, Kapitel 6, Vers 6a) *eine von Schwäche umgebene, in jeder Hinsicht verfälschende und daher rundum falsche Täuschungsmaßnahme, welche die Ehre Gottes in dem Herrn Jesus Christus rundum verletzt.*

Denn mit dieser Handlung, so Paulus, *beschämen und täuschen wir nicht nur uns selbst* – und „die irdischen Herren" – *sondern ebenfalls die vollkommene Reinheit Gottes in dem Herrn Jesus Christus.*

Folglich ist der Heilige Geist der in uns stetig ruhende Vermittler, *immerdar* auf eine Hoffnung im festen Glauben an Gott und den Herrn Jesus Christus hin zu leben.

Der Verfasser des Hebräerbriefes äußert sich auf diese Behauptung wie folgt:

Es ist aber der Glaube eine feste Zuversicht auf das, was man hofft, eine Überzeugung von Tatsachen, die man nicht sieht (Hebräer, Kapitel 11, Vers 1).

Denn das noch nicht Sichtbare wird von der unmissverständlichen Gewissheit des Heiligen Geistes im Glauben beseelt, der uns das bisher noch Unsichtbare so gegenüberstellt, sodass das noch zukünftig, jedoch zusagend Eintretende, bzw. das noch auf uns zukommende, unfehlbare Geschehene ohne jeglichen Zweifel eintreffen wird.

Der Wille Gottes ist somit eine „sich im Dasein der Gläubigen einstellende Verheißung des Höchsten im Heiligen Geist", *welche verpflichtende, ausharrende und zugleich unerschütterlich zu glaubende Gewährleistungen in den Herzen der Beschenkten hinterlässt, um die vollkommene Wahrheit Gottes in dem Herrn Jesus Christus rundum ausschöpfen und folglich ausleben zu können – im Hier und Jetzt – als auch in dem noch zukünftig Geschehenen im Bereich* **der himmlischen (Regionen)**.

Folglich sind die aus der Sicht der „über ihnen stehenden Herren" untertänig zu betrachtenden an Gott und Jesus Christus glaubenden Sklaven, bzw. Knechte *die von Gott und Jesus*

*Christus auserwählten Kinder der Glückseligkeit und daraufhin die Anwärter für das Reich der Himmel, <u>**die den Willen Gottes von Herzen tun**</u>* (Epheser, Kapitel 6, Vers 6b).

Vers 7: Daher fasst der Apostel die Verse 5 + 6 des gleichnamigen Kapitels wie folgt für die Knechte zusammen:

Dient mit gutem Willen dem Herrn und <u>nicht</u> den Menschen.

Einzig die sich vom Heiligen Geist erkenntlich zeigende Gewissheit trägt dazu bei, dass die von Gott und dem Herrn Jesus Christus Beschenkten mit den ihnen von Gott zuteilgewordenen Absichten der in ihnen ruhenden Liebe des Christus *handeln und zugleich* **mit gutem Willen dem Herrn dienen und nicht den Menschen**, so Paulus in Vers 7.

Aus diesen Worten des Apostels ist jedoch zu entnehmen, dass auch die vermeidlich „über ihnen stehenden, irdischen Herren" *nur einfache Menschen sind, welche ebenfalls unter der unanfechtbaren Gerechtigkeit Gottes stehen.*

Folglich ist der Name „Herr" *einzig und allein auf den Messias Jesus Christus zu verwenden,* denn in Ihm allein ist das Heil auffindbar, welcher Ewiges Leben im Namen des allmächtigen Gottes gewährleisten kann und auch wird.

So schreibt Paulus in seinem Brief an die Römer:

Im Eifer lasst nicht nach, seid brennend im Geist, dient dem Herrn!(Römer, Kapitel 12, Vers 11) –

und fügt in Kolosser, Kapitel 3, Vers 23 jene Worte hinzu:

Und alles, was ihr tut, das tut von Herzen, als für den Herrn und nicht für Menschen.

Vers 8: Paulus begründet diese seine Behauptung wie folgt aufgrund der den Knechten gegebene Gewissheit im Heiligen Geist:

Da ihr ja wisst: ***Was ein jeder Gutes tun wird, das wird er von dem Herrn empfangen, er sei ein Sklave oder ein Freier.***

An dieser Stelle spricht der Apostel über die von Gott offenbarte, den Menschen zuteilwerdende Dienstbereitschaft mit der sich in Zukunft erweisenden *Vergeltungsmaßnahme des Allmächtigen* an. Die Worte des Paulus deuten sowohl auf die Sklaven, als auch die Freien (Herren!).

Ihr irdisches Tun und Handeln wird sie beide (Sklaven + Herren!) *gnadenlos „enttarnen". Denn wie sich der Mensch, unabhängig seines irdischen Standes im weltlichen Dasein verhalten hat, so wird auch das Gerichtsurteil Gottes über ihn kommen.*

So schreibt Paulus in seinem 2.Korintherbrief in Kapitel 5 in Vers 10:

Denn _wir alle_ müssen vor dem Richterstuhl des Christus offenbar werden, damit _jeder_ das empfängt, was er durch den Leib gewirkt hat, es sei gut oder böse.

Wer nun **Gutes** tun wird, so der Apostel Paulus in Epheser, Kapitel 6, Vers 8, der wird von unserem Herrn Jesus **Gutes** empfangen. Denn das Gericht Gottes _ist stets gerecht_ und unterscheidet _nicht von sozialen Stellungen_.

In Psalm 116 heißt es im 5.Vers (Lutherbibel 1984):

Der Herr ist gnädig und gerecht, und unser Gott ist barmherzig.

Auch die Verse 17 – 20a des145. Psalms (Lutherbibel 1984) lassen uns Folgendes wissen:

Der Herr ist gerecht in allen seinen Wegen und gnädig in allen seinen Werken. Der Herr ist nahe allen, die ihn anrufen, allen, die ihn ernstlich anrufen. Er tut, was die Gottesfürchtigen begehren, und hört ihr Schreien und hilft ihnen. Der Herr behütet alle, die ihn lieben.

Jesus Christus spricht im Evangelium des Matthäus hierauf folgende, unmissverständliche Worte, welche sich auf **das Gute im Menschen** (in Bezug zu Epheser, Kapitel 6, Vers 8!) beziehen:

*...**guter und treuer Knecht!** Du bist über wenigem treu gewesen, ich will dich über vieles setzen; geh ein zur Freude deines Herrn!* (Matthäus, Kapitel 25, Vers 23).

__Da ihr wisst,__ fügt Paulus in Kolosser, Kapitel 3, Vers 24 hinzu – *__dass ihr von dem Herrn zum Lohn das Erbe empfangen werdet; denn ihr dient Christus, dem Herrn!__*

Vers 9: Eine anschließende Mahnung gegenüber den „weltlichen Herren" folgt, indem ihnen Paulus unverblümt bekannt gibt:

Und ihr Herren, handelt in gleicher Art und Weise, so wie es die unterdrückten Knechte anhand ihres Glaubens an den Heiland tun, sprich – mit einem identischen, sich im Herzen offenbarenden, vom Heiligen Geist beseelten Glauben an den Herrn Jesus Christus, der über allen steht, weil *nur Er* der gerechte Richter ist.

Mittels ihres Glaubens, welchen die Herren in gleicher Art und Weise wie ihre „untertänigen Knechte" ausüben, sollen sie somit **das Drohen** gegenüber ihren Bediensteten *sein lassen, schließlich sind sie christliche* „Herren".

Denn auch die „Herren" *wissen* dank der Kraftauswirkung des in ihren Herzen regsam wirkenden Heiligen Geistes allzu genau, *dass auch ihr eigener Herr* (Jesus Christus!) *im Himmel ist und __dass es bei ihm kein Ansehen der Person gibt.__*

Auch die „vermeidlich weltlichen Herren", die sich sozusagen „selbst in ihrer eigenen weltlich vergänglichen Hierarchieeinstufung über ihre Bediensteten trotz ihres zu Jesus Christus bezogenen Glaubens einreihen", *sollen sich über ihren durch und durch untertänigen Status bewusst werden, denn auch sie haben **einen Herrn im Himmel** – Jesus Christus* – der auch ihr *wahrer Herr ist.*

Auch das weltliche Handeln der „Herren", so Paulus, wird vom Herrn Jesus genauestens beobachtet und gnadenlos „enttarnt" werden. *Denn **bei Christus existiert kein Ansehen der Person**, sondern einzig und allein ihr weltliches Anschauungsbild im Glauben an den Heiland.*

Der Apostel will ihnen, „den Herren" unmissverständlich zu verstehen geben, dass auch sie sich *dem wahren Herrn Jesus Christus,* der über allen „Herren" steht, bedingungslos fügen müssen. Daher *verbietet* ihnen somit ihr eigener Glaube, so Paulus, *dass sie ihre Bediensteten in ihren zu Gott und dem Herrn Jesus Christus gerichteten Ausübungen ungerecht behandeln.*

Diese ihre Einstellungsmethode, die jedoch „ihre eigene, weltlich geringe, rundum vergängliche Stellung" gegenüber dem Herrn Jesus Christus genauestens darlegt, soll sie nunmehr dazu auffordern, *das **Drohen** gegenüber ihren Bediensteten zu unterlassen, um im Heiligen Geist eine kontinuierlich geprägte Vorgehensweise in Form der Nächstenliebe ausüben zu können – ganz im stets gewollten Sinne Gottes.*

Denn diese Handlungsweise ist rundum wohlgefällig in den Augen Gottes in dem Herrn Jesus Christus, sowohl es bei Ihnen **_kein Ansehen der Person gibt_**.

So lässt sie – „die Herren" – der Apostel Paulus nochmals wissen:

Ihr Herren, gewährt euren Knechten das, was recht und billig ist, da ihr wisst, dass auch ihr einen Herrn im Himmel habt (Kolosser, Kapitel 4, Vers 1).

Der Apostel Petrus fügt in seinem 1.Brief in Kapitel 1, Vers 17 noch folgende, mahnende Worte hinzu:

Und wenn ihr den als Vater anruft, der ohne Ansehen der Person richtet nach dem Werk jedes Einzelnen, so führt euren Wandel in Furcht, (vor Gott und Jesus Christus!) **_solange ihr euch hier als Fremdlinge_** (Geduldete!) **_aufhaltet._**

Verse 10 – 20
*Der geistliche Kampf und die
Waffenrüstung des Christen*

¹⁰*Im Übrigen, meine Brüder, seid stark in dem Herrn und in der Macht seiner Stärke.* ¹¹*Zieht die ganze Waffenrüstung Gottes an, damit ihr standhalten könnt gegenüber den listigen Kunstgriffen des Teufels;* ¹²*denn unser Kampf richtet sich nicht gegen Fleisch und Blut, sondern gegen die Herrschaften, gegen Gewalten, gegen die Weltbeherrscher der Finsternis dieser Weltzeit, gegen die geistlichen (Mächte) der Bosheit in den himmlischen (Regionen).* ¹³*Deshalb ergreift die ganze Waffenrüstung Gottes, damit ihr am bösen Tag widerstehen und, nachdem ihr alles wohl ausgerichtet habt, euch behaupten könnt.* ¹⁴*So steht nun fest, eure Lenden umgürtet mit Wahrheit, und angetan mit dem Brustpanzer der Gerechtigkeit,* ¹⁵*und die Füße gestiefelt mit der Bereitschaft (zum Zeugnis) für das Evangelium des Friedens.* ¹⁶*Vor allem aber ergreift den Schild des Glaubens, mit dem ihr alle feurigen Pfeile des Bösen auslöschen könnt,* ¹⁷*und nehmt auch den Helm des Heils und das Schwert des Geistes, welches das Wort Gottes ist,* ¹⁸*indem ihr zu jeder Zeit betet mit allem Gebet und Flehen im Geist, und wacht zu diesem Zweck in aller Ausdauer und Fürbitte für alle Heiligen,* ¹⁹*auch für mich, damit mir das Wort gegeben werde sooft ich meinen Mund auftue, freimütig das Geheimnis des Evangeliums bekannt zu machen,* ²⁰*für das ich ein Botschafter in Ketten bin, damit ich darin freimütig rede, wie ich reden soll.*

Zwischenbemerkung:

Mit dem zweitletzten Kapitelabschnitt des Epheserbriefes läutet der Apostel Paulus den gewichtigen Schlussteil dieses Briefes ein. Diese seine an die Gläubigen gerichteten Worten umfassen ein Resümee von detaillierten, angeordneten Verpflichtungen, welche den Christen genaue Perspektiven eröffnen, die sie in ihrem irdischen Dasein gewinnfördernd gebrauchen müssen, um mit deren gezielter Inanspruchnahme ein stets zu Gott und Jesus Christus gewappnetes Leben zu führen und daraufhin erfolgreich ausüben zu können.

Anhand einer verbildlichenden Beschreibung fordert Paulus die angeschriebenen Christen dazu auf, sich als zum Kampf gerüstete „Soldaten Gottes und Jesu Christi" einzukleiden, um mit dieser Waffenrüstung Gottes gegen die „Weltbeherrscher der Finsternis" im Glauben konstruktiv anzukämpfen. Der vom Heiligen Geist in ihnen ruhende, stets abrufbereite Förderer des Glaubens schenkt ihnen die zu benötigende Kraft und die bedeutungsvolle Ausdauer, die Mächte des Bösen mit den Worten Gottes rundum erfolgreich bekämpfen und besiegen zu können.

Auch soll die Gemeinde für Paulus Fürbitte leisten, sodass der Apostel weiterhin im Stande ist, in freimütiger Modalität das Geheimnis des Evangeliums im Heiligen Geist gegenüber seinen vom Geist Gottes geleiteten Zuhörern bekannt zu machen.

Auslegung

Vers 10: Paulus ruft die angeschriebenen Gläubigen zu einem *in dem Herrn Jesus Christus* **gestärktem Handeln** *auf*, welche ihre christliche, vom Heiligen Geist rundum beseelte, dienstwillige Folgsamkeit **in der Macht der Stärke des Herrn Jesus Christus** *offenbart*.

Mit dieser seiner Aufforderung will der Apostel die Christen *zu einem geistlichen Kampf gegen die böswilligen, verfinsterten, von Gott entfernten Mächte aufrufen, um diese anhand ihres Glaubens mit der ihnen von Gott in Christus gegebenen Stärke im Heiligen Geist besiegen zu können.* (siehe hierzu die noch folgende Auslegung!).

Folglich sollen die Christen die ihnen zuteilwerdende Wirksamkeit ihres Glaubens anhand des in ihren Herzen ruhenden Heiligen Geistes nutzen, *denn diese ihnen von Gott in Christus offenbarte Effektivität,* so der Apostel, *ist ummantelt von der* **überwältigenden Größe seiner** (Jesu Christi!) **Kraftwirkung an uns, die wir glauben, gemäß der Wirksamkeit der Macht seiner Stärke** (Epheser, Kapitel 1, Vers 19 – siehe Auslegung!).

Die Macht, die sie gebrauchen sollen – so will es ihnen Paulus verdeutlichen – ist *nicht ihre eigene, sondern die ihnen von Gott in Jesus Christus gegebene – mit der bedeutenden Unterstützung des Heiligen Geistes –* **in der Stärke, die in Jesus Christus ist** (2.Timotheus, Kapitel 2, Vers 1).

Denn unser Herr Jesus Christus spricht im Johannesevangelium in Kapitel 15, Vers 5b (Zürcher – Bibel):

Wer <u>in mir</u> bleibt <u>und ich in ihm</u>, der bringt viel Frucht, <u>denn ohne mich könnt ihr nichts tun</u>.

Darum so Paulus:

<u>Wacht, steht fest im Glauben, seid mannhaft, seid stark!</u>
(1.Korinther, Kapitel 16, Vers 13).

Vers 11: Folglich sollen die Christen *die ganze Waffenrüstung Gottes anziehen, damit ihr* – so Paulus – *standhalten könnt gegenüber den listigen Kunstgriffen* (*Anschlägen!* – Lutherbibel 1984 / *Machenschaften!* – Zürcher – Bibel!) *des Teufels.*

Denn, führt Paulus in seinem 2.Korintherbrief in Kapitel 2, Vers 11, in seinem Brief an die Römer in Kapitel 13, Vers 12b, als auch wiederholt in seinem 2.Korintherbrief in Kapitel 6, Vers 7 fort:

<u>Damit wir nicht von dem Satan übervorteilt werden; seine Absichten sind uns nämlich nicht unbekannt</u> –
   <u>so lasst uns nun ablegen die Werke der Finsternis und anlegen die Waffen des Lichts!</u> (die Waffen des Glaubens!) –
   <u>im Wort der Wahrheit, in der Kraft Gottes, durch die Waffen der Gerechtigkeit in der Rechten und Linken</u>.

Auffallend ist jedoch, dass Paulus *von der Stärke in dem Herrn Jesus Christus und folglich in der Macht seiner Stärke* (Epheser, Kapitel 6, Vers 10) –

zu der Waffenrüstung Gottes (Epheser, Kapitel 6, Vers 11a) *übergreift.*

Der Autor geht davon aus, dass der Apostel Paulus sich an dieser Stelle auf die alttestamentliche Schrift des Propheten Jesaja bezieht.

Wenn wir in dem Buch des Propheten Jesaja das 59.Kapitel aufschlagen, können wir anhand der Verse 15b – 21 *nicht nur die Vergeltung Gottes an Seinen Widersachern ersehen,* (bezogen auf Epheser, Kapitel 6, Vers 11 – *die Waffenrüstung Gottes!*) *um mit dieser Seiner Handlung die Erlösung der Bekehrten zu gewinnen, sondern wir erkennen in der Botschaft Gottes, die der Höchste dem Propheten Jesaja in den Versen 20 + 21 wohlwollend preisgibt* – *die unmissverständliche Ankündigung des Erlösers Jesus Christus.*

Dort steht nun Folgendes geschrieben:

Als der Herr dies sah, missfiel es ihm, dass kein Recht da war;

er sah auch, dass kein Mann vorhanden war, und war verwundert, dass kein Fürsprecher da war. Da half ihm sein (Gottes!) *eigener Arm, und seine Gerechtigkeit, die unterstützte ihn. Er legte Gerechtigkeit an wie einen Panzer und setzte den Helm des Heils auf sein Haupt.* (siehe hierzu erneut die Worte von Epheser, Kapitel 6, Verse 11, insbesondere die noch folgenden Verse 13, 14 + 17 des gleichnamigen 6.Kapitels – Auslegung folgt!).

Er legte als Kleidung Rachegewänder an
(siehe hierzu erneut noch folgende Auslegung unter Epheser, Kapitel 6, Verse 13 + 14 – Auslegung folgt!)

und hüllte sich in Eifer wie in einem Mantel. Den Taten entsprechend, so wird er vergelten: Zorn seinen Widersachern, Vergeltung seinen Feinden, ja, selbst den (entfernten) Inseln wird er den verdienten Lohn bezahlen! Dann wird man im Westen den Namen des Herrn fürchten und im Osten seine Herrlichkeit; wenn der Bedränger kommt wie ein Wasserstrom,
(siehe hierzu Epheser, Kapitel 6, Vers 11b – *gegenüber den listigen Kunstgriffen des Teufels*!)

wird der Hauch des Herrn (Gottes!) *ihn in die Flucht schlagen. Und es wir ein Erlöser kommen* (Jesus Christus!) *für Zion und für die in Jakob, die sich von der Übertretung bekehren, spricht der Herr. Und meinerseits ist dies mein Bund mit ihnen, spricht der Herr: Mein Geist, der auf dir ruht, und meine Worte, die ich in deinen Mund gelegt habe*
(durch die sich erkenntlich zeigende Kraftauswirkung des Heiligen Geistes!)

sollen nicht mehr aus deinem Mund weichen, noch aus dem Mund deiner Kinder, noch aus dem Mund deiner Kindeskinder, spricht der Herr, von nun an bis in Ewigkeit!

Der Apostel Paulus betont in Vers 11 des 6.Kapitels des Epheserbriefes, um zur eigentlichen Auslegung zurückzukehren, dass die von ihm angeschriebenen Christen anhand der **Waffenrüstung Gottes** mit dem ihnen durch ihren Glauben zuteilgewordenen Heilige Geist gegenüber des Teufels Bosheiten Paroli – sprich – *eine von Gott in Jesus Christus unterstützte Gegenwehr bieten sollen.*

Diese geistlich geführte „Kampfbereitschaft" im Hier und Jetzt, sprich – *in diesem gegenwärtigen Zeitalter ist ein der Weltordnung Gottes sich fügender, gehorsamer und folglich kosmisch zu betrachtender Kampf aller vom Geist beseelten Christen, die in brüderlicher Gemeinsamkeit die böswilligen Absichten des Satans bekämpfen, um diese erfolgreich mit einem Sieg in dem Herrn Jesus Christus zu beenden* – ganz im stets gewollten Sinne des allmächtigen, uns liebenden Gottes.

So bekennt Paulus den angeschriebenen Gläubigen unmissverständlich, *dass wer in den Waffenrüstungen Gottes das Recht des Höchsten vertritt, bereits einen bleibenden, immerwährenden Sieg durch den vom Geist erwirkten Glauben in Christus Jesus davongetragen hat.*

Vers 12: Die am Ende der Auslegung von Vers 11 benannte Weltordnung Gottes, welche sich vom Heiligen Geist aller beseelten Christen als eine dem Allmächtigen in Christus sich fügende, gehorsame und folglich kosmische Kampfbereitschaft bestätigt, *ist somit ein gemeinschaftlicher, gegenwärtiger Kampf der gesamteinheitlichen Gemeinschaft Gottes,* **der sich**, so der Apostel Paulus in Vers 12, **nicht gegen Fleisch und Blut richtet, <u>sondern</u> gegen die Herrschaften, gegen die Ge-**

walten, gegen die Weltbeherrscher der Finsternis dieser Weltzeit, gegen die geistlichen (Mächte) der Bosheit in den himmlischen (Regionen).

Die verfinsterten, von Gott und Jesus Christus entfernten Mächte sind folglich *keine* Gegner von **Fleisch und Blut,** *sondern* diese prägen das Bild von *dämonischen Herrschaftsbereichen,* gegen welche die Christen ihren geistlichen Kampf mit ***der ganzen Waffenrüstung Gottes*** (Epheser, Kapitel 6, Vers 11a – siehe Auslegung!) ausüben. Diese vom Heiligen Geist Gottes stets dominant zu betrachtenden, geistlichen Waffen jedoch kristallisieren sich als die *von der vollkommenen Wahrheit Gottes geprägten, überlegenen Sieger gegenüber den Weltbeherrschern der Finsternis.*

Ja, in der Tat – *die überwältigende Größe seiner* (Gottes!) ***Kraftauswirkung*** (siehe Auslegung unter Epheser, Kapitel 1, Vers 19a) ***hat Gott in dem Herrn Jesus Christus wirksam werden lassen,*** (siehe Auslegung unter Epheser, Kapitel 1, Vers 20a) <u>***hoch über jedes Fürstentum und jeder Gewalt, Macht und Herrschaft und jeden Namen, der genannt wird, nicht allein in dieser Weltzeit, sondern auch in der zukünftigen***</u>, schreibt Paulus in Epheser, Kapitel 1, Vers 21 (siehe Auslegung!).

Abermals will uns der Apostel die freudige Botschaft bekannt geben, dass der Herr Jesus Christus *alle* dämonischen Herrschaftsbereiche sowohl in dieser, als auch in der noch zukünftigen Weltzeit *vollständig besiegt hat.*

Dieser Sieg, so Paulus, *ist somit auch der an uns, die an den Messias Glaubenden, von Gott in Jesus Christus weitervermittelte Sieg durch den Glauben im Heiligen Geist.*

Daher bekennt der Verfasser des Hebräerbriefes daraufhin:

Da nun die Kinder an Fleisch und Blut Anteil haben, ist er (Jesus Christus!) *gleichermaßen dessen teilhaftig geworden, damit er durch den Tod den* (Teufel!) *außer Wirksamkeit setzte, der die Macht des Todes hatte, nämlich den Teufel!* (Hebräer, Kapitel 2, Vers 14).

Denn der uns liebende, allmächtige Gott, so Paulus in seinem Brief an die Kolosser in Kapitel 1, Vers 12b – *hat uns errettet aus der Herrschaft der Finsternis, teilzuhaben am Erbe der Heiligen im Licht.*

Als er so die Herrschaften und Gewalten entwaffnet hatte, stellte er sie öffentlich an den Pranger und triumphierte über sie an demselben (Kolosser, Kapitel 2, Vers 15).

Somit haben, so Paulus weiter in Vers 12 des 6.Kapitels des Epheserbriefes *die geistlichen Mächte der Bosheit in den himmlischen (Regionen)* ihre „Machtausübung" verloren. *Es sind jene Fürsten, die in der Luft herrschen, dem Geist, der jetzt in den Söhnen des Ungehorsams wirkt*, fügte Paulus bereits in Epheser, Kapitel 2, Vers 2 (siehe Auslegung!) hinzu.

Ja, in der Tat – *Jesus Christus hat ihnen ihre weltliche, von Schwachheit der Sünde umgebene, verderbende Hülle abgenommen, um sie mit der unanfechtbaren Wahrheit Gottes restlos zu besiegen.*

Den uns zuteilwerdenden Sieg Gottes in dem Herrn Jesus Christus lassen die Kinder Ihrer von barmherziger Gnade umgebenen, siegreichen Obhut fernerhin wissen, *dass die von Gott* *in den himmlischen (Regionen) auffahrenden Christen gegen die weltbeherrschende, kosmischem Mächte des Bösen im Namen des Herrn erfolgreich ankämpfen, denn die Kinder des Höchsten sind, bilden und **bewahren** folglich **die Einheit des Geistes durch das Band des Friedens*** (Epheser, Kapitel 4, Vers 3b – siehe Auslegung!).

Vers 13: Die Definierung von Epheser, Kapitel 6, Vers 11 (siehe Auslegung!) lässt nunmehr die Christen eindeutig wissen, ***dass wir aus der Wahrheit sind*** (1.Johannes, Kapitel 3, Vers 19b).

<u>**Wir wissen**</u>, fährt der Apostel Johannes in seinem 1. Brief in Kapitel 5, Vers 19 fort, <u>***dass wir aus Gott sind und dass die ganze Welt sich im Bösen befindet.***</u>

Daher fordert der Apostel Paulus die Glaubenden noch ein weiteres Mal in Epheser, Kapitel 6, Vers 13 dazu auf, <u>***die ganze Waffenrüstung Gottes zu ergreifen, damit wir am bösen Tag widerstehen und, nachdem wir alles wohl ausgerichtet haben, uns behaupten können.***</u>

Paulus betont, bereits im Hier und Jetzt, ***am bösen Tag*** – sprich – in der gegenwärtigen Zeit, in der wir uns befinden, ***die ganzen Waffenrüstung Gottes zu ergreifen***, um mit diesen uns im Heiligen Geist unterstützenden Hilfsmaßnahmen des Höchsten alle „Register zu ziehen", bzw. alle notwendigen Vorbereitungen zu treffen, um anhand dieser gewichtigen Vor-

kehrungen den bösen Mächten dieser Weltzeit erfolgreich zu widerstehen.

Anhand dieser bedeutenden Handhabung, so der Apostel, *wird jegliche Inkonsequenz aus unseren Herzen von Beginn an restlos ausgeschlossen.* Es gilt, mit der unabdingbaren Hilfe Gottes in dem Herrn Jesus Christus das rundum Böse der weltlichen, vergänglichen Machtausübungen *gänzlich zu entmachten.*

Diese für die angenommenen Kinder Gottes bereitwillig zu erachtenden Maßnahmen bedürfen für sie daher, so Paulus, *keiner* weiteren Aufforderung, *sondern* nur einer stets konsequenten, vom Heiligen Geist geleiteten, *stets wachsamen Vorbereitung.*

Denn „gegenwärtige Wachsamkeit" verhilft den Kindern Gottes, *sich nicht* in den „verlassenen Fangnetzen des Bösen zu verstricken".

Daher:

<u>*Seid nüchtern und wacht! Denn euer Widersacher, der Teufel, geht umher wie ein brüllender Löwe und sucht, wen er verschlingen kann; dem widersteht, fest im Glauben, in dem Wissen, dass sich die gleichen Leiden erfüllen an eurer Bruderschaft, die in der Welt ist.*</u> (1.Petrus, Kapitel 5, Verse 8 + 9).

Daraufhin bekennt der Halbbruder unseres Herrn Jesus Christus – Jakobus:

*So **unterwerft euch nun Gott**! **Widersteht dem Teufel**, so flieht er von euch* (Jakobus, Kapitel 4, Vers 7).

Vers 14: Dieses bereits von dem Apostel Paulus angesprochene Handeln im Hier und Jetzt – sprich – in der nun gegenwärtigen Zeit (siehe Auslegung zu Epheser, Kapitel 6, Vers 13!) verlangt nach einem *entschlossenen, festen und damit nach einem fundamentalen, festgegründeten Stand der Gewissheit des Glaubens im Heiligen Geist.*

Diese vom Heiligen Geist entschlossene Zuversicht wiederum veranlasst die Christen, *ihre Lenden mit Wahrheit zu umgürten.*

Unser Herr Jesus Christus spricht im Evangelium des Lukas in Kapitel 12 in den Versen 35 + 36 folgende Worte, welche sich auf die Ermahnung zur Wachsamkeit beziehen:

Eure Lenden sollen umgürtet sein** und eure Lichter brennend; und seid Menschen gleich, **die ihren Herrn erwarten,** wenn er von der Hochzeit aufbrechen wird, **damit, wenn er kommt und anklopft, sie ihm sogleich auftun.

Unsere Wachsamkeit trägt stets zu einem geistreichen und aufnahmefähigen Zustand bei, welche uns *die konstante Aufmerksamkeit von „fremdeinflößenden Störungen"* im Heiligen Geist kundgibt. Diese vom Geist der Wahrheit in uns ruhende

Eigenschaft fordert uns förmlich dazu auf, **unsere Lenden mit Wahrheit zu umgürten** (Epheser, Kapitel 6, Vers 14a).

Die Christen sind folglich mit der „Umgürtung des Gewandes", sprich – mit dem „Gürtel der Wahrheit Gottes in Jesus Christus" *stets gewappnet, den kampfbereiten Dienst mit der unabdingbaren Hilfe des Glaubens im Heiligen Geist aufzunehmen.* Diese Handlung bestätigt, dass die Gläubigen *in jeder Situation den festen Entschluss besitzen, dem geistlichen Kampf gegen die Mächte des Bösen im Namen der Wahrheit Gottes und dem Herrn Jesus Christus erfolgreich zu widerstehen.*

Somit ist die Wahrheit ein von Gott den Christen offenbartes Zeichen des Glaubens, ja – *eine **Frucht im Heiligen Geist**, so der Apostel Paulus in Epheser, Kapitel 5, Vers 9 (siehe Auslegung!) in der Tat – **sie besteht aus der Frucht des Geistes in lauter Güte und Gerechtigkeit und Wahrheit.***

Die teuflischen Absichten (siehe hierzu abermals Auslegung unter Epheser, Kapitel 6, Vers 11!) jedoch *sind geprägt von sündenumgebenen Auswirkungen, wie listigen Kunstgriffen, Anschlägen und Machenschaften,* **denn der Teufel sündigt von Anfang an** (1.Johannes, Kapitel 3, Vers 8b).

Diesen verruchten Machenschaften gilt es *im Jetzt entschiedenen Widerstand mit dem zu benötigendem* „Gürtel der Wahrheit" zu leisten. Folglich ist *nur* die unanfechtbare Wahrheit Gottes als *das* „geistliche Kampfgegenmittel" des Bösen zu betrachten, denn sie trägt die rundum wahrhaftigen Gene unseres Herrn Jesus Christus, weil Seine von Wahrheit ummantelte **Erscheinung die Werke des Teufels zerstörte** (1.Johannes, Kapitel 3, Vers 8 c).

Diese folglich auch in unserem Herzen stetig wirkende, zuversichtliche Gewissheit der unantastbaren Wahrheit Gottes in Jesus Christus – hervorgerufen durch die Förderung unseres Glaubens im Heiligen Geist – fordert uns daraufhin *immerzu auf, die geistliche Kampfbereitschaft willensbereit aufzunehmen,* um somit die Werke des Teufels anhand der Wahrheit Gottes in Jesus Christus *vollends zu besiegen.*

Als einen weiteren Teil unseres kampfbereiten Dienstes benennt der Apostel den **Brustpanzer der Gerechtigkeit** (Epheser, Kapitel 6, Vers 14b).

Und Paulus lässt uns abermals hierzu in seinem 1.Brief an die Thessalonicher in Kapitel 5, Vers 8 Folgendes in Erfahrung bringen:

<u>*Wir* (die Gläubigen!) *aber, die wir dem Tag angehören, sollen nüchtern sein, angetan mit dem Brustpanzer des Glaubens und der Liebe und mit dem Helm der Hoffnung auf das Heil.*</u>

Wie wir anhand dieser Auslegung aus Epheser, Kapitel 5, Vers 9 erfahren konnten (siehe Auslegung!), besteht *die Gerechtigkeit aus der Frucht des Geistes in lauter Güte und Wahrheit.* So ist auch der **Brustpanzer der Gerechtigkeit** (Epheser, Kapitel 6, Vers 14b) umgeben von dieser **Frucht des Geistes**, welche von der unabdingbaren **Wahrheit und Güte** Gottes in dem Herrn Jesus Christus umwoben ist.

Der **Brustpanzer der Gerechtigkeit** ist folglich ein von Gott uns zur Verfügung gestelltes „geistliches Kampfutensil", welches *die ehrenhafte Aufrichtigkeit zum Höchsten in dem Herrn Jesus Christus wohlwollend signiert.*

Anhand dieser uns zuteilgewordenen „Rechtfertigung" im Glauben durch den Heiligen Geist stellt folglich der **Brustpanzer** *ein eindeutiges Wahrheitsprinzip dar, welches den Christen wiederum bekundet, dass ein mit Entschlossenheit angelegter* **Brustpanzer** *zum geistlichen Kampf gegen fremdeinwirkende, von Sünden umgebenen Mächte uns den geistlichen Kampf mit einer erfolgreichen Bekämpfung des Bösen in Jesus Christus davon tragen lässt. Denn der Heiland ist unser Schild, unsere Hoffnung und unser Glaube.*

Der Psalmist, König und Prophet David bekennt in seinem 35.Psalm in den Versen 2 + 3 (Lutherbibel 1984):

Ergreift Schild und Waffen und mache dich auf, mir zu helfen! Zücke Speer und Streitaxt wider meine Verfolger! Sprich zu mir: Ich bin deine Hilfe!

Vers 15: Auch die *Füße* sollen, so Paulus, von den Gläubigen *gestiefelt sein mit der Bereitschaft (zum Zeugnis) für das Evangelium des Friedens.*

Die **Füße,** *welche mit Bereitschaft (zum Zeugnis) für das Evangelium des Friedens gestiefelt werden sollen*, umfassen wiederum *eine marschbereite Aufforderung des Apostels an die Christen,* welche bekundet, dass alle die an Jesus Christus glaubenden Träger, sowohl *die Fernen* (Juden!), als auch *die*

Nahen (Heiden! / siehe hierzu Auslegung zu Epheser, Kapitel 2, Vers 17!), *eine **von Gottes Bund in Christus beschlossene Gemeinschaft bilden**,* (siehe hierzu abermals die Worte von Jesaja, Kapitel 59, Verse 20 + 21 in dieser Auslegung unter Epheser, Kapitel 6, Vers 11 hinterlegt!) *welche sich* im Matthäusevangelium in Kapitel 26 in den Versen 26 – 28 *anhand der Worte unseres Erlösers Jesus Christus wie folgt* bei der Einsetzung des Mahles des Herrn bestätigen:

Als sie (die Jünger!) ***nun aßen, nahm Jesus das Brot und sprach den Segen, brach es, gab es den Jüngern und sprach: Nehmt, esst! Das ist mein Leib. Und er nahm den Kelch und dankte, gab ihnen denselben und sprach: Trinkt alle daraus! <u>Denn das ist mein Blut, das des neuen Bundes, das für viele vergossen wird zur Vergebung der Sünden.</u>***

Denn, so heißt es im Buch des Propheten Jesaja in Kapitel 52, Vers 8b:

<u>***Sie werden ihre Stimme erheben und miteinander jauchzen,***</u> ***denn mit eigenen Augen werden sie es sehen, wenn der Herr*** (Gott in dem Herrn Jesus Christus!) ***wieder nach Zion kommt!***

So kennzeichnen die von dem Apostel Paulus erwähnten ***gestiefelten Füße***, (Epheser, Kapitel 6, Vers 15a) *dass die Gemeinschaft der Christen mit einer vorbereiteten, vom Heiligen Geist beseelten und zugleich vom Geist der Wahrheit Gottes aufgerufenen Dienstwilligkeit mit der stetigen Bereitschaft „gestiefelt" wurde, welche ihnen allen den zu benötigenden, entschiedenen und zugleich standhaften Halt gewährleistet, um **für das Evangelium des Friedens*** (Epheser, Kapitel 6, Vers 15b) *im unerschütterlichen Glauben den an den Herrn Jesus*

Christus anhand des ihnen beharrlich zur Verfügung stehenden Heiligen Geistes zu predigen.

Diese vom Geist Gottes sich im Herzen der Beschenkten aufrufenden Verpflichtungen *prägen wiederum die unmissverständlichen Kennzeichen der Christen, dass sie wohlgesinnt in den Fußstapfen des Heilands wandeln.*

In der Tat – nun werden in ihren vom Glauben umwobenen Herzen *die Früchte des Geistes erkennbar,* denn ihre Kennzeichen sind: ***lauter Güte, Gerechtigkeit und Wahrheit*** (siehe Auslegung zu Epheser, Kapitel 5, Vers 9!).

Die(se) ***Wahrheit Gottes in dem Herrn Jesus Christus hat sie frei gemacht** – diese lässt sie nunmehr erkennen* (Johannes, Kapitel 8, Vers 32*) – und trägt fortan dafür Sorge, – dass das Evangelium Jesu Christi freimütig **der ganzen Schöpfung*** (Markus, Kapitel 16, Vers 15) *gepredigt wird* – ganz im stets gewollten Sinne des allmächtigen Gottes.

Vers 16: *Insbesondere* betont Paulus ***den Schild des Glaubens.*** Er weist die Christen auf *diese überaus bedeutende Verteidigungswaffe, ja* – *auf diesen Widerstand leistenden Schutzschild* hin.

Denn der Apostel schreibt weiterhin:

<u>Vor allem</u> aber ergreift den Schild des Glaubens, mit dem ihr alle feurigen Pfeile des Bösen auslöschen könnt.

Paulus betont, mit diesem sehr bedeutungsvollen *Schild des Glaubens* eine rundum beschützende Abwehrmaßnahme der Verteidigung bilden zu können, welche stets dafür Sorge trägt, dass die *feurigen Pfeile* der von Sünde geprägten Verruchtheit *nicht* in das Leben der Christen dringen, *sondern* von Anfang an von ihnen mit Hilfe dieses *Schild des Glaubens ausgelöscht, ja – gänzlich vernichtet werden.*

Daraufhin bekennt David in seinem 28.Psalm in Vers 7a (Lutherbibel 1984):

Der Herr ist meine Stärke und mein Schild; auf ihn hofft mein Herz und mir ist geholfen.

Auch der 119. Psalm lässt uns in Vers 114 von dem Psalmisten wissen:

Du (Gott!) ***bist mein Schutz und mein Schild; ich hoffe auf dein Wort.***

Diese gewissenhafte Schutzmaßnahme Gottes bewirkt auch in unserem gläubigen Dasein *eine uns stets ummantelnde Wirkung der sich erkenntlich zeigenden Abwehrmaßnahmen,* so Paulus. Anhand dieser uns beschützenden, wirksamen Kraft werden *die Verheißungen Gottes dank unseres Glaubens im Heiligen Geist in unserem Leben sicht- und fühlbar – und weisen uns folglich auf die rundum zuversichtliche Siegerseite der unabdingbaren Wahrheit Gottes in dem Herrn Jesus Christus.*

In der Tat, die Aufforderung in den Fußstapfen Christi zu wandeln, lassen uns aufhorchen und zugleich wird die an uns vermittelte, sich nunmehr ersichtlich zeigende Liebe Gottes in Jesus Christus erneut aufrichtig bestätigt.

Dieses stetige Ausharren, ja – dieses „Erschwernis – Gefühl" trotz der in uns wirkenden Liebe Gottes durch den Heiligen Geist *ruft ungeachtet aller von Gott in Christus offenbarten, herrlichen und Ihrer zugleich von Liebe umwobenen Zuversicht oftmals vielerlei Zweifel aus unserem inneren Herzen hervor.*

Doch der Verfasser des Hebräerbriefs *schenkt uns* in Kapitel 12, Vers 3 eine weitere, *unmissverständliche Bestätigung,* dass der Herr Jesus Christus als Sohn des Allerhöchsten *die untersten Wege der Erniedrigung eingeschlagen hat, um uns, Seine Kinder in das Reich Seiner Herrlichkeit zu leiten. In der Tat, nicht nur unser Herr Jesus ist diesen erniedrigenden Weg gegangen, sondern auch Gott, weil sich der Höchste in Christus verwirklicht hat.*

Dies tat der Allmächtige *nur* aus reiner Liebe zu uns, um uns anhand unseres Glaubens an den Herrn Jesus Christus aus den Schlingen des Todes zu befreien, als der Herr Jesus Christus sich für alle Gläubigen am Kreuz dahingab, um uns unsere Schulden dank Seines versöhnenden Blutes zu vergeben.

Wenn wir uns diese nun folgenden Worte des Hebräerbriefs in unseren Herzen einprägen, so werden wir feststellen, *dass jede noch in uns wohnenden Zweifel bedingt durch Jesu Taten uns weiterhin auffordern, in standhaftem Ausharren zu verbleiben:*

<u>**Achtet doch auf ihn,**</u> (Jesus Christus!) <u>**der solchen Widerspruch von den Sündern**</u> (von allen Menschen!) <u>**gegen sich**</u>

erduldet hat, damit ihr nicht müde werdet und den Mut verliert! –

und der Apostel Johannes bekennt in seinem 1.Brief daraufhin in Kapitel 5, Vers 4:

Denn alles, was aus Gott geboren ist, überwindet die Welt; und unser Glaube ist der Sieg, der die Welt überwunden hat.

So steht nunmehr unmissverständlich die Aufforderung des Herrn Jesus Christus an alle Gläubigen fest, *der uns immer wieder ermahnt, mit ausdauernder Beständigkeit in Seinen Fußstapfen zu wandeln:*

Geht ein durch die enge Pforte! Denn die Pforte ist weit und der Weg ist breit, der ins Verderben führt; und viele sind es, die da hineingehen. Denn die Pforte ist eng und der Weg ist schmal, der zum Leben führt; und wenige sind es, die ihn finden (Matthäus, Kapitel 7, Verse 13 + 14).

Vers 17: Folglich, so Paulus, gehören auch ***der Helm des Heils***, als auch ***das Schwert des Geistes*** mit zu den geistlichen Waffen des kampfbereiten Dienstes im Auftrag Gottes gegen die bösen Mächte.

Der Helm des Heils soll *unseren Kopf und folglich unsere Gedanken bewahren* – und somit stellt dieses uns beschützende „Kampfutensil" *den geistigen Helm der Hoffnung dar.* Dieses ist ein eindeutiges Anzeichen, dass wir mit dem Tragen dieses Helms *eine Zuversicht von Gott erhalten haben, welche uns Gläubigen,* so der Apostel Paulus, *in die noch vor uns liegende, zukünftig an uns vollbrachte Erlösung leitet.*

Denn unser geistliche Kampf findet – wie wir es bereits anhand der vorherigen Verse in Erfahrung bringen konnten – *im Hier und Jetzt* – sprich – *der gegenwärtigen Zeit statt.*

Das Schwert des Geistes benennt Paulus **das Wort Gottes.** Es ist ebenfalls eine von dem Geist Gottes den Christen gegebene Verteidigungswaffe, welche mit den unanfechtbaren Worten Gottes den geistlichen Kampf ausführen, *um anhand dieser unwiderruflichen Worte der vollkommenen Wahrheit die Werke des Bösen rundum vertilgen zu können.* Folglich ist das Wort des Höchsten *die ultimative, rundum wirksame „ geistige Gebrauchswaffe",* welche die Widersacher des Höchsten *vollends kapitulieren lässt.* Denn gegen die unanfechtbare Wahrheit Gottes anzukämpfen, ist *rundum sinn-, als auch zwecklos.*

Folglich trägt **das Schwert des Geistes** *beständig dazu bei, alle* verruchten auf uns zukommenden Schmähungen der Gegner Gottes *zu vertilgen.* Denn die unwiderrufliche Macht Gottes ruht in Seinen eigen geleiteten Worten, welche wir – die Christen – mit der uns von Gott geoffenbarten Eingebung im Heiligen Geist *stets gewinnfördernd verwenden.*

Denn das Schwert Gottes erhält wie folgt von dem Verfasser des Hebräerbriefes eine sehr bedeutsame und sich erkenntlich zeigende, exakte Beschreibung:

Denn das Wort Gottes ist lebendig und wirksam und schärfer als jedes zweischneidige Schwert, und es dringt durch, bis es scheidet sowohl Seele als auch Geist, sowohl Mark als auch Bein, und es ist ein Richter der Gedanken und Gesinnungen des Herzens (Hebräer, Kapitel 4, Vers 12).

Das Wort Gottes offenbart sich folglich als *die schärfste aller zur Verfügung stehenden Kampfausrüstungen, bzw. Waffen*. Es ist *durchdringend – und derartig präzise in seiner Wirksamkeit, dass es die Differenzen von Geist und Seele an das Tageslicht bringt.*

In der Tat – das Wort Gottes *durchbohrt, dringt ein – und erkennt daraufhin die Seele und den Geist der Menschen.* Auch bemächtigt sich dieses Wort der Wahrheit *gegenüber den menschlichen Gedankengängen, um sie genauestens zu prüfen – und sie daraufhin richterlich anhand der Unfehlbarkeit Gottes zu bewerten.*

Fasst man ein bündiges Gesamtresümee von den bisher ausgelegten Versen 10 – 17 dieses 6.Kapitels zusammen, so kann man nunmehr folgende Feststellung unterbreiten:

Die einzig allerrettende und zugleich ertragreiche „Ausrichtungswaffe", mit welcher die Christen alle weltlichen Ungerechtigkeiten mit der gewichtigen Unterstützung des ihnen vom Allmächtigen offenbarten Heiligen Geistes erfolgreich bekämpfen können, *ist das von vollkommener Wahrheit geprägte, sich niemals irrende Wort Gottes, da das Wort Gottes selbst die vollkommene, unanfechtbare Wahrheit inkludiert.*

Vers 18: Die von dem Apostel Paulus benannte, von Gott im Heiligen Geist den beschenkten Christen offenbarte, unantastbare Wahrheitsgewissheit soll folglich zu einem *beständigen Gebet* von den Gläubigen *in großer Dankbarkeit bekundet werden.*

Daher fordert uns Paulus in seinem 1.Brief an die Thessalonicher in Kapitel 5, Vers 17 unmissverständlich dazu auf:

Betet ohne Unterlass!

So schreibt Paulus weiterhin in Epheser, Kapitel 6, Vers 18:

…indem ihr <u>zu jeder Zeit betet mit allem Gebet und Flehen im Geist, und wacht zu diesem Zweck in aller Ausdauer und Fürbitte für alle Heiligen</u>.

Das Gebet, so der Apostel, *soll die Christen in eine kontinuierliche Verbindung zu Gott und dem Herrn Jesus Christus führen*, denn von Ihnen haben sie die vollkommenen Wahrheit im Geist durch ihren Glauben an Sie *empfangen,* der die Christen anhand der vom Höchsten ausgehenden Liebe in die Sphären Seiner Herrlichkeit leitet.

Dieses durch das Gebet erwirkte „intime Beisammensein" zwischen den vom Heiligen Geist Beschenkten und dem allmächtigen Gott *ist als eine sehr behagliche, ja – als eine überaus vertrauenswürdige Basis zu betrachten*, so Paulus.

<u>**Daher ist es nötig**</u>, so spricht der Herr Jesus Christus in dem Evangelium des Lukas in Kapitel 18, Vers 1, <u>**allezeit zu beten und nicht nachlässig zu werden.**</u>

Folglich werden durch das Gebet die in Kapitel 6, Verse 10 – 17 benannten, nunmehr den Christen zuteilgewordenen Heilgeschehen Gottes *erkenn-, als auch sichtbar.* Bedingt durch das beständige **Ausharren,** welches im christlichen Dasein *einen sehr bedeutenden Stellenwert besitzt, zeigen die Gläubigen dem Höchsten anhand ihrer fortwährenden Kontinuität im Glauben, dass sie Ihm ihr vollstes Vertrauen schenken.*

Denn der uns liebende Gott trifft Seine weisen Entscheidungen *nicht* nach Menschenwillen, sondern Er allein verfügt über die vollkommene Allwissenheit, *wann, wie und warum* Er zu *bestimmten Zeitpunkten uns Seine Herrlichkeit preisgibt.* Zwar leben die Gläubigen *stets* unter der beschützenden Obhut des Allmächtigen, *jedoch entscheidet Er in Seiner unantastbaren, weisen Absicht, zu welchen Zeitpunkten* Er unsere Gebete im Namen des Herrn Jesus Christus *verwirklicht.*

Nur Gott kennt unsere jetzige Lebenssituation allzu genau, exakt, wie auch unsere Vergangenheit, als auch die noch vor uns liegende Zukunft. *Er ist daher allgegenwärtig, allwissend und folglich ein fehlerfreier, gütiger und barmherziger, uns liebender Gott,* der *immer* die für uns besten Entscheidungen *dann* gewährleistet, wenn wir sie in Seinen Augen *auch benötigen.*

Die oftmals „zäh zu betrachtende Prozedere aus menschlicher Betrachtungsweise", welche sich mitunter über Wochen, Monate, ja – sogar über mehrere Jahre hindurchziehen können, fordern somit die Christen auf, ***in aller Ausdauer und Fürbitte im Gebet zu verharren – denn der Geist ist willig, aber das Fleisch ist schwach*** – betont der Herr Jesus Christus im Markusevangelium in Kapitel 14, Vers 38b.

Standhaltende Bewährung im Glauben bedeutet jedoch, *sich auf Gott vollkommen zu verlassen, denn Gott prüft anhand unserer Ausdauer den an Ihn von uns bekundeten Glauben* – ob dieser auch *wirklich einen rundum standhaften und daher zu Ihm ausgerichteten, willig umfassenden Charakter besitzt.*

Daher, so Paulus:

Seid ausdauernd im Gebet und wacht darin mit Danksagung (Kolosser, Kapitel 4, Vers 2).

Wenn dieses Ausharren im Glauben seinen bleibenden Charakter der Unbeirrbarkeit beibehält, geschieht nun Folgendes:

Somit wird das Gebet, so Paulus, aufgrund unseres Glaubens an den Allmächtigen in Jesus Christus fortwährend bekundet, bedingt durch die in unserem Herzen sich verwirklichende Kraftauswirkung des Heiligen Geistes, der wiederum dazu beiträgt, dass unsere Gebete als **Gebete und Flehen im Geist** betrachtet werden können.

Das Gebet ist somit „ein von Gott gefördertes, sprachliches, als auch geistliches, inniges Beisammensein in der unantastbaren Leitung Seiner eigenen, uns wohlwollenden Regie".

Daher bekennt Judas in seinem Brief in Vers 20:

Ihr aber, Geliebte, erbaut euch auf euren allerheiligsten Glauben und betet im Heiligen Geist.

Das christliche, *zu jeder Zeit*, sprich – *stetige,* von der Liebe zu Gott umwobene Gebet ist somit ein klares, eindeutiges Indiz, Gottes Wahrhaftigkeit in Jesus Christus durch die in unserem Herzen sich verwirklichende Kraft des Heiligen Geistes *rundum erkannt zu haben.*

Da die Wahrhaftigkeit Gottes in dem Herrn Jesus Christus von *Nächstenliebe* ummantelt ist, *tragen auch wir, die Gläubigen dieses herrliche Gen der Nächstenliebe in unseren zu Ihnen bezogenen Herzen anhand der Kraftauswirkung des in unseren Herzen ruhenden Heiligen Geistes.*

Diese uns zuteilwerdende Offenbarung des Höchsten trägt nunmehr dafür Sorge, dass die Beschenkten stets in **Wachsamkeit** verharren – und diesbezüglich in Form der uns vom Geist der Wahrheit gegebenen *Nächstenliebe gegenüber unserem Nächsten wohlwollend handeln.*

Folglich tragen unsere Gebete beständig dazu bei, den Aufforderungen des Apostels Paulus Folge zu leisten, *indem wir unsere Gebete* **in aller Ausdauer und Fürbitte für alle Heiligen** (Gläubigen!) *zu Gott und Jesus Christus ausrichten, denn wir haben* **die Wahrheit** *Gottes in dem Herrn Jesus Christus* **erkannt – und die Wahrheit hat uns frei gemacht**, (Johannes, Kapitel 8, Vers 32) *diese Anforderungen Gottes und Jesu Christi an uns in der von Ihnen geforderten Nächstenliebe gegenüber unseren Nächsten tatkräftig zu verwirklichen.*

Nun kann das vom Lichtglanz Christi erhellte Herz mit ganzer Gewissheit bekunden:

Ich danke dir (Gott!) *dafür, dass ich wunderbar gemacht bin; wunderbar sind deine Werke; das erkennt meine Seele* (Psalm 139, Vers 14 – ein Psalm Davids / Lutherbibel 1984).

Vers 19: Anhand der sich in den Herzen der Christen offenbargewordenen Erkenntnis der vom Heiligen Geist beseelten Nächstenliebe, welche sie *in aller Ausdauer und Fürbitte für alle Heiligen* (Epheser, Kapitel 6, Vers 18b – siehe Auslegung!) erbitten, *sollen somit,* – so die Bitte des Paulus – *die Gläubigen folglich auch ihre Gebete zu Gott in Form der Nächstenliebe gegenüber dem Apostel bekunden.*

...auch für mich, damit mir das Wort gegeben werde, sooft ich meinen Mund auftue, freimütig das Geheimnis des Evangeliums bekannt zu machen (Epheser, Kapitel 6, Vers 19).

Folglich erbittet der Apostel Paulus die von den Christen vollbrachte *Fürbitte im Gebet für die Heiligen* (Epheser, Kapitel 6, Vers 18b) mit der Inanspruchnahme *auf seine eigene Person.*

Diese andächtigen Gebete der Christen für die Person des Apostels Paulus sollen ihm durch die Kraftauswirkungen der Gebete *zusätzliche Stärke in der Vollführung seiner Missionsarbeit offenbaren, sodass er,* **sooft er seinen Mund auftut, das Geheimnis des Evangeliums freimütig bekannt machen kann** (Epheser, Kapitel 6, Vers 19).

Daher können wir aus des von Paulus verfassten 2.Thessalonicherbrief in Kapitel 3, Vers 1 in Erfahrung bringen:

Im Übrigen betet für uns, ihr Brüder, damit das Wort des Herrn (ungehindert) läuft und verherrlicht wird, so wie bei euch.

Der Apostel will mit dieser seiner Aussage den Christen zu verstehen geben, dass er mit dieser Aufforderung *nicht nur Seine Person miteinbezieht, sondern die gesamtheitliche Kirche als Ganzes (**für alle Heiligen*** – siehe Auslegung zu Epheser, Kapitel 6, Vers 18b).

Aus der Apostelgeschichte des Lukas in Kapitel 9 können wir in Erfahrung bringen, dass der Apostel Paulus von Jesus Christus *die persönliche Aufforderung erhielt, Menschen, zu denen ihn der Heiland im Heiligen Geist sandte, von der Finsternis an das Licht der Wahrheit mit den von vollkommener Wahrheit umfassten Worten des Evangeliums des Heilands zu führen.*

Somit war es dem Apostel *überaus wichtig,* dass auch an *seine Person* bei den Fürbitten der von ihm angeschriebenen Christen gedacht wurde. Es geht daher dem Apostel *nicht um die spezielle Achtung gegenüber seiner eigenen Person, sondern um die detailgenaue Durchführung der ihm von Jesus Christus beauftragten Evangeliums – Verkündigung.* Denn schließlich war er der *persönlich vom Heiland* berufene Verkünder des Evangeliums.

Paulus lag es folglich am Herzen, *den von Christus ihm übergebenen Aufgabenbereich mit vollster Gewissheit im Hei-*

ligen Geistes zur vollkommenen Zufriedenheit Gottes ausüben zu können, um noch viele Menschen an das Licht der Wahrheit zu führen.

In Anbetracht dieser seiner rundum wohlwollenden, vom Heiligen Geist geleiteten Absicht bittet er daraufhin die angeschriebenen Christen, *seinen Namen in ihre Gebete zu Gott mit einzuschließen, sodass er weiterhin **freimütig** – sprich – unverhüllt, offenherzig, zugänglich und daher vollkommen wahrheitsgemäß **das Evangelium** gegenüber den noch von ihm zu missionierenden Gemeinden, zu den ihn der Geist Gottes leitet, **bekannt machen zu können*** (Epheser, Kapitel 6, Vers 19b).

So bekennt Paulus wahrheitsgemäß in Freimütigkeit:

Denn ich schäme mich des Evangeliums von Christus nicht; denn es ist Gottes Kraft zur Errettung für jeden, der glaubt (Römer, Kapitel 1, Vers 16a).

Vers 20: Paulus, der ***Botschafter***, bzw. der Gesandte (persönlich Beauftragte!) Jesu Christi ist für die bedeutende und gewinnfördernde Verbreitung (bezogen auf die Glaubensannahme der noch von ihm zu missionierenden Menschen!) der Worte des Evangeliums *von Jesus Christus ausgesondert worden,* damit er das Evangelium Jesu Christi ***freimütig reden kann***, in jener ihm von Gott im Heiligen Geist offenbarten Redeweise, ***wie er reden soll.***

Denn Gott, so Paulus in seinem 2.Brief an die Korinther in Kapitel 5, Vers 20a – ***ermahnt durch uns*** (die Apostel!).

Folglich ist die missionierende Ausübung des/der Apostels/Apostel als *die gegenwärtige Anwesenheit des Evangeliums des Herrn Jesus Christus in Betracht zu ziehen.*

Wie es uns bereits aus der Einleitung des Epheserbriefes (am Anfang dieses Buches nachzulesen!), bzw. aus dem Kapitel 3, Vers 1, sowie Kapitel 4, Vers 1 des Epheserbriefes bekannt gemacht wurde, (siehe Auslegung!) gibt uns Paulus in Epheser, Kapitel 6, Vers 20 noch ein weiteres Mal bekannt, dass er ein **Botschafter in Ketten** ist.

Denn – wie wir es anhand der Einleitung in Erfahrung bringen konnten – verfasste Paulus den Epheserbrief vermutlich um 60n. Chr. *aus der Gefangenschaft in Rom.*

Exakt, wie er bereits die von ihm angeschriebenen Christen **um Gebet und Flehen im Geist** (Epheser, Kapitel 6, Vers 18a – siehe Auslegung!) bittet, so wendet der Apostel sich auch mit der gleichen Fürbitte erneut den Christen zu, nämlich dank ihres ihm zugedachten Gebetes ***freimütig*** *in jener Art und Weise* **reden zu können**, **wie er** *in dem ihm geoffenbarten Geist Gottes* **reden soll** (Epheser, Kapitel 6, Vers 20).

Verse 21 – 24
Schluss des Briefes. Grüße

²¹*Damit aber auch ihr wisst, wie es mir geht und was ich tue, wird euch Tychikus alles mitteilen, der geliebte Bruder und treue Diener im Herrn,* ²²*den ich eben darum zu euch gesandt habe, dass ihr erfahrt, wie es um uns steht, und dass er eure Herzen tröste.* ²³*Friede werde den Brüdern zuteil und Liebe samt Glauben von Gott, dem Vater, und dem Herrn Jesus Christus.* ²⁴*Die Gnade sei mit allen, die unseren Herrn Jesus Christus lieb haben mit unvergänglicher (Liebe)! Amen.*

Auslegung

Vers 21: Paulus macht die Leser mit dem Namen *Tychikus* bekannt, *seinen* – wie der Apostel schreibt – *geliebten Bruder* (Glaubensbruder!) *im Herrn.*

Tychikus, der den Apostel Paulus laut der Apostelgeschichte des Lukas in Kapitel 20, Vers 4 bei seinem Aufenthalt in Mazedonien und Griechenland begleitete, ist ein *aus Asia* stammender, gläubiger Mitchrist des Paulus im Geiste Jesu Christi.

Diesen *geliebten Bruder Tychikus* sendet der Apostel Paulus nun mit diesen seinem Brief an die angeschriebenen Christen in Ephesus als dessen Überbringer, da Paulus diesen Brief aus der Gefangenschaft in Rom schrieb und ihn diesbezüglich *nicht eigenhändig übermitteln konnte.*

Mit der Anwesenheit des *Tychikus* sollen die angeschriebenen Gemeinden weiterhin von *Tychikus* informiert werden, *wie es Paulus geht, und was er tut.*

Vers 22: Weiterhin soll die persönliche Anwesenheit des Paulus` engen Mitbruders im Geist *Tychikus* dafür Sorge tragen, dass alles, was der Apostel *nicht* in diesem an sie verfassten Brief aufschrieb, sie somit von *Tychikus* in aufrichtige Erfahrung bringen können, denn Paulus betitelt seinen geliebten Glaubensbruder *als einen treuen Diener im Herrn.*

Dies mag auch der Grund sein, warum in diesem Brief weitere Grüße an andere Personen *nicht* schriftlich von dem Apostel festgehalten wurden.

Anhand dieser sich stark gleichenden Gemeinsamkeit im Glauben zwischen dem Apostel Paulus und *Tychikus* ist jedoch zu erkennen, dass Paulus zu seinem Mitbruder im Geist vollstes Vertrauen hegte, zumal dieser von Paulus beauftragt wurde, *die Herzen der Gemeinden zu trösten.*

Auch erkennt man an den sehnlichen Wünschen des Paulus, ja, man kann förmlich spüren, dass eine noch innigere Beziehung zwischen ihm und den Gemeinden in Ephesus für den

Apostel überaus wünschenswert wäre, nämlich anhand seines persönlichen Besuches.

So ist die Gesellschaft für Paulus als *keine* rein theologisch zu erachtende Basis zu betrachten, *sondern* als eine auf einem gemeinschaftlichen Glauben basierenden, freundschaftliche Bindung. Denn sie alle bilden in brüderlicher Gemeinsamkeit *ineinander Handreichung nach dem Maß der Leistungsfähigkeit jedes einzelnen Gliedes, das Wachstum des Leibes zur Auferbauung seiner* (Jesu Christi!) *selbst in Liebe* (Epheser, Kapitel 4, Vers 16b – siehe Auslegung!) und halten untereinander gemeinschaftliche Gebete, welche in der von Gott in Jesus Christus geforderten Nächstenliebe beseelt sind (siehe hierzu Auslegung unter Epheser, Kapitel 6, Verse 18 – 20!).

Vers 23: Die bereits erwähnten sehnlichen Wünsche spiegeln sich hier in Vers 23 in aller Deutlichkeit wider, indem Paulus schreibt, dass *den Brüdern* (Glaubensgeschwistern!) *Friede zu teil werde und Liebe von Gott, dem Vater und dem Herrn Jesus Christus.*

Mit diesen seinen Grüßen offenbart Paulus den angeschriebenen Christen erneut den Charakter des ganzen Inhaltes des Epheserbriefes. Denn dieser ist umwoben von *Frieden, Liebe und Glauben* und spiegelt zugleich die vollkommene Charakteristik Gottes in dem Herrn Jesu Christus wider.

Nahezu identische Grüße schrieb er bereits in dem von ihm verfassten Briefanfang unter Epheser, Kapitel 1, Vers 2 (siehe Auslegung!) nieder.

Das uns widerfahrene Heil Gottes in dem Herrn Jesus Christus ist die rundum friedliebende Absicht Gottes für jeden, der da glaubt –

und bekennt zugleich, dass *nur in Jesus Christus durch Gottes Selbstverwirklichung in Ihn ewiges Heil auffindbar ist, mit welchen die Gläubigen im Heiligen Geist beschenkt werden, um mit diesen ihnen zugedachten Heilgeschehen in die Sphären Seiner Herrlichkeit angelangen zu können – im Heimathafen der **himmlischen (Regionen).***

Vers 24: So geht folglich der Gnadengruß des Paulus aus an *alle* Menschen, welche den Herrn Jesus Christus von ganzem Herzen **mit unvergänglicher Liebe lieb haben.**

Die unerschütterlich geprägte Liebe *ist somit ein eindeutiges Indiz, in der niemals anzuzweifelnden Wahrhaftigkeit Gottes in dem Herrn Jesus Christus vollends anhand eines unvergänglichen Glaubens an Ihn angelangt zu sein.*

Dieser tief im Herzen der Christen ruhende, unerschütterliche Glaube, der sich im Reichtum der Herrlichkeit Gottes in dem Herrn Jesus Christus offenbart, ist es letztlich, der uns in das

Reich Seiner unantastbaren, immerwährenden Herrlichkeit führt, denn:

Gnade und Wahrheit sind einander begegnet, Gerechtigkeit und Friede haben sich geküsst (Psalm 85, Vers 11)

– ganz im stets gewollten Sinne des uns liebenden, wunderbaren Gottes.

Nachwort

Sehr geehrte Leser,

in Anbetracht der mir zuteilgewordenen, barmherzigen Gnade Gottes war es mir möglich, nach den Auslegungen des Römerbriefes, der Korintherbriefe und dem Galaterbrief nun auch den Brief des Apostels Paulus an die Epheser kommentieren zu dürfen.

Ich hoffe zutiefst, dass es mir gelungen ist, Ihnen einen näheren, tiefgründigen Einblick in diesen überaus lehrreichen, kosmisch zu betrachtenden – und zugleich ausdrucksstark prägenden Brief des Apostels Paulus mit meinen gewählten Worten anhand dieser Auslegung hinterlegt zu haben.

In dem Vorwort dieser Auslegung habe ich erwähnt, dass der Epheserbrief der Lieblingsbrief des Reformators Johannes Calvin (1509 – 1564) war. Da der Epheserbrief die unnachahmliche, mustergültige Wohltat Gottes in unserem Erlöser Jesus Christus explizit preisgibt, der von der paulinischen Ausdruckstärke genauestens definiert und folglich überaus prägend hervorgehoben wurde, schließe ich mich der Meinung Johannes Calvins an.

Kein anderer Brief des Paulus hinterlegt dem aufrichtigen Bibelleser präzisere Einblicke in das den Gläubigen zuteilgewordenen Heil unseres Erlösers, des Herrn Jesus Christus, dessen unnachahmlicher Lichtglanz die unantastbare Herrlichkeit des allmächtigen Gottes widerspiegelt.

Wer diesen Glauben in seinem Herzen trägt, der hat die wunderbare Wahrheit Gottes bei Seiner Selbstverwirklichung in Seinen Sohn Jesus Christus auch in seinem Herzen – dank seines Glaubens an Ihn – tatkräftig verwirklicht – und der Heilige Geist trägt fortan dafür Sorge, dass sein Herz mit der Liebe Gottes in dem Herrn Jesus Christus versiegelt wird.

Nun wird das vom Heiligen Geist beseelte Herz bekennen:

Herr, dein Wort bleibt ewiglich, so weit der Himmel reicht; deine Wahrheit währet für und für. Du hast die Erde fest gegründet und sie bleibt stehen. Sie steht noch heute nach deinen Ordnungen; denn es muss dir alles dienen. Wenn dein Gesetz nicht mein Trost gewesen wäre, so wäre ich vergangen in meinem Elend (Psalm 119 – „Das güldene ABC" – Verse 89 – 92 / Lutherbibel 1984).

In der Tat, wenn der Heilige Geist mit der von Gott ausgehenden Kraft das Herz eines Menschen mit der Liebe Christi vereinnahmt hat, dann hat der Mensch eine bleibende Hoffnung in Form eines unerschütterlichen Vertrauens erhalten, welches fortan vom Glauben besiegelt wird.

Sein einst *versteinertes*, unnachgiebiges, ja - verschlossenes *Herz* wurde von Gott in ein *fleischernes* Dasein, welches nunmehr die vollkommene Wahrheit des Allerhöchsten erkennt, verwandelt (Hesekiel, Kapitel 36, Verse 26 + 27). Diese den Menschen frei machende Wahrheit leitet ihn folglich zu der zuversichtlichen Gewissheit, eine auf Ewigkeit gefestigte Basis in dem Herrn Jesus Christus gefunden zu haben.

Beim näheren Betrachten des soeben erwähnten Psalms 119, Verse 89 – 92 werden wir nun Folgendes in Erfahrung bringen:

Die Feststellung, dass die uns liebende, immerwährende Beständigkeit Gottes über grenzenlose Ausmaße verfügt, nehmen nunmehr die Beschenkten wahr und verstehen erstmals allzu genau, wie herrlich es ist, unter den *Fittichen Gottes Zuflucht* (Psalm 91, Vers 4 / Lutherbibel 1984) gefunden zu haben.

Gottes Treue hat nicht nur die an ihn glaubenden Menschen rundum vereinnahmt, ja – sogar die von Gottes Allmacht gegründete Erde zeugt von seiner unvergänglichen Treue, welche sich gehorsam den richterlichen, unumstößlichen Entscheidungen des Allmächtigen fügt. So sind nun alle von Gott erschaffenen Wesen die Knechte Seiner auf Ewigkeit bleibenden, unveränderlichen Herrlichkeit.

Daraufhin bilden sich in dem vom Geist Gottes umwobenen Herzen unmissverständliche Feststellungen, nämlich – dass die uns vereinnahmende Liebe des Höchsten die Glaubenden in Seine Ära aufgenommen hat. Gottes uns zuteilwerdende Liebe hat uns zu neuen Menschen im Heiligen Geist geformt, die nunmehr bedingt durch die barmherzige Gnadengabe des Höchsten, welche Er den Beschenkten erwiesen hat, befreit aufatmen können – und nicht weiterhin in einer rundum trostlose Abwesenheit verweilen, welche unwillkürlich in verfinsternde und zugleich ruchlose, von Gott abgekapselte Leere leitet.

Die uns nunmehr zuteilgewordene Herrlichkeit Gottes jedoch offenbarte uns eine unvergleichliche, alleserrettende Liebesbotschaft bei Seiner Selbstverwirklichung in der Person Jesu Christi.

So können wir den Heiland im Evangelium des Johannes in Kapitel 6, Vers 37 Folgendes sprechen hören:

Alles, was mir der Vater gibt, wird zu mir kommen; und wer zu mir kommt, den werde ich nicht hinausstoßen.

Der Erlöser schenkt einem jeden gläubigen Menschen eine unmissverständliche Freudenbotschaft! Diese alleserrettende Übermittlung, welche allen Menschen gewährleistet wird, die da glauben, ist eine zum Jubeln veranlassende Nachricht. In der Person Seiner selbst, so will es uns der Herr Jesus Christus mitteilen, ist das ewige Heil auffindbar. Ja – es ist ein von Gottes wohlwollender Absicht vollendetes Werk Seiner grandiosen, uns zuteilwerdenden Liebe in der Person des Herrn und Erlösers Jesus Christus.

So ist es das Werk des uns liebenden, wunderbaren, himmlischen Vaters, der uns die Freigabe zum Reich der Himmel in Jesus Christus rundum gewährleistet. Die göttliche Wirksamkeit des Heiligen Geistes hat die gläubigen Herzen noch vor dem Beginn des Zeitalters erwählt, um sie in das Reich Seiner und Christi Herrlichkeit zu leiten. Diese lauteren Herzen sehnen sich nach Gerechtigkeit, die nunmehr die Person des Heilands rundum ermöglicht.

So wird nun der an den Herrn Jesus Christus Glaubende von dem Erlöser mit offenen Armen empfangen und der Heiland betrachtet infolgedessen die zu Ihm kommenden Gläubigen als ein Geschenk Seines himmlischen Vaters.

Folglich ist derjenige Mensch, welcher zu Christus kommt, ein von Gott akzeptierter Anwärter für das Reich der Himmel, der wohlwollend von Jesus Christus aufgenommen und nicht hinausgestoßen wird, denn in Jesus Christus hat er nunmehr eine bleibende, immerwährende Stätte des ewigen Heils gefunden.

Dieser zu Jesus Christus gelangte Mensch findet die unmissverständliche Gewissheit, in ewiger Geborgenheit angelangt zu sein.

Es ist jene alleserrettende, unanfechtbare Gewissheit in unserem Herrn Jesus Christus, die uns auch der Apostel Paulus in seinem Epheserbrief mit vollster Zuversicht und einem stets zum Himmel gerichteten Blick im Heiligen Geist offenbart.

So verfasst der Psalmist folgende Worte:

Wer unter dem Schirm des Höchsten sitzt und unter dem Schatten des Allmächtigen bleibt, der spricht zu dem Herrn:

Meine Zuversicht und meine Burg, mein Gott, auf den ich hoffe (Psalm 91, Vers 1 / Lutherbibel 1984).

Nun bekennt David in Psalm 40 – in den Versen 2 + 12b (Lutherbibel 1984):

Ich harrte des Herrn, und er neigte sich zu mir und hörte mein Schreien – lass deine Güte und Treue allewege mich behüten.

Wohl dem, der sich mit vollstem Vertrauen im Glauben an Gott zu dem Herrn Jesus Christus wendet!

Gottes Segen Ihnen allen!

Patrick Rompf hat folgende weitere Bücher beim BoD - Verlag veröffentlicht:

Ein neues Leben –
Depressionen mit himmlischem Vertrauen bewältigen
ISBN: 978 – 3 – 7322 – 3437 - 0

Glaube der zum Leben führt
ISBN: 978 – 3 – 7322 – 4252 - 8

Dein Geschenk heißt Jesus
ISBN: 978 – 3 – 7322 – 8286 – 9

Der Römerbrief
Eine Auslegung
ISBN: 978 – 3 – 7357 – 3973 – 5

Gott ist für Dich!
ISBN: 978 – 3 – 7357 – 6074 – 6

Die Korintherbriefe
Eine Auslegung
ISBN: 978 – 3 – 7386 – 4864 – 5

Der Galaterbrief
Eine Auslegung
ISBN: 978 – 3 – 8482 – 0737 – 4